国际关系与"西藏问题"

——藏学前沿热点问题透视

朱晓明　程早霞　杜永彬等　著

HEUP 哈尔滨工程大学出版社

图书在版编目(CIP)数据

国际关系与"西藏问题":藏学前沿热点问题透视／朱晓明等著.哈尔滨:—哈尔滨工程大学出版社,2018.7

ISBN 978 - 7 - 5661 - 1876 - 9

Ⅰ.①藏… Ⅱ.①朱… Ⅲ.①藏学－文集 Ⅳ.①K281.4 - 53

中国版本图书馆 CIP 数据核字(2018)第 157354 号

国际关系与"西藏问题"——藏学前沿热点问题透视
GUOJI GUANXI YU XIZANG WENTI
——ZANGXUE QIANYAN REDIAN WENTI TOUSHI

选题策划 卢尚坤
责任编辑 卢尚坤
封面设计 博鑫设计

出版发行 哈尔滨工程大学出版社
社　　址 哈尔滨市南岗区南通大街 145 号
邮政编码 150001
发行电话 0451 - 82519328
传　　真 0451 - 82519699
经　　销 新华书店
印　　刷 哈尔滨市石桥印务有限公司
开　　本 787mm × 1 092mm　1/16
印　　张 13.75
字　　数 240 千字
版　　次 2018 年 7 月第 1 版
印　　次 2018 年 7 月第 1 次印刷
定　　价 49.80 元

http://www.hrbeupress.com
E-mail:heupress@ hrbeu.edu.cn

本书著者委员会

主　任　朱晓明　中国藏学研究中心
　　　　马加力　中国改革开放论坛
副主任　程早霞　浙江大学马克思主义学院
　　　　杜永彬　中国藏学研究中心当代所
　　　　秦永章　中国社会科学院民族学与人类学研究所
　　　　郭永虎　吉林大学马克思主义学院

委　员　王林平　哈尔滨工程大学马克思主义学院
　　　　曲晓丽　哈尔滨工程大学人文社会科学学院
　　　　闫金红　哈尔滨工业大学马克思主义学院
　　　　董大亮　河海大学马克思主义学院
　　　　韩　磊　哈尔滨商业大学马克思主义学院
　　　　王东旭　东北师范大学历史文化学院
　　　　刘小影　东北师范大学历史文化学院
　　　　金婉婷　东北师范大学历史文化学院
　　　　薛　丹　吉林大学马克思主义学院

前　言

　　由哈尔滨工程大学主办的"藏学前沿问题国际学术研讨会"于 2015 年 1 月 9 日至 11 日在祖国美丽冰城——哈尔滨市的哈尔滨工程大学国际交流中心召开。来自美国纽约州立大学、斯坦福大学、中国藏学研究中心、东北师范大学、吉林大学、中国社会科学院、北京大学、国际关系学院、云南大理学院等高校与科研院所的 20 余位专家、学者参加了此次会议。与会专家围绕中外关系中的涉藏问题、境外非政府组织与"西藏问题"、国际关系中的西藏话语以及涉及中国国家安全的其他涉藏问题进行了学术研讨。

　　中国著名南亚问题专家、中国藏学研究中心学术委员会委员马加力研究员在发言中指出,中印关系中的"西藏问题"应从中印关系的大局出发,充分体现大局观,并进一步提出我国对印度在外交上保持压力的同时要建立充分的沟通渠道,加强协作。中国藏学出版社总编毕华研究员在发言中剖析了印度藏胞的生存状况以及印度藏胞面临的人多地少、疾病、收入低等矛盾和困难,提出鼓励藏胞遵守当地法律、适应当地生活等,并提出努力加强与藏胞的联系工作等政策建议。

　　吉林大学马克思主义学院郭永虎教授作了《近十年来美国国会涉藏立法新探》的发言,指出目前美国国会是影响美国对中国西藏政策最为活跃的主体,美国国会插手西藏事务已经成为影响中美关系健康发展的重要因素之一。美国国会出台的《2002 年西藏政策法》是 1959 年以来美国有关"西藏问题"最全面的法规。冷战结束后,美国国会议员在"冷战思维"的促动下,关于"西藏问题"的立法活动仍在继续,其涉藏立法已经常态化。

美国斯坦福大学胡佛研究所东亚馆藏部主任林孝庭研究员利用台北与美国官方解密档案,辅以胡佛档案馆《蒋介石日记》记载,以1949—1960年间台北与华盛顿所面对的西藏议题为主轴,探讨了"西藏因素"对冷战时期蒋、美盟邦关系所带来的冲击与影响,为1949年以后的"西藏问题"研究提供了新的观察视角。

中国社会科学院民族学与人类学研究所秦永章研究员以《试析日本涉藏政策的演变及特点》为题作了发言,他指出"西藏问题"在1959年之后才引起日本当局的关注,日本的涉藏政策表现出明显的两面性特点:既承认西藏是中国的领土,不支持"西藏独立";又以各种方式支持达赖集团的"藏独"活动。目前,日本政府还没有形成全面的、明确的涉藏政策,其政策具有不确定性和随意性。在可预见的将来,日本政府不可能完全支持"西藏独立",但也不可能放弃"西藏问题"这个外交筹码。

与会专家还围绕国际关系中对西藏话语的影响因素、海外"藏独""西藏问题"国际化宣传的运作方式,以及中国政府如何应对等议题进行了深度交流。中国藏学研究中心历史所所长张云研究员在发言中总结了西方西藏话语的制造和形成过程,阐释国际关系中西藏话语的变迁过程也是"藏独"唱衰的过程,中国经济、科技、军事实力的变化、中国外交政策、中国涉藏外宣工作等都是影响国际关系中西藏话语权的重要因素。进而提出我们要扩大西藏对外宣传,走出去,请进来;澄清历史是非、不断戳穿谣言;做好涉藏外宣以争取国际社会的理解和支持。

美国纽约州立大学帝州学院藏学研究专家谭·戈伦夫(Tom Grunfeld)教授以《在西藏的宣传上如何赢得舆论支持》(Winning Hearts and Minds:the Case of Tibet)为题发言,他指出在1980年以前西方学术界对西藏的研究不多,多数西方人对西藏的了解是从几个未曾到过中国西藏的西方人所拍摄的电影开始的。而如今全世界有600多个国际组织参与涉藏活动,支持达赖喇嘛,发言呼吁中国在舆论宣传上应该适当改变宣传策略。

北京大学国际关系学院张植荣教授在发言中阐释了海外涉藏非政府组织的基本概况、北美"藏独"非政府组织的活动方式及其外宣特点、影响与作用等,剖析了达赖分裂势力海外宣传成功运用媒体市场化策略一定程度上影响了中国崛起进程中的软实力与国家形象建设。

哈尔滨工程大学程早霞教授在《劳威尔·托马斯与"美国紧急救助西藏难民

委员会"的发言中剖析了托马斯父子西藏之旅对冷战初期美国西藏话语的影响，得出的一个重要结论是托马斯父子当时所扮演的历史角色为：重要历史时期美国对华文化冷战的旗手、美国政府西藏政策转变的舆论宣传员、美国媒体西藏话语的定调人，也是重要历史时期美国高层与印度政府、达赖集团三方之间的重要联络人。云南大理学院的曾晓阳副教授题目为《藏传佛教与涉藏问题话语权关系初探》的发言对宗教与涉藏问题话语权的关系进行了初步探讨。

国际关系学院《国际安全研究》杂志主编谭秀英研究员的发言题目是《西方媒体涉藏报道对中国国家安全影响》，她以"3·14事件"为例，从报道议题、表达手法等方面对西方媒体涉藏报道进行了话语分析，并从话语缺失、议题设置、传播缺乏多元性等角度阐释了中国媒体涉藏对外传播话语权困境，提出了涉藏问题反分裂传播的话语权建构建议。

与会专家重点探讨了"国际声援西藏运动""美国紧急救助西藏难民委员会"等非政府组织的重要涉藏活动及其政治属性。东北师范大学韩磊博士以世界银行相关文献资料为依据，考察了"国际声援西藏运动"对中国政府西部扶贫项目贷款的干预过程，深入分析了该组织的国际游说活动，揭示了"国际声援西藏运动"的"藏独"属性及其涉藏活动的危害性。

东北师范大学历史文化学院李晔教授则以大量历史档案文献为据，深入考察和探究了"国际声援西藏运动"成立的背景及其在尼泊尔"流亡藏人"社区的早期"藏独"活动，揭示了"国际声援西藏运动""藏独"活动的特点及其在推动"西藏问题"国际化发展中的作用。

中国藏学研究中心原党组书记朱晓明研究员在题为《"治边稳藏"——从基本稳定走向长治久安》的发言中指出，"稳藏"应从中国的大局出发、从国家安全的角度出发。"民族区域自治"政策是我国历史经略的总结，而"治边稳藏"则是对西藏主要矛盾和特殊矛盾的准确把握。中国藏学研究中心当代所杜永彬研究员在《西藏问题的新态势和新趋势》发言中阐释了习近平总书记"治国必治边、治边先稳藏"的思想，指出对待"西藏问题"应该在"知彼""知己"的前提下提出自己的对策。"知彼"即是准确把握"西藏问题"的新趋势；"知己"则是清醒认识藏区发展的新态势和治藏方略。

中国藏学研究中心当代所所长廉湘民研究员重点阐释了西藏1959—1961年

间进行的民主改革,剖析了西藏历经由内藩到自治区的变化。指出西藏的民主改革为民主建政打下了基础,民主改革使农奴取得了完全公民身份,获得选举权。哈尔滨工程大学王林平副教授则结合自身在美国访学经历,阐释了对在美藏人社区实地调研的研究成果与体会。

东北师范大学国际政治系主任、富布莱特学者王媛副教授作了《国家安全:美国联邦政府资助藏学研究的逻辑》的发言,她指出,美国的藏学研究有助于美国政府利用"西藏问题"服务于国家安全战略的需要。"西藏问题"助力美国地缘优势的争夺和国际话语权的构建。由此从中国国家安全的大战略角度来看,对中国政府的藏学研究政策引领有着重要的启示。

本次学术研讨会比较明显地体现出三个基本特征:一是研讨议题集中。专家主要围绕国际关系中的涉藏议题与"治边稳藏"的政策选择等主题进行研讨,反映了这一领域国内外研究的最新动态。二是参会学者老、中、青结合。本次会议参会学者来自国内外藏学研究重镇的主要院校与科研院所,年龄在 30～70 岁,既有资深的著名藏学专家,又有充满青春活力的新生代涉藏研究青年博士,亦有正在成长起来的中年学者。三是研究成果具有较为突出的前沿性与创新性,所提交的论文或为使用原始历史档案,或为亲赴藏区调研最新成果,体现了目前国内外藏学研究的科学性与严谨性。

本次学术会议的基本要求是以文参会,诸位专家结合自己的研究特长提交了高水平的学术论文,我们在征求诸位专家的意见后,围绕国际关系与"西藏问题"这一主题编辑出版本论文集,旨在扩大学者学术研究成果影响。这本论文集的每一部分成果都是学者长期学术研究的结晶,凝聚了诸位专家学者的辛勤汗水,我们在此再一次对诸位专家学者表示崇高的敬意,希望我们出版的这部著作对进一步推进国内外学界关于国际关系中的涉藏问题研究起到积极推动作用。

本书的著作人包括:朱晓明、马加力、杜永彬、秦永章、郭永虎、王林平、董大亮、韩磊、刘小影、王东旭、金婉婷、曲晓丽、闫金红、薛丹、程早霞。

编著者

2018 年 1 月

Preface

During January 9—11, 2015, "The International Symposium on the Frontiers of Tibetan Studies" hosted by Harbin Engineering University was convened in the International Exchange Center of Harbin Engineering University, which is located in the fair ice city Harbin. More than 20 experts and scholars attended this conference. They came from colleges and scientific research institutions including State University of New York, Stanford University, China Tibetology Research Center, Northeast Normal University, Jilin University, Chinese Academy of Social Sciences, Peking University, Institute of International Relations and Dali college of Yunnan etc. The participants had academic discussions on Tibet issues in Sino-foreign relations etc.

Research Fellow Ma Jiali who is a famous Chinese expert in South Asian issues and a committee member of Academic Committee of China Tibetology Research Center indicated that dealing with "Tibet issues" in Sino-Indian relations should proceed from the general situation of Sino-Indian relations and sufficiently reflect the view of overall situation. He further pointed out that our country should not only put pressure on India in diplomacy, but also establish channels to communicate sufficiently and strengthen cooperation with each other in the meantime. Research fellow Bi Hua who is Editor-in-Chief of China Tibetology Press analysed in his speech that Tibetan in India have been facing difficulties such as less land, illness and low income, She put forward suggestions on policies including encouraging Tibetan to adapt to the local life, obeying local by-laws and that we should reinforce contacting with exiled Tibetans.

Professor Guo Yonghu of Jilin University made a presentation entitled *New investigation of the Legislation About Tibet issue by the US Congress over the past decade*, he pointed out that, among all the influencing factors on US policy towards Tibet, the US Congress is the most active one. The interference from the US Congress in Tibetan affairs have become one of the most significant factors that influence the healthy development of Sino-American relations. The *Tibetan Policy Act of* 2002 introduced by the US Congress was the most comprehensive regulations on "Tibet issues" in the US since 1959. After the Cold War, motivated by the "Cold War mentality", members of Congress in the US still continued to carry out legislative activities related to "Tibet issues".

Lin Xiaoting of Hoover Institution at Stanford University, discussed the impacts brought by "Tibet factors" on Chiang's American Allies relationship. He utilized the archives of Taipei and the US, and the *Diary of Chiang kai-shek* which is collected in the Hoover Institute. His discussion focused on the Tibet issues which Taipei and Washington faced with between 1949 and 1960. He has offered a new perspective for the research on "Tibet issues" since 1949.

Qin Yongzhang of Institute of Ethnology and Anthropology in Chinese Academy of Social Sciences delivered a speech entitled *Tentative analysis on evolution and features of Japanese Tibet policy*. He pointed out that only until 1959 did "Tibet issues" cause concern on the authorities of Japan and Japanese policy on Tibet is: for one side they acknowledged that Tibet is a territory of China and disapproved Tibetan Independence, but for another side they supported "Tibetan independence" activities in various ways. At present, Japanese government have not formed comprehensive and specific policy towards Tibet issues, thus their policy is totally uncertain and optional. In the foreseeable future, Japanese government wouldn't support Tibetan independence completely. At the same time, however, they wouldn't abandon "Tibet issues" as a diplomatic chessboard.

Furthermore, experts exchanged ideas on topics such as influencing factors on Tibet issue in international relations. Zhang Yun, director of the Institute of History at China Tibetology Research Center, summarized the process of producing and formation of Western Tibet discourse, explaining that the changing process of Tibet discourse in international relations is also a course in which the force of Tibetan separatists dies down. Significant factors which influence Tibet's discourse power include the progress of Chinese economy, technology and military power, etc. He put forward that we should expand publicity of Tibet and develop a strategy of "Go out and bring in". He stated that history controversies should get clarified and rumors should be unmasked. Efforts should be paid to promote publicity on Tibet issues to fight for comprehension and support.

Professor Tom Grunfeld who is expert at Tibetan studies from Empire State College in State University of New York delivered a speech entitled *Winning Hearts and Minds: the Case of Tibet* which indicated that it was not until 1980 that there were some more researches on Tibet in western academia, and the majority of the westerners learned about Tibet from films produced by several westerners who had never been Tibet. But now there are more than 600 international organizations related to Tibet supporting Dalai Lama.

Professor Zhang Zhirong of School of International Studies, Peking University introduced the basic situation of Tibet intervened activities of overseas NGO. He explained that the overseas propaganda of Dalai Lama gained success by using strategies of media marketization.

Professor Cheng Zaoxia of Harbin Engineering University made a speech entitled *Lowell Thomas and the American Emergency Committee for Tibetan Refugees*. She analysed the influence of Thomas Journey to Tibet, drawing an important conclusion that Thomas played a historical role in Sino-American relations in the cold war period. Associate professor Zeng Xiaoyang of Yunnan Dali College who made a speech entitled *Initially investigation on the relationship of Tibetan Buddhism and voice of Tibet issue.*

Tan Xiuying, editor-in-chief of the journal *International Security Studies* in University of International Relations, made a statement entitled *The Impact of western Tibet related reports on Chinese national safety*. Taking "3. 14" incident as an example, she analyzed western Tibet-related reports on different aspects. She made explanations on the discourse dilemma which Chinese media face on Tibet.

Professor Li Ye of Northeast Normal University made an thorough exploration on the background of "International Campaign for Tibet" and its early Tibetan independence campaigns in community of Tibetan exiled in Nepal, revealing the characteristic of the organization.

Zhu Xiaoming, the former primary Secretary of the Leading Party Members' Group in China Tibetology Research Center, delivered a speech entitled *Governance of Frontier and Stability of Tibet* in which he pointed out that the stabilization of Tibet should base upon the overall situation of China and national security. Du Yongbin of Contemporary China Tibetology Research Center interpreted the chief secretary Xi Jinping's thought on the *Governance of frontier and the Stability of Tibet*.

Lian Xiangmin, director of Contemporary Institute of China Tibetology Research Center, emphatically elucidated the democratic reform in Tibet between 1959 and 1961. Associate professor Wang Linping of Harbin Engineering University shared her research and experience of investigation in Tibetan community in the US.

Associate professor Wang Yuan, director of department of international politics in Northeast Normal University and a Fulbright Scholar, made a speech entitled *National security : logic of the US Federal Government's subsidizing the Tibetology research*. She pointed out how the American Tibetology research contributed to the US national security strategy.

You could also find more interesting topics such as the Russia and Soviet's Policy on Tibet, the relations between the American Presidents and the Dalai lama, How to read the book *History as Propaganda*, Study on the Special Coordinator for Tibetan Issues, etc.

Authors of the papers are listed below : Zhu Xiaoming, Ma Jiali, Du Yongbin, Qin Yongzhang, Guo Yonghu, Wang Linping, Dong Daliang, Han Lei, Liu Xiaoying, Wang Dongxu, Jin Wanting, Qu Xiaoli, Yan Jinhong, Xue Dan and Cheng Zaoxia.

目　录

目录

Contents

Contents

国际关系与「西藏问题」——藏学前沿热点问题透视

"治边稳藏"
——从基本稳定到长治久安

2013 年 3 月 9 日上午,中共中央总书记、中央军委主席习近平参加第十二届全国人民代表大会一次会议西藏代表团审议时,提出了"治国必治边,治边先稳藏"的重要战略思想。

"治边稳藏"战略思想的提出,是新一届党中央领导集体治国理政思想的重要组成部分,也是中央西藏工作大政方针在新的历史条件下的创新和发展。

1."治边稳藏"是对国家安全和边疆治理的战略思考

(1)"治国先治边,治边先稳藏"的重要战略思想,是从国家整体利益上对中国边疆以及西藏和四省藏区①治理进行的一种战略思考。

古人总结道"夫作事者必于东南,收功实者常于西北"②。这句话的意思是,古人总结了中国历史上的兴衰成败,得出了一条经验,即做事情往往必须从东南开始,而要收到功效、实利却常常出现在西北。我国历史上有一个重要现象,凡是强大的王朝都往西走,而且越是强大的王朝越重视对西北的经略。清代末期,我国西

---

① 四省藏区是指除西藏自治区外,青海、四川、云南、甘肃等四省藏族与其他民族共同聚居的民族自治地区。
② 出自《史记·六国年表》。

北边塞和东南沿海同时出现了巨大的危机,引发了朝廷保塞防还是保海防的争论。最后,朝廷采纳了左宗棠塞防不能放的意见,才有了左宗棠带领大军收复新疆的历史壮举。联系现实,改革开放是由东南沿海地区起步,率先发展,梯度推进,延伸到西北,丝绸之路经济带的提出,拓展了支撑我国西向发展的战略空间。

(2)"治国必治边,治边先稳藏",反映了在维护国家统一和安全这盘大棋局中,必须把稳定西藏作为先手棋来下。

边疆与维护国家主权和领土完整紧密相连。因此,边疆不仅是一个地理概念,也是一个政治概念。冷战结束后,以美国为首的西方国家打着人权、民主、宗教的旗号,支持"藏独"等分裂势力,企图牵制、遏制、分化中国。"治国必治边,治边先稳藏"的战略思想,正是在这样复杂多变的国际政治斗争背景下提出的,这一思想是对苏东剧变深刻教训的汲取,体现了党中央统筹国际、国内两个大局,下好先手棋、打好主动仗的战略思维。

西藏地处祖国西南边疆,面积占国土的八分之一,是西南、西北的天然屏障,是通往南亚的门户,是维护祖国统一、国家安全的前沿,战略地位十分重要。西藏面临着政治上的反分裂斗争,是我国边疆民族工作的重点地区。全国除西藏自治区外,还有 10 个藏族或藏族和其他民族的自治州(青海六个自治州,甘肃的甘南,四川的阿坝、甘孜,云南的迪庆),两个藏族自治县(甘肃的天祝、四川的木里)。西藏的稳定直接影响相邻的四川、青海、甘肃、云南四省藏族地区的稳定,而且会对其他民族地区的稳定产生影响。稳住西藏,进而稳住四省藏区,稳住西部其他民族地区,有利于经略东南。

2."治边稳藏"战略思想是对我国边疆治理历史经验的深刻总结

几千年来,我国历代中央政权经略民族地区,大都是在实现政治统一的前提下,实行有别于内地的治理体制,秦汉的属邦属国、唐代的羁縻府州、元明清的土司都是这样的设计。但是,这些制度是老办法,其实质是怀柔羁縻。一方面,中央王朝把少数民族首领作为自己统治少数民族的代表,通过他们来管理少数民族;另一方面,中央王朝又许可少数民族沿袭其传统的管理运行模式,保留原有的社会组织形式,并在维护、服从、认同中央王朝统一的前提下,自主管理内部事务,从而满足了中央王朝和少数民族地方政权双方的现实要求。这是封建中央王朝与少数民族政治体系相互博弈的结果。羁縻制度下的政治权力仅为少数民族的统治集团所享有，当地少数民族普通民众则压根没有什么政治权力。中国共产党的边疆治理，与历代封建王朝有着本质区别。历代中央王朝通过联合、笼络当地少数民族上层，实现对广大少数民族和边疆地区的统治。其历史功绩是维护了国家的统一、领土完整；其历史局限性是只着眼于笼络上层，并没有真正关心少数民族人民群众的疾苦。中国共产党从根本上着眼于广大少数民族人民群众，同时团结上层，实现了真正的民族平等。这里还要强调的是，我们说民族区域自治是民族因素和区域因素的结合。同时，还应该看到，民族因素不是静止不动的，而是随着社会的发展而变化的。西藏民主改革前，上层在一定程度上还代表着这个民族，那时候的民族因素，重点是上层因素。那时候的西藏工作，是以统战工作为主，同时做影响群众的工作。民主改革以后，百万农奴翻身解放，当家做主，成为掌握自己命运的主人，代表了民族的利益和方向，这时候的民族因素已经主要不是上层因素，而是以劳动人民为主体的人民的因素。因此，在社会主义条件下实行的民族区域自治，从政治实质上说，是少数民族人民群众翻身解放当家做主，同时团结各界爱国人士的自治，是依法自治、人民自治。

在改革开放和社会主义市场经济的条件下，不能继续坚持"以阶级斗争为纲"的主张，但也不能看不到在一定范围内实际存在的阶级斗争，例如我们同达赖集团分裂活动的斗争。在这个问题上，不讲阶级观点和阶级分析，会把原来属于次要问题的民族、宗教因素提升到不适当的位置；认不清达赖集团的阶级和政治实质，在反分裂斗争中难以高屋建瓴、掌握政治制高点和话语权。深刻揭露达赖集团是旧西藏农奴主阶级残余势力和西方豢养的"藏独"势力的代表，才能够直指要害，形成共识。

3. "治边稳藏"战略思想是对西藏主要矛盾、特殊矛盾的准确把握

第五次西藏工作座谈会对西藏工作在理论上的创新，集中体现在提出了当前西藏社会的主要矛盾和特殊矛盾。由于西藏存在经济社会发展落后的主要矛盾，所以必须坚持以经济建设为中心；同时由于西藏还存在反分裂斗争的特殊矛盾，所

3

以必须深入开展反分裂斗争。西藏存在的社会主要矛盾和特殊矛盾决定了西藏工作的主题必须是推进跨越式发展和长治久安。

(1)坚持经过实践检验,并在实践中不断丰富发展的西藏工作指导思想

"治边稳藏",突出了"稳",与"二次新疆会"精神关于社会稳定和长治久安是新疆工作的总目标的精神是一致的。如何理解这个总目标与以经济建设为中心的关系?我认为,坚持以经济建设为中心是从全党全国工作的整体和社会主义初级阶段这样一个相当长的历史过程来说的。具体到一个地区、一个阶段,以什么为总目标,以什么为工作重点,必须从实际出发,实事求是。在新疆,在当前这个阶段,把社会稳定和长治久安放在总目标的突出位置,这是党中央根据新疆反分裂斗争具有长期性、复杂性、尖锐性,特别是当前暴力恐怖活动猖獗的严峻现实作出的重大战略判断,是从全国大局做出的重大战略判断。只有这样,才能有利长远,为新疆持久地实现以经济建设为中心创造社会政治基础;只有这样,才能有利于全局,为全国在总体上坚持以经济建设为中心创造良好的政治条件和社会环境。

那么,在西藏工作中,是继续坚持"一个中心,两件大事,四个确保"的指导思想,还是参照新疆的提法把"社会稳定和长治久安"作为总目标更为有利呢?

我认为,西藏和新疆都面临反对民族分裂主义的共同任务,但情况有所不同,需要从各自实际出发,制定差别化的区域政策。差别化的区域政策,不仅体现在经济工作中,也体现在反分裂斗争中。

第一,民族分裂主义的表现形式不同。西藏近年来实现了基本稳定、持续稳定,与新疆暴恐势力猖獗的形势不同。如果说,新疆的民族分裂势力以显性的暴力恐怖突发、频发为表现形式,西藏的民族分裂活动则转入了以利用宗教渗透、"非暴力不合作"等隐性、软性的思想文化渗透为主要表现形式,并辅之以暴力手段的阶段。

第二,经济发展实力不同。新疆海拔不高,交通条件较好,石油、天然气等资源丰富,经济社会发展水平总体上高于西藏。改革开放以来,西藏经济社会实现了跨越式发展,但总体上发展水平仍然比较低,例如西藏仍是全国14个连片贫困地区中贫困发生率最高的地区。

因此,西藏仍然坚持"一个中心,两件大事,四个确保"的指导思想,把维护祖

国统一、加强民族团结作为工作的着眼点和着力点,既保持了政策的连续性,又有利于在持续稳定的局势下凝聚人心,夯实基础,走向长治久安。

(2)更加深刻地认识和处理发展与稳定的关系

在西藏,发展和稳定密不可分、相辅相成,处理好发展和稳定的关系特别重要。在发展的战略和思路上,要实现着眼于长治久安的发展。必须围绕稳定谋发展,通过发展促稳定。也就是说,经济发展要着眼于长治久安,不能"单打一",不是脱离全局地单纯追求 GDP(国内生产总值),用钱砸形象。经济发展的出发点和落脚点是有利于社会稳定、民族团结、改善民生。对发展本身,必须提出有利于社会稳定和长治久安的政治含量和政治要求。

在发展的要求和举措上,要体现新要求、开创新局面。要更加重视贴近百姓,更加重视惠及当地,更加重视保护环境,更加重视改革开放,更加重视经济社会全面发展,实现参与式、包容性、融合式发展。坚持就业第一,坚持教育优先,建立精准扶贫工作机制,对特殊贫困地区实行特殊政策,把对口援藏打造成加强民族团结的工程,等等。

这样的思路和要求,体现了发展和稳定有机结合,而不是"两张皮",社会稳定中的短板弱项,就是发展的问题导向。要把有限的资源优先安排用于解决社会稳定遇到的困难和问题。发展的过程和成果,就是稳定的物质基础和保障,越稳定越发展,越发展越稳定。发展和稳定形成良性互动、相辅相成。

习近平总书记在民族工作会上的讲话中对这个问题做了深刻阐述,主要包括四层意思:

①重要性。民族工作要见物,更要见人。推动民族工作要依靠两种力量,一种是物质力量,一种是精神力量。

②严重性。一个时期以来,我们物质力量的运用强一些,精神力量的运用弱一些。历史和现实都告诉我们,要解决好民族问题,物质方面的问题要解决好,精神方面的问题也要解决好,哪一方面的问题解决不好都会出更多的问题。

③不可替代性。物质力量和精神力量各有各的作用,在很大程度上是无法互相替代的,物质层面的问题要靠增强物质力量来解决,精神层面的问题要靠增强精神力量来解决。经济发展、人民生活水平的提高,并不会自然而然地带来人们思想

认识水平的提高。维护民族团结、反对民族分裂，要重视少数民族和民族地区经济发展，但并不是仅靠这一条就够了。

④当前的问题主要在精神方面。应该说，问题的成因主要不在物质方面，而是在精神方面。一把钥匙开一把锁。我们在继续用好发展这把钥匙的同时，必须把思想教育这把钥匙用得更好。这些论述，深刻地阐明了物质和精神"两手抓、两手都要硬"的道理。

要用正确的思想占领民族领域的思想阵地。民族领域的思想阵地，同其他思想阵地一样，如果我们不用正确思想去占领，错误思想就会去占领。民族领域的思想政治斗争，是我们同国内外敌对势力在民族问题上斗争的前哨战，这场斗争依然尖锐、复杂。我们必须深刻认识民族领域的思想政治斗争的严峻性和复杂性，旗帜鲜明地反对各种错误思想观念，增强干部群众识别大是大非、抵御国内外敌对势力思想渗透的能力。联系涉藏领域与达赖集团分裂活动的斗争，这些论述很有针对性和指导意义。

案例："达赖回国"传闻引起的思考。

2014年8—9月，达赖回国的谣言在网上不胫而走。我在讲课中也常常碰到这类问题。2014年9月下旬我在南京的一次讲课时，根据自己的观察和经验，做了初步的分析，认为这是谣传。主要理由有两条：一是对达赖的政策是中央有关部门主管的事务，不是地方官员管的事，地方官员不会这样谈；二是在这样的重要问题上，熟悉内情的消息人士，不可能采取向境外媒体透漏，再"出口转内销"的方式。因此，这种传闻肯定是谣言。

这个谣传的产生和传播，对藏区的社会稳定会产生影响，可以作为一个典型案例加以分析。先是由新闻源头引起话题，然后境外媒体的编辑把自己的分析和推演，以权威的"消息人士"透露的方式推出，再加上历史回顾和对达赖的专访，增加纵深感和立体感，说得有鼻子有眼儿，更有欺骗性、迷惑性。

问题不在于达赖集团及其支持者不断变换策略，以求在接谈、回国等敏感问题上挑起话题，增加其存在感，防止其边缘化，而在于国内，网上不少人相信、赞成和传播这样的观点，这种消极影响不可低估。如果听之任之，藏区干部群众的思想就会被搞乱，维护祖国统一、民族团结、社会稳定的思想基础就会被动摇。

外交部发言人洪磊在 2014 年 10 月 8 日的例行记者会上说，"他（指达赖喇嘛）需要做的不是所谓的重回西藏，而是放弃他分裂中国的立场与行为"，向外界澄清了这一谣传。

关于达赖的种种谣传不会是"绝唱"，还会在不同时空条件下，重复上演。因此，我们不能仅仅采取头疼医头、脚疼医脚的办法，被动应付，而要在基本问题上讲清是非，讲清利害，讲清底线，掌握话语权、主动权，筑牢反对分裂，维护祖国统一、民族团结、社会稳定的思想堤坝。2013 年 7 月初，中共中央政治局常委、全国政协主席俞正声同志在甘肃甘南调研时强调要"旗帜鲜明地深入开展对达赖集团斗争，确保藏区长期繁荣稳定"。这是以习近平同志为总书记的党中央对达赖集团斗争方针政策的一次重要的、系统的阐述，对于排除干扰，统一思想，坚定不移、坚持不懈地深入开展涉藏反分裂斗争，具有全局性的重要意义和长远的指导作用。

4."治边稳藏"战略思想是实现"中国梦"的重要内容和保障

国家一体化进程已经进入了新的阶段。人们往往有一个疑问，为什么西藏、新疆以前民族矛盾不突出，现在好像事情越来越多，原因是什么？

历史上的边疆治理，是主权与治权相对分离的地方性治理。在政治上，是统一国家，在治理上，是"因俗而治"，实际上是"统而未治"。

中华人民共和国成立以后，经过民主改革，在民族地区建立了社会主义制度的实现形式——民族区域自治制度，在中国历史上第一次全面实现了边疆治理中主权和治权的结合。

新中国的国家一体化进程，经过了两个高潮。

第一个高潮，是实现了政治的一体化。中华人民共和国成立以后，我党主要用政治力量推动现代国家的一体化，主权和治权合一。政党力量进入边疆地区并占据主导地位，把国家意志输送到农村、边疆。共产党打通了中央和地方的政治连接。开辟民族地区工作的部队和工作人员，与边疆地区的民众"面对面"地生活。

第二个高潮，是实现了经济的一体化。进入改革开放和市场经济时代，市场中的人员、商品、信息大流动，促进了各民族的交往、交流、交融，其广度、深度，历史上前所未有。以前民族矛盾不突出,是因为率先进入民族地区的"政治精英"有政策意识。而市场经济,利益驱动,大规模的交往、交流,各民族普通群众之间由于经济纠纷、风俗习惯不同,难免产生摩擦,加上以网络为主导的信息传递的放大作用,有的涉及民族、宗教的小事,处理不当或不及时,也会引起轩然大波。

现在,进入了国家一体化的新阶段,也就是文化认同的一体化。对于文化认同的基本内涵,尽管目前学界还存在多种叙述,但基本都承认这样的事实:文化认同是一定的个体或群体对特定文化(包括文化体系、文化元素或文化符号)的认可和支持。正是这种认可和支持,使得该文化对认可、支持它的个体或群体产生向心力和凝聚力。

文化认同是国家认同的基础。在文化认同、国家认同、组织认同、地域认同等诸多认同中,"文化认同是最深层次的认同,是民族团结之根、民族和睦之魂。"国家认同主要是对国家政治文化的认同,核心内容是反映国家利益的意识形态,以及相应的政治、经济、文化、社会等制度。要增强各民族共同缔造和发展了统一的多民族国家和共同开发了祖国疆域的文化理念,增进各民族对国家历史文化、地理疆域文化、通用语言文字和国家象征符号的认同,并在此基础上增强对伟大祖国的认同。促进各民族对中华文化的认同,就能够让各民族对中华民族大家庭有归属感,从而在文化心理上产生大家庭各成员之间的亲和力。增强文化认同是加强中华民族大团结的一个根本性、长远性问题。"文化认同问题解决了,对伟大祖国、对中华民族、对中国特色社会主义道路的认同才能巩固。"

西藏、新疆的现实告诉我们,边疆治理中的国家一体化进程还是现在进行时,还有许多事情要做。经济发展是解决一切问题的基础,但是经济发展本身并不能自动解决一切问题。国家一体化,最终是人的一体化,是人心的一体化。

在全面建成小康社会的关键阶段,以习近平同志为总书记的新一届党中央,提出"治国必治边,治边先稳藏"的战略思想,深刻、清晰地强调了一个理念,即没有边疆民族地区的跨越发展,没有边疆民族地区的长治久安,就没有全面建成小康社会目标的实现,也就没有中华民族伟大复兴的"中国梦"的实现,进一步深化和发展了中国共产党治国理政的思想内涵。

我们要以"治边稳藏"的战略思想为指导,推进当代西藏研究,为促进西藏和四省藏区的跨越发展和长治久安,为实现与全国一道全面建成小康社会的目标而努力。

(中国藏学研究中心:朱晓明)

"西姆拉会议"史实辨正

20 世纪初叶,趁中国推翻清王朝、政局动荡之际,英印两国政府阴谋策划在印度召开了"西姆拉会议",企图促使西藏独立,从中谋取特殊利益,其影响深远,至今仍流毒不散。

1. 会议背景及筹备情况

辛亥革命之后,中国西南方向的安全局势发生巨大动荡。正如台湾学者冯明珠所说,"民国初建,国势动荡,列强环伺"。[①] 此时,英印政府加紧对西藏的战略攻势,并以"承认中华民国作为先决条件",压迫民国政府与之谈判,以便通过"合法"的方式攫取在西藏的利益。1912 年 8 月 17 日英方向北京政府提交《8·17 备忘录》,明目张胆地向中方施压,要求中国政府与之谈判,签订新约,期望获得在西藏的特殊权益,将中国在西藏的主权淡化或降低为所谓的"宗主权",实现其控制西藏的罪恶目的。

中国方面对英印政府的这一险恶用心很有底数。同年 12 月,北京政府断然做出答复,声明"中英关于西藏之交涉,已经两次订立条约,一切皆已规定明确,今日

---

① 冯明珠:《中英西藏交涉与川藏边情:1774—1925》.北京:中国藏学出版社,2007.

并无改定新约之必要"。① 但是,英方抓住袁世凯急欲获得英国承认的心理,继续不断施压。在这种情况下,北京政府外交部同意派全权特使温宗尧赴伦敦谈判。而英方坚持举行三方会议,以解决"西藏问题"。面对这种情况,英方则露骨地威胁说,"若不派使会议,英藏即行订约"②,迫使北京政府最后同意参加所谓中、英、藏三方会议。期间,英方要尽阴谋诡计,在出席会议的代表人选、代表名称和权限、谈判方式和会议地址等问题上提出无理要求。袁世凯出于个人野心和目的,违背当时很多有识之士的意见,采取妥协退让的态度,除了个别问题之外,悉数接受英人旨意。

关于代表人选问题。英印方面派出外交事务大臣麦克马洪爵士为全权代表,辅以英印政府驻锡金行政官贝尔和驻云南腾越前领事罗斯。达赖喇嘛方面委派的代表是伦钦夏札,助手为副马基(藏军副司令)台吉赤门巴,以及三大寺代表各一人。中方代表初为前清时期的驻藏帮办大臣温宗尧,但当其获悉会议将在印度的大吉岭举行后,坚决辞职,拒绝往会。随后,北京政府改派具有与英人打交道经验的张荫棠。但英方认为此人"明察藏事,精明强硬",③于是极力反对他当代表。英国驻华公使于1913年6月4日会见袁世凯,不顾外交礼仪,公然提出不能接受张荫棠,直接点名陈贻范担任中方"议约专员"。袁世凯为了讨好英人,竟然当场拍板指定陈怡范为中方代表,"允诺接受此建议"。④ 陈贻范曾经在英国当过领事,办事随和,深得英人喜欢。英方之所以提名他任会议代表,显然是看中他能与其较好合作,听任他们摆布。

关于代表的名称和权限。英国为了造成"西藏独立"的事实,要尽手段,坚持给西藏地方政府的代表以平等的地位,即用全权代表的名称,平等地与英、中代表一起在条约上签字。⑤ "有言会议之时,西藏不能居下级地位,亦无居下级地位之

---

① 周伟洲:《英国、俄国与中国西藏》.北京:中国藏学出版社,2000年:第372页.
② 周伟洲:《英国、俄国与中国西藏》.北京:中国藏学出版社,2000年:第375页.
③ 周伟洲:《英国、俄国与中国西藏》.北京:中国藏学出版社,2000年:第376页.
④ 《朱尔典爵士致爱德华·葛雷爵士》,(1913年6月5日),英国《外交部档案》,全宗第535号,第16卷,第245页.
⑤ 《朱尔典爵士致爱德华·葛雷爵士》,(1913年6月5日),英国《外交部档案》,全宗第535号,第16卷,第344页。

理由，"①这种主张自然遭到中方的坚决拒绝，因为这等于承认现在地方政府的代表可以与中、英代表平起平坐，不能体现西藏是中国主权的一部分。中方的意思是将西藏地方政府的代表称为"随同商议的掌权员"②，到了 8 月下旬，中方仍对英方发出的外交节略表示异议，答称"贵国政府认为本国已承认三国平等似有误会，或系译文弄错，请查照更正为盼"。③ 然而，中国政府的这个节略竟然遭到英方的拒收，在送出的第二天即被退回中国外交部。④ 但是，迫于英人的威逼利诱，最终中方无奈只好被动接受。

关于会议地址。本来，最初被任命为中方谈判代表的温宗尧提议会议在伦敦召开，其初衷是直接与英国政府打交道，避免直接与利益更为直接的英印政府打交道。当他得知会议地点确定为在英属印度召开，便看透了其中的玄机，觉得很难担当使命，于是推卸成命，改由陈怡范赴会。即便如此，英印方面也还是在会议地点问题上做足了手脚。开始，英方通知中方会址在大吉岭，后因其担心那里也有其制约的因素，便又将会址改在英属印度的夏季办公地点西姆拉。英印方面认为，在西姆拉开会，可以尽享地主之便，可以肆意压制民国政府的意见。

有鉴于此，袁世凯政府不得不走进英国人与西藏地方上层早已勾结预谋好的陷阱，被动地应付会上的各种难题。

2. 会议经过及各方立场

1913 年 10 月 13 日，西姆拉会议在印度北部城市西姆拉举行。表面上，英方代表麦克马洪宣称自己是"调停中藏争端的'诚实的经纪人'"，实际上，整个会议（共 7 轮，前后持续 7 个多月，到 1914 年 4 月 27 日会议破裂）都是由他进行掌控的。

在第一次会议上，首先讨论了一些程序性的问题，并做出两项决定，即会议不

---

① "西藏议约案"，1913 年 7 月 30 日地字第 7825 号；《严秘书往英馆问答一件：西藏事（7 月 29 日下午）》，转引自卢秀璋著：《论西姆拉会议——兼析民国时期西藏的法律地位》，中国藏学出版社，2003 年版，第 153 页。

② 卢秀璋：《论西姆拉会议——兼析民国时期西藏的法律地位》，中国藏学出版社，2003 年版，第 148 页。

③ 见《西藏议约案》第 2 函，第 7 册，转引自冯明珠著：《中英西藏交涉与川藏边情》，中国藏学出版社，2007 年版，第 283 页。

④ 见《西藏议约案》第 2 函，第 7 册，转引自冯明珠著：《中英西藏交涉与川藏边情》，中国藏学出版社，2007 年版，第 283 页。

设时限,不设议题;会议的工作语言为英文。由于麦克马洪已经与西藏地方的代表事先进行了充分的沟通,麦克马洪让西藏代表夏札将事先准备好的英文和藏文文本的《西藏要求条件》递交大会。夏札提交的《西藏要求条件》以极其冗长的篇幅阐述了西藏要求的 6 项内容,基本核心是"西藏独立"。该文件的前言部分就采取了完全篡改历史的手法,把中央政府与西藏的关系说成是"施主"与"法主"的关系,还说"中国与西藏彼此从无隶属关系,将来亦永远互不联合"。① 至于具体的要求,可以概括为以下内容:(1)西藏独立,1906 年在北京签字的中英条约无效;(2)划定中藏疆界(西藏提出的藏界包括青海全部及理塘、巴塘等地);(3)1893 年及 1908 年之印藏通商章程由英藏修改,中国不得过问;(4)中国不得派员驻藏,华商无藏护照,不准入境;(5)中、蒙各处庙宇皆认达赖为教主,由达赖委派喇嘛主持,中、蒙僧徒向以金钱布施藏中寺庙,以后一律禁止;(6)所有中国勒收之瞻对税款及藏人所有损失,中国政府须一律缴还赔偿。②

夏札所提各条要求的核心是"西藏独立",要求西藏从中华民族大家庭中分裂出去,投靠西方殖民主义者。其前提主张是"汉藏互不相属",朝廷与达赖是"施主与法主关系"。对此一向希望西藏成为中印之间缓冲国的英印政府方面自是非常高兴,但在当时的国际大格局背景下,英国出于全盘的考虑,并不急于明白无误地赞同西藏地方政府公开打出独立的旗号。本来,在此次会议之前,英印政府方面已经同噶厦方面暗通款曲,双方经过三个多月的密谋,已经形成某种默契,只不过在会上表演一场双簧而已。据载,会前贝尔通过与夏札的交谈已经得知他将提出的主要条件,即西藏管理其内部事务;中央管理其对外事务,重大问题与英协商;除商人外,中国驻藏大臣或其他官员以及士兵不得驻藏;西藏包括雅砻、德格、巴塘及远至打箭炉的地区。③ 尽管英印方面认为所提条件显然是中方不能接受的,但为了显示其居间调停的身份,还是纵容夏札在会上正式提出,以便将会谈纳入英国的

---

① 北京人编:《藏边划界记,民国二、三年中英藏三方会议要录》民国 29 年北京出版,第 3 页。转引自周伟洲编:《英国、俄国与中国西藏》,中国藏学出版社,2000 年版,第 380 页。

② 见《西藏议约案》第 2 函、第 8 册,民国二年十月十九日外交部致陈贻范电,转引自冯明珠著:《中英西藏交涉与川滇边情》,中国藏学出版社,2007 年版,第 284 页,详文见多杰才旦主编:《元以来西藏地方与中央政府关系研究》,中国藏学出版社,2005 年版,第 874 - 876 页。

③ 贝尔著,宫廷璋译:《西藏的过去与现在》,商务印书馆 1931 年版,第 152 页。

轨道。

夏札提出的要求理所当然地引起中方的强烈反应。陈贻范将所收到的《西藏要求条件》急报中国政府。中国政府认为藏方要求"无理至极,根本无从与议",遂于10月20日急电指示陈贻范,提出七点驳复。根据这一指示,陈贻范于10月30日对夏札所提六点要求进行逐条批驳。

第一,西藏应承认为中国领土之一部分,西藏和英国不得图谋破坏这一关系。西藏与中国向有之关系一律照旧;中国在西藏之一切权利应得到西藏之尊重和英国之承认。中国允准不将西藏改为行省,但英国也应承诺不侵占西藏或其任何一部分。

第二,中国中央政府有权派驻藏长官与拉萨,与前无异,并可随带汉兵卫队2 600名,其中1 000名驻拉萨,其余部分分驻各地。

第三,"西藏外交、军政事宜,均需听中央命令",中央代表还特别声明:"西藏不得单独与外国谈判,除非由中国政府充当中间人"。

第四,凡西藏官吏与人民仅因向与华人夙具亲睦而被藏官监禁或更将产业抄没者,藏方应一律释放给还。

第五,藏方"宣言"中所提第五条可允讨论。

第六,"1893年12月5日和1908年4月27日所订通商章程之修订,如有必要,务由各方协商并在1906年4月27日附约第三条之基础上做出"。

第七,中国内地省份与西藏毗连之界"应按附图(即宣统二年傅嵩禾所测绘、清廷核准之西康省与西藏行政区划界限图内载明藏界东至江达为限)所示划分。"①

在1913年11月18日举行的第二次会议上,麦克马洪提出,由于中方与西藏地方的意见诉求迥异,因此建议先行解决界务纠纷,然后再谈其他问题。夏札立即进行附和,而陈贻范提议首先讨论夏札声明中除了界务以外的其他各项问题,解决西藏的政治地位,然后讨论疆界的问题,但是遭到麦克马洪的拒绝。由于双方在程

---

① 台北"国史馆"藏外交部档"西藏档",西姆拉会议文件:"The Chinese Counter—Proposals to the Statement of Tibetan Claims"《中国对西藏声明之驳复》(1913年10月30日)。

序问题上存在争议且互不妥协,麦克马洪宣布散会。其后,由于西姆拉的气温大降,三个代表团移师德里,在英属印度外交部继续进行非正式接触,先后五次交换对界务问题的看法。西藏代表夏札始终坚持以第一次会议提出的疆界为准,即北起昆仑岭以南,打箭炉以西全部属于西藏,并举证唐朝吐蕃时代竖立的长庆会盟碑,强烈要求将青海诸地纳入藏境。陈贻范则据理力争,力陈中国与西藏的历史关系,称青海与康区本位固始汉地,与西藏无关,而西藏本身就是中国疆域的一部分。① 而夏札此时提出一份反驳陈贻范草案的所谓"辩驳书",书中陈列八点意见,比陈贻范的案文多一点。辩驳书采取歪曲历史的手法,避而不谈元、明、清三代中央对西藏的一系列行使主权的统治措施,包括设置各种机构和册封西藏高级官员等,而是大谈唐朝时西藏的"独立地位",以此证明西藏是一个独立的国家(其实是一个吐蕃)。同时,他强调地域极其宽泛的疆界范围,基本上把川、青、滇几个省份的藏族地区全部划入了西藏管辖的地盘。针对如此狂妄的主张,陈贻范再次驳斥了夏札关于西藏一贯独立的荒谬言论。他严肃地指出,藏方提出的以唐蕃会盟碑为划界依据是荒谬的,因为它早已被雍正四年(即公元1636年)宁静山界碑划定的界限所代替,因此不存在川藏界重新划定的问题。这时,麦克马洪为了迫使中国代表就范,仍要强行讨论川藏划界事宜。这时陈贻范多少看出麦克马洪的真实意图,向国内报告称:英人心理一意以保全印度领土主权为主旨,深恐他人得志于西藏则俯仰全印,有被其吞噬之隐患,故欲扶持西藏,使之成一瓯脱之邦,以隔断中俄印直接交通……开疆拓土本英人之惯技,此次英人对于西藏问题,仍本其往日增加领土之野心,智取术驭,以达其并吞之目的……②

在各方争议不下的情况下,陈贻范建议各方将己方的意见写成文字,然后散发给与会各方代表。麦克马洪觉得这是一个拖延时间和加强自身地位的机会,于是要求中藏双方从速提交各自书面文件,摆明证据,交由英印专员审查,审查结果在下次正式会议上做出。

① 《陈贻范致外交部报告举行非正式会议情形电》(1913年12月12日),《西藏议约案》第3函、第10册。转引自周伟洲、周源主编:《西藏通史——民国卷》,中国藏学出版社,第54页。
② 《陈贻范致外交部报告12月5日在印外部会议界务情形函》(1913年12月8日),《西藏议约案》第3函第11册,外交部与1914年1月21日收到。转引自周伟洲、周源主编:《西藏通史——民国卷》,中国藏学出版社,第55页。

在 1914 年 1 月 12 日于德里举行的第三次会议上,陈贻范和夏札分别提出对于西藏疆域的主张,附带提出了证明和说明性文件。次日,陈贻范正式提出《中国对于藏域的声明》(Chinese Statement on Limits of Tibet),开宗明义地表达中国政府对康藏领域的划分,论据充分地详细驳斥夏札关于西藏范围的主张。而夏札提出的文件基本还是原来的内容,即西藏自唐以来就是一个独立的国家;达赖喇嘛的宗教权力及其影响所至的藏区就是其实现了政权统治的依据;各地藏区对寺院的布施就是纳税的行为;康区的土司任免、承袭都要经过噶厦政府,云云。

1914 年 2 月 17 日,麦克马洪主持第四次会议。按照上次的约定,英方以书面形式提出了《英国关于藏域的声明》,分别交给陈贻范和夏札,要其带回去详加研究。此次会议时间十分短暂,仅仅历时 20 分钟即告结束。在《英国关于藏域的声明》中,首次提出了"内藏"和"外藏"的概念,别有用心地将西藏分为两个区域,凸显了英帝国主义侵略西藏的野心和阴谋。其目的就是把中国对西藏的管辖由主权降为"宗主权",使西藏获得独立式的自治,确保英印对西藏的扩张得以顺利进行。但是,麦克马洪拿出一张标有红蓝两线的地图,红线是内藏与中国内地各省的交界线,蓝线是划分内藏与外藏的界线。对此,陈贻范颇为震惊,表示强烈保留,会后与麦克马洪的两度协商也未有所获。同时,陈贻范立即致电外交部,请求指示。北京外交部接到陈贻范电后感觉事关大体,十万火急,要求立即呈报国务院,在尚未得到上峰明确指示前先行电复陈贻范,确认此系英人蚕食西藏的阴谋,要求他务必不能接受麦克马洪的提议。① 1914 年 2 月 25 日,外交部接奉国务院旨意,包括如下三点:(1)内、外藏之名不可用,中国公私文件从无内、外藏名目,细核陈使所寄之图,凡四川之巴塘、里塘、金川及青海全境,皆划入内藏之中,此时虽有可保地位之言,将来必为得步进步之计,可虑者一;(2)察木多等地不可划归外藏,查察木多至恩达一带前清已划隶川边,多经设治公布选举区,均将郡县列入四川第八区之内,今若划分入藏,则已设郡县均须撤弃,失险失地,可虑者二;(3)内藏须与西藏土地完全无碍之说不可能,此说恐有限制我川边及青海治权之意,如经允认,将来牵碍

---

① 《外交部致陈专员电》,1914 年 2 月 21 日,《西藏议约案》第 3 函第 12 册。

必多,可虑者三。①

于是,外交部电告陈贻范称,麦克马洪的意见万难遵行,并提出七点反驳英印主张的具体理由,要求陈贻范"据之与议"。1914 年 3 月 7 日,陈贻范拟就一份否认将西藏分为内藏、外藏的《备忘录》,正式送交英方。其主要内容如下:

(1)世界各国领土疆域均以最后划定者为准,唐碑绝不能引用作为划分西藏疆域的依据;关于夏札所提青海、巴塘、里塘、打箭炉等处属于西藏之说,今已不能成立。

(2)英员所谓"中国有时权力偶及之范围与中国仅布命令之范围",中国政府答复如下:自雍正朝起巴塘、里塘及其他各地已隶四川省管理,设粮员、营汛等各级文武官员,并在各处征税发放军饷至今,二百年来对各地的抚治镇守与内地郡县无异,可谓权力常及。关于划分内、外之说,自乾隆十五年后已废除藏王,全藏均归驻藏大臣,已落实了统治全藏的权力。

(3)英国代表提出划分内、外藏的说法,中国政府不能同意。

(4)关于英国代表所称,有些藏域原是中国军队征服的(指赵尔丰改土归流地方),后来当地土著起来反抗驱逐了汉人;中国政府的答复:英国代表大概忘了中国清朝确实已在全藏行使治权,而中国军队是在英国政府的调解劝说下撤出的。

(5)关于西藏内政自治权一节,中国政府可斟酌考虑,但权力大小,当视谈判结果而定。

(6)关于藏域中国政府主张:西康地方除清朝时已收回归入四川省外,其余疆界如下:青海西界自 80 度起,循昆仑山向东北接阿尔丁台富亨包脱岭,行至 92 度半渐折向南,循南山接连甘肃,又偏西南接四川西北界,再折西南至 95 度察木多之北,复折北循当拉岭南麓而西,绕丢柏来克岭向西北直达起点。

在此次交涉过程中,中方有力地反击了英方所提出的歪理邪说,如以唐朝的会盟碑说事,以"象征性疆域""权力偶及"的范围、"周期性干预"等说辞进行了驳斥,甚至用反诘的语气对己方主张进行论证。例如"世界各国领土疆界均已最后划定者为准,当中的一段时期的情况不得引以为据,遑论古代?""唐时在印度方面,西

---

① 《外交部收国务院西藏界务函》1914 年 2 月 25 日,《西藏议约案》第 3 函第 12 册。

藏疆界达于恒河畔,未知有何商谈?"①

中方所做的驳复有理有据,事实确凿,英印方面的谬见歪理不攻自破。同时,中国方面还在西姆拉会议之外与英国展开外交斗争。例如中国国务院参事顾维钧会晤英国使节朱尔典,声明青海之地为中国所有,中英谈判"不应牵入,致多枝节"。次日,又就英方的"调停草约"表示,"自无法为我方所接受"。② 三天后,顾维钧再次约见朱尔典,提出划界的有力证据,即"前清康熙五十七年(1718年)、乾隆五十九年(1794年)因邻族犯藏,经我国出师恢复藏境,在拉萨及前后藏各处均立有纪念碑,足见西藏早为我国所有;康熙末年,川云总兵周瑛即驻扎察木多;雍正元年在理塘设有副将同知,巴塘至恩达均设有管汛塘铺,可见西康之地二百年来已归我国管辖。"③

当时,袁世凯正在筹划扩充独裁权力之时,中央政府未能从全局考量藏事,在对藏军进犯等重要事务上意志不很坚决,在其他问题上也未能妥处,如未确定明白无误的原则,在赴会前和谈判中并未进行更多准备和筹划,导致事态难以自控。

当时,袁世凯的统治根基甚不稳固,南方各省纷纷发起讨袁行动,各路大军开始准备"二次讨袁",强烈要求袁世凯交出政权。袁世凯为了镇压"二次革命"的风潮,迫切希望得到英、俄、日等国支持。因此,尽管当时的国务院表现出某种强硬态度,但也不时表现出节节退守的懦弱。其间,中方的立场出现了几次明显的妥协,"曲循英人之意"。④ 当然,中方立场的妥协完全是因为袁世凯政府的特殊需求。⑤

在1914年3月11日举行的第五次会议上,麦克马洪仍继续要求讨论英方提出的"调停草约",对中方所提反驳意见完全不予理会。会上,英方还提出中国不得在藏驻扎文武官员,不得兴办殖民之事,粗暴干涉中国内政,企图分裂中国领土。

1914年4月7日应中方要求举行的第六次会议上,中方代表陈贻范表示,领土是前朝所留,不能分割,但为了展现诚意,中方愿做最大让步,即以怒江为界,以东为川,以西至江达划入西藏自治的范围。对于中方如此重大让步,因没有达到英方

---

① 祝启源:《中华民国时期西藏地方与中央政府关系研究》,中国藏学出版社,2010年版,第53页。
② 吕秋文:《中英西藏交涉始末》,台湾商务印书馆,1974年5月版,第248页。
③ 吕秋文:《中英西藏交涉始末》,台湾商务印书馆,1974年5月版,第248页。
④ 祝启源:《中华民国时期西藏地方与中央政府关系研究》,中国藏学出版社,2010年版,第57页。
⑤ 周伟洲、周源:《西藏通史—民国卷》,中国藏学出版社版,第60页。

和西藏地方上层的意愿,英藏两方根本没有兴趣讨论。夏札谎称身体有恙,没有出席,竟然提出由麦克马洪的助手、英方驻锡金政务官贝尔代他出席。对于英方如此明目张胆地以中国西藏地方代表代言人身份出席会议的咄咄怪事,陈贻范本应提出抗议,采取相应对策,但却退让迁就,致使国家主权受到不应有的损害。①

1914年4月15日,陈贻范再赴英印政府外交部要求讨论相关事项,麦克马洪傲慢地仅派下属罗斯代表磋商。中方再次声明,强烈反对将西藏地方作为享有主权的、独立的"国家"给予与中国和英国平等的地位;不承认约稿中所有关于中国对西藏无主权的表述,提出应该确认中国中央政府代表在西藏对外事务中的指导地位;对通商章程的修改不得损害中国在藏的主权地位;维护中央在藏、川、青、甘藏区的管辖权,反对约稿中对西藏进行赔偿的内容。② 但各方没有在西藏政治地位及其范围这两个根本问题上取得突破。4月22日,原本是麦克马洪计划各方对约稿进行草签的日子。但是陈贻范表示,会议没有仔细讨论中方提出的几个重要问题,不会匆匆草签约稿。夏札表示,他的政府本意做出"任何牺牲来解决问题",但是鉴于陈贻范的态度,拒绝接受约稿中关于在拉萨恢复驻藏官员和将德格和聂朗排除在自治的西藏之外的协定。在这种情况下,麦克马洪决定再拖几天继续向中方施压,声言如果中方不能签约,英方将与西藏单独签署条约,同时要求夏札再做些微让步,以此诱使陈贻范就范。

1914年4月27日,不顾各方仍然存在巨大分歧的情况,麦克马洪坚持于27日举行第七次会议。他以英印政府一贯的态度以势压人,语带威胁地提出,今日各方(实际是单指中方)必须做出明确表态,否则只能宣布会议破裂,那么中方就不能享受约稿中对其有利的一切条款。而且,"如贵专员不于今日画行,则只有将约稿中之第二、第四款删去,而与西藏直接订约,不再与贵专员商议"。此时,会议气氛已经十分紧张,麦克马洪威逼陈贻范称,乐见各方签字。陈贻范有些犹豫地答复说,"未得训令,碍难照办"。此时,麦克马洪虽然甚为气恼,但还是存有一线希望,"建议"陈贻范离开会场冷静考虑后再行定夺。于是,陈贻范被罗斯带到另一个房

---

① 程时敦:《清末民初外人入侵我西藏史》,第89页。
② 台北"西藏档",西姆拉会议文件,附件:《1914年4月15日陈贻范和娄师(即罗斯)会谈笔记》。

间进行"最后的开导"。后来,就在罗斯竭力说服陈贻范的时候,麦克马洪嘱人送来一张字条,内称英方又压夏札做出让步,即"将白康普陀岭、阿美马顷岭东北之地划归青海""外藏不派议员"(原为西藏不派议员),又称麦克马洪已与夏札签字。在这种情况下,陈贻范返回会议室,极不情愿地在约稿上签字,同时声明"画行(草签)与签押当分为两事""本专员画行不能强我政府因而签押""签押条约非奉政府训令不可"。①

签字后,麦克马洪宣布说,"约虽画行,不能再事更改,然今日商办情形不能宣泄于外,因何日宣布以前,吾等商议结果恪守秘密,中英藏文稿尚需整理之事,正是不少,仍望诸僚友协助以竟全功也。"②此后,陈贻范愤愤离席,怏怏而去。麦克马洪和夏札等人心中窃喜,以为达到了预期目的。麦克马洪对夏札说,"此次为了中藏间的谈判,数月辛劳未尝虚掷,西藏方面得到了最好的收获。所有各项问题在一定时期内英方将守密不宣,希望先生亦除向国家(按:指西藏地方政府)报告外,其余切勿告别人,不予宣布最好。"麦克马洪还对夏札表示,他在同中方代表谈判时,"不顾情面给西藏以帮助",希望今后西藏能领其情。③

3. 会议性质及事态发展

由此可见,西姆拉会议是英帝国主义者一手策划的阴谋。它既是英国实现侵略西藏政策的阴谋,又是鼓动和支持西藏独立的阴谋,其手段可谓极其卑劣。正如马克斯韦尔《印度对华战争》一书中入木三分地指出,在西姆拉会议中,西方的"外交手段、强权政治和间谍活动都有过五花八门、错综复杂的表演"。④

在陈贻范草签(initial,与签字sign意思不完全相同)之后,觉得事关极其重大,立即向国内发电报告,讲述当时情势详情。外交部获知消息后,认为陈完全违背了上一次电报的指示精神,必须推翻草签,于是立即复电指示,要求陈贻范迅即发表声明,取消约文。电文如下:27日电悉,英员仅许一隅之地划归青海,迫我允认,殊

① 程时敦:《清末民初外人入侵我西藏史》,第94页。
② 《陈贻范西姆拉会议记录》,见北洋政府外交部编:《西藏问题》。转引自《元以来西藏地方与中央政府关系研究》,中国藏学出版社,2005年版,第904页。
③ 转引自《元以来西藏地方与中央政府关系研究》,中国藏学出版社,2005年版,第905页。
④ 卢秀璋:《论西姆拉会议——兼析民国时期西藏的法律地位》,中国藏学出版社,2003年版,第173页。

堪诧异。执事受迫押行,政府不能承认,立即声明取消。如英员愿和平续商,仍应接议。中国固不愿意遂行停议也。"①陈贻范接电后立即会见麦克马洪,宣布《草约》作废,提出继续磋商的要求。麦克马洪听后脸色大变,怒不可遏地表示,既然中方不正式签字,《草约》即告消灭,其中第二和第四条款自然同时取消。至于继续讨论磋商的问题,完全没有可能。

与此同时,中国外交部将陈贻范被迫画押的事情经过电告驻英公使刘玉麟,命令他正式书面通知英方,强烈表达中国政府的立场,声明《西姆拉草约》无效。此后一段时间,中方经过多轮交涉,并无实质性收获。英方先是狡辩,后又转趋强硬,并以最后通牒的方式,强行将最后一次会议的时间定于 7 月 3 日晚 11 点多开始。麦克马洪一如先前态度,要陈贻范和夏扎签署《约稿》。陈贻范明确表示,奉政府之命不能签押。而夏扎表示已奉准签押。当陈贻范看到英藏方面径自签押,便立即声明,"凡英藏本日或他日所签之或类似文牒,本国政府一概不能承认。"麦克马洪当时承诺将中方声明载入会议记录。在此情况下,历时大半年的西姆拉会议以流产告终。《西姆拉协定》也就成了不具法律效力的文件。但可惜的是,它的流毒却给中国带来了巨大的麻烦。

麦克马洪在向英国印度事务部做书面汇报时写道,"在我离开印度之前,未能使中国政府在三方协定上正式签字,我对此感到非常遗憾。"②

陈贻范在整个西姆拉会议期间的表现可谓可恨,当然也有一些可怜(因为当时中国国力羸弱,国势不昌,政府软弱无能,加之有卖国求私权的问题),因此,他遭到国人痛骂。肃政使夏守康、汪绍杰奋笔上书,声讨他"不考疆界,不遵权限,一味媚外,将英人开出条款,未经政府训示,遽行私自认可画行",要求按照前清惩治崇厚和有泰的先例,"按律治罪"。陈贻范本人被撤职回京后,承认"擅自画行,上负任命,惶疚万状",因此"自请惩罚"。③ 他在写给袁世凯的"罪己诏"《历陈西姆拉会

① 《致西藏议约陈专员电》(1914 年 4 月 29 日),载《中英藏议约文件》中卷,石印线装本,第 58 页。转引自周伟洲编:《英国、俄国与中国西藏》,中国藏学出版社,2000 年版,第 392 页。

② 麦克马洪:《关于 1914 年 5 月 1 日至 7 月 8 日谈判进程备忘录》,《印度事务部致外交部》,见英《外交部档案》,全宗 535 号,第 17 卷,第 255 页。转引自周伟洲编:《英国、俄国与中国西藏》,中国藏学出版社,2000 年版,第 400 页。

③ 吕昭义:《英帝国与中国西南边疆(1911—1947)》,中国藏学出版社,2001 年版,第 213 页。

议各情并自请处分》中,历数英人阴险,反省自己过失,提出警世思考。陈贻范自此身败名裂,成为历史的罪人。①

特别需要指出的是,在西姆拉会议期间,英国和西藏的议约代表还干了另外一桩十分肮脏的阴谋勾当,这就是人们经常说到的进行印度与西藏边界问题的"秘密换文"以及签订《英藏通商章程》。

1914 年 1 月 15 日,英国代表与夏札举行第一次秘密会谈。会谈一开始,贝尔就假装绅士,以外交辞令说,"由于英国政府与西藏政府的关系是友好的,为了有利于这种友谊的保持,应当划分一条明确的边界线,以避免摩擦。"②然后,他就以不容分说的口气称,根据英印方面的考察和公平原则,他们划了一条边界线,希望以此为蓝本安排印藏边界问题。随后,贝尔将标有内藏和外藏及英方提议的印藏边界地图交给夏札。③ 图上的印藏边界线西起不丹东界,经色拉山口将达旺一分为二,向东北延伸,将洛隅地区囊括在印度一侧。在察隅地区,该线在瓦弄北边的喀耗以北跨洛希特河,经达鲁克山口进入滇缅边界,然后继续向东北上行,又折向东南,直至伊索拉希山口。

1 月 28 日,应夏札要求举行第二次秘密谈判。夏札表示,英方地图胃口太大,并把传统上归属贵族拉鲁和西藏其他贵族在色拉以南的领地划在印度一方,而且把扎日朝圣的路线拦腰切断了。(扎日朝圣的规模很大,有些年份可达 10 万之众)④

1 月 31 日,麦克马洪根据前一天秘密谈判的进展情况交给夏札一份新的分界图。此图将达旺方向的位置向北推移大约 20 公里。根据西藏方面的历史档案,夏札所做新的让步背后有着可耻的交易。司伦雪康给夏札的一封信件最好地揭露了这起交易的实质。信中说,"本来这次(指划界事)将政府、世家、寺院的土地、百姓收入丧失给外人,政府所损失及长远危害甚巨,但如西藏衷心依靠之大英政府有所

① 多杰才旦:《元以来西藏地方与中央政府关系研究》,中国藏学出版社,2005 年版,第 913 页。
② 贝尔正式记录,1914 年 1 月 17 日,转引自梅赫拉:麦克马洪线及其以后,第 227 页。
③ 按照英国人的说法,外藏是指接近印度的部分,包括拉萨、日喀则、昌都等地,接近中国本部的地区为内藏,包括巴塘、理塘、打箭炉与西康大部。
④ 参看贝尔:《没有护照的西藏之行》,转引自吕昭义著:《英帝国与中国西南边疆(1911—1947)》,中国藏学出版社,2001 年版,第 182 页。

不悦,是不合适的。希望强调提出要求,今后能使西藏获得独立,并使康区的汉军官兵全部立即撤回汉地,只要能做到这些,则在一奉到(英方)通知后,即可立即派人将西藏政府的收入和土地、百姓,移交大英政府之人员。"①

虽然西姆拉会议以流产告终,但是英印方面并没有忘记西藏,他们还在利用一切机会千方百计地企图复活《西姆拉条约》。他们利用袁世凯镇压二次革命的机会,抓住他图谋复辟帝制,意欲黄袍加身的心理,不断加大诱惑的力度和频度。后来袁世凯美梦破灭,并于1916年6月5日病故,令他们大失所望。1917年5月17日,英国驻成都副领事台克满提出一份关于西藏问题的备忘录,建议英印政府抓紧时间再度召开三方会议。

在西姆拉会议期间,麦克马洪为了怂恿夏札顺从英国的意志,与中国中央政府对抗,曾经多次表示,英国将给予西藏外交和军事援助。1914年7月3日西姆拉会议失败以后,麦克马洪随即向夏札担保,"西藏可以依靠国王陛下政府的外交支持,如果中国要发动侵略,可以得到我们能够给予的军火援助。"②后来,夏札三次致信麦克马洪,要求其履行诺言,提供军火援助,派员到川藏边监察。③ 经过二人的周密安排,英印政府以各种方式扶持西藏地方分裂势力扩军备战,包括援助武器弹药,在江孜开办军官学校,接受藏军军官到印度的果扎和西罗等地学习火炮、机关枪的使用方法,协助噶厦政府成立马基康(藏军司令部)。到1915年时,藏军规模已达万人以上。在此情况下,藏军与川边地区的防卫力量对比发生了很大变化,助长了藏军向东扩张的气焰。川藏内战之时,英印方面再次活跃起来,英国公使朱尔典与北京政府进行了9次接洽,甚至直接会见段祺瑞,要求中国政府派员谈判西藏问题。④ 1921年华盛顿会议前夕,英国外交大臣寇松发表声明,再次催逼政府开议藏事。但是,经过"五四运动"洗礼的中国外交虽然仍属软弱,但是还是以"国内朝

---

① 杨公素:《中国反对外国侵略干涉西藏地方斗争史》,第194页。

② 格鲁致哈定,1914年7月1日,转引自吕昭义著:《英帝国与中国西南边疆(1911—1947年)》,中国藏学出版社,2001年版,第246页。

③ 梅赫拉著《麦克马洪线及其以后》,第300-301页,转引自吕昭义:《英帝国与中国西南边疆(1911—1947年)》,中国藏学出版社,2001年版,第246页。

④ 吕昭义:《英帝国与中国西南边疆(1911—1947年)》,中国藏学出版社,2001年版,第251页。

野上下多持异议,恐生风潮"①为理由,没有同意讨论西藏问题的"建议"。

此后相当长的一段时间里,西姆拉会议的问题逐渐淡出人们的视线。1929年,英印政府出版的《艾奇逊条约集》对西姆拉会议的记载仅仅寥寥数语,现记如下:

1913年,西藏、中国和英国的全权代表在印度开会,试图解决中藏边界事宜,并于1914年拟就和草签了一个三方条约。但是中国政府不准其全权代表进行正式签字。②

1938年,英属印度政府外秘卡罗(Caroe)为了达到自己的卑劣目的,无耻地耍起了卑劣的手段,将1929年版的《艾奇逊条约集》按照自己的政治需求做出明显改动后重新印制,但其扉页上仍标明为1929年版。英属印度外交部将68册伪版送给英国印度事务大臣,希望他通过行政手段以伪代真,用篡改的版本替换原来的版本。原版收回后做销毁处理,目的是希望以此让人们遗忘历史的真相。但是历史是不能随意涂抹的。尽管英印政府用尽心机掩饰西姆拉会议的真相,但这种偷梁换柱的丑陋行为还是露出一些马脚。据印度学者古普塔考证,他在英国伦敦原"印度事务部"档案馆发现了真版的《艾奇逊条约集》,也有人在美国哈佛大学图书馆里发现一本真版的《艾奇逊条约集》。

伪版《艾奇逊条约集》的文字如下:

1913年在西姆拉召开了英国、中国和西藏全权代表会议,试图就西藏的国际地位,特别是关于三国政府的关系和西藏与中国以及西藏与印度的边界,通过谈判达成协议。经过长时间的谈判,会议在亨利·麦克马洪爵士的主持下起草了一个英国、中国与西藏的三方条约。此条约于1914年由三方代表在西姆拉草签,可是中国政府拒绝批准这一协定。他们的拒绝剥夺了根据该条约赢得的好处,其中包括西藏处于中国宗主权之下的明确承认,和对于一项允许在拉萨保持一名中国使馆官员和一支适当的、不超过300人的卫队的协议。但是英国和西藏通过发表一

---

① 外交部为朝野反对已告英使缓议事致驻英使馆电,见《元以来西藏地方与赵紫阳政府关系档案史料汇编》第6卷,第2462页,转引自吕昭义:《英帝国与中国西南边疆(1911-1947年)》,中国藏学出版社,2001年版,第261页。

② 《艾奇逊条约集》,第14卷,1929年,参见【印】卡·古普塔著:中印边界秘史,中译本,中国藏学出版社,1990年版,第88页。

项接受条约的条款对他们具有约束力的声明批准了整个条约。

"条约包含了中藏和印藏边境的定界。对中藏边境划定了一条双重边界线,在两条边界线之间的一部分称作内藏,位于两条边界线以西的那部分称作外藏。"

"可是,由于中国政府没有批准,这些边界线依然是不固定的。另一条边界线即陛下政府和西藏政府所接受的位于阿萨姆和缅甸边境的印藏边界线,划在不丹东部边境与伊洛瓦底江和萨尔温江分水岭的伊索拉吉山口之间。在布拉马普特拉河河套以西,这条边界的大部分都沿着喜马拉雅山主山脊走,在此点以东则包括处于阿萨姆和缅甸政府政治控制下的所有部落地区。这条边界线整个都位于离印度平原和缅甸平原大约 100 英里(1 英里大约等于 1.6 千米)的地方。"

"英国和西藏根据该条约制定了一套新通商章程,以代替原先于 1893 年和 1908 年制定的章程"。

众所周知,《艾奇逊条约集》全称是《印度与邻国的条约、协议、证书汇编》(A Collection of Treaties, Engagements and Sanads Relating to India and Neighbouring Countries),是由英属印度外交政治部秘书艾奇逊主编的官方文件,是权威的官方外交文件集成。

它应该是最真实的历史记录,但经过篡改的《艾奇逊条约集》第 14 卷却是英国政府、英属印度政府伪造历史的铁证。

早在西姆拉会议之前,作为后来代表英印的全权代表麦克马洪就与贝尔进行了秘密策划,并派出三个考察队非法进入中国西藏地区,为侵占中国领土准备地理信息。在西姆拉会议期间,麦、贝二人狼狈为奸,背着中国中央政府的代表,与西藏地方政府代表夏札进行私下接触。期间,麦克马洪指使其顾问贝尔与夏札进行私下交易。贝尔以支持西藏"反对中国侵略"以求最终独立为诱饵,提出划定英属印度和西藏之间边界的要求。西姆拉会议结束以后,夏札在返藏途中,接获英印方面的电报,称已开始发运步枪五千支,子弹五十万发,"作为礼品悉数赠予西藏"。①

双方经过一番讨价还价,麦克马洪与夏札于 1914 年 3 月 24 日和 25 日以私人通信的方式确定一条"印藏边界线"并秘密画押,这就是后来所称的"麦克马洪

---

① 周伟洲:《英国、俄国与中国西藏》,中国藏学出版社,2000 年版,第 420 页。

线"。按照该线的走向,它将该线以南至雅鲁藏布江之间原属中国西藏的门隅、洛隅、下察隅大约 9 万平方公里的土地划入了印度的版图。该线的大致走向是:西起东经 91 度 39.7 分,北纬 27 度 44.4 分,迄于东经 98 度 22.8 分,北纬 27 度 34 分。从地面的实际情况来看,该线西起达旺以北与不丹交界的地方向东,再向东北挺进,经过西巴霞曲(河)上游、加玉河等转向东南,在雅鲁藏布江下游向北,经丹巴江流域后向南再向东,越过察隅河、独龙江,到高黎贡山脉的伊索拉希山口为止。[①]这条线把英属印度东北部阿萨姆地区与西藏接壤的传统边界向北推进了大约 100公里。正如《印度对华战争》一书的作者马克斯维尔所说,"'麦克马洪线'的实质就是把边界向北推进了大约 60 英里,把边界从战略上暴露的山麓提升到阿萨姆的喜马拉雅山山顶。"[②]

正如中国学者吕昭义先生所说,"被吵得沸沸扬扬的麦克马洪线,其出生和来历是一桩英国和英属印度的'家丑'"。[③] 对于这个"私生子",连麦克马洪本人都三缄其口,讳莫如深。贝尔在其专著中虽然有一些涉及,但也是闪烁其词。[④] 西姆拉会议流产以后,几乎没有什么人再提这个非法秘密交易产生的怪胎了。"麦克马洪线"以南地区的绝大部分一直都在西藏地方政府的管辖治理之下。英国官方出版的地图,例如印度事务部、国防部、皇家地理学会、泰晤士报社和大英百科全书的地图都是沿喜马拉雅山南麓的山脚下标画中印边界的。而在英属印度,1935 年以前,很少发生英属印度军队入侵中国和边界传统习惯线中方一侧的事件。直到1936 年前后,英属印度各种地图对中印边界的画法与传统习惯性一致。1936 年英属印度测量局的《西藏高原及其周围地区》图中中印之间边界的西段和中段均未画出,东段画出所谓"麦克马洪线",但使用的是未经标定符号。1938 年,英属印度测量局的《西藏与邻国》的官方地图中,东段画法与传统习惯性一致。[⑤] 即便是尼赫鲁所著的《印度的发现》一书所附的英属印度地图也没有使用"麦克马洪线"标识中国和英属印度之间的边界。尽管西藏地方当局无权代表国家对外签署涉及边

① 周伟洲:《英国、俄国与中国西藏》,中国藏学出版社,2000 年版,第 416 页。
② 内维尔·马克斯维尔:《印度对华战争》,世界知识出版社,1981 年版,第 47 页。
③ 吕昭义:《英帝国与中国西南边疆(1911—1947 年)》,中国藏学出版社,2001 年版,第 359 页。
④ 吕昭义:《英帝国与中国西南边疆(1911—1947 年)》,中国藏学出版社,2001 年版,359 页。
⑤ "中印官员报告","附件",第 189 - 191 页。

界问题的文件,麦克马洪本人也没有得到与中国谈判划分边界的授权,他所画出的"麦克马洪线"是非法的、无效的,但是它的影响却是十分深远的,至今仍是中印边界纠纷的重要渊薮。

（中国改革开放论坛：马加力）

评《作为宣传的历史——流亡藏人与中华人民共和国》

西藏由于其独特的地理、族群、文明、宗教和景观，长期受到人们的关注和偏爱。进入 21 世纪，人们对西藏的关注少了神秘感，多了理性乃至学理的认识。人们的西藏观也因此而逐渐全面和清晰。显然，由于主观和客观原因，每个人心目中的西藏是不尽相同的，不同人群对西藏的认识(西藏观)也不会完全一样，民间、传媒、政界、学界对西藏的认识各有其特点。受地缘和文化差异的影响，中国人和西方人对西藏的认识差别更大；尤其是"西藏问题"的存在，受意识形态、冷战思维的影响，西方人和"流亡藏人"的西藏观同中国人的西藏观存在本质的区别。"流亡藏人"打"藏独牌"，西方人打"西藏牌"，"流亡藏人"的西藏观和西方人的西藏观打上了"西藏问题"的烙印；中国人的西藏观将维护国家的领土主权和国家利益放在首位，也因此而常常遭到一些西方人和"流亡藏人"的"论战"和挑战。西方藏学界近年来大动干戈，针对中国于 1989 年出版的一本小册子《西藏百题问答》而撰写出版了两本专著——《证明真实的西藏——对中国的〈西藏百题问答〉的回答》和《作为宣传的历史——"流亡藏人"与中华人民共和国》就是活生生的例证。前者注重西藏的现实，挑战中国的西藏现实观；后者注重西藏的历史以及西藏地方与中央的关系史，挑战中国的西藏历史观。这是值得中国藏学界和有关部门思考并予以回应的。

《证明真实的西藏——对中国的〈西藏百题问答〉的回答》(Authenticating Tibet: Answers to China's 100 Questions)的法文版于 2002 年在巴黎出版,原来的书名为《西藏是中国的吗?》,为了扩大影响,该书被译成英文于 2008 年由美国加州大学出版社出版。该书的作者多数都是西方和"流亡藏人"的一流学者和知名藏学专家,主编是法国女藏学家安娜玛丽·布隆多(Anne-Marie Blondeau)和美国藏学家洛佩兹(Donald Lopez),作者包括史伯林、于伯赫、杰妮特·嘉措、罗伯特·巴勒特、克瓦尔内、安德烈·费谢尔、多丁、阿米·海勒等西方藏学研究的精英,以及次仁夏嘉、噶尔梅·桑丹、邦龙强巴等"流亡藏人"藏学研究的骨干。该书仿照《西藏百题问答》的篇章结构分为十部分:历史"真相"、人权、中国对达赖喇嘛的政策、人口、宗教信仰、自治权、文化教育、经济发展、人民生活、关于拉萨骚乱。每一部分先列出《百题问答》中的同样问题和答案,然后逐一进行辩解和反驳。该书的英文版出版后,在英语世界影响很大,很快就被《美国大学出版社协会通讯》列为"中国统治下的西藏历史"类第一推荐书目。西方学者和传媒也给予该书很高的评价:

《证明真实的西藏》对中国政府于 1989 年出版的一本小册子提出了清晰而没有偏见的回应,这本小册子力图反对达赖喇嘛及其追随者提出的批判,并提供了中华人民共和国关于西藏和西藏人的"真相"。在《证明真实的西藏》中,国际西藏学者从历史的角度对《西藏百题问答》提供了准确的答案,并且不偏不倚地对待中国以及达赖喇嘛及其追随者关于西藏的"真相"。出于为一般读者使用的目的,该书是一本易读的参考读物,避免了通常那种围绕西藏问题的论战。尽管这些专家对中国坚持主张的许多论点进行了反驳,但是他们并没有为亲西藏的人提出的主张提供全盘的赞成和支持。相反,他们提供了一种准确的、以历史为基础的对于西藏的过去及其烦恼不安的现在的评价。

"关注近来西藏事件的每一个人都必须读这本书"。——Buddhadharma

《证明真实的西藏》是"在相当长的一段时间可能难以被超越的关于西藏的最可靠的参考书。"——《远东经济评论》

"这是研究这些问题的学者的一个极好的出发点,也是对一般读者了解这种情况的一种清晰的解释。"——Choice

美国藏学家、威廉姆斯学院(Williams College)教授德雷福斯(George Dreyfus)

也声称:"这本书是关于西藏的极有价值而在其他地方不易获得的信息的一座金矿。该书的作者们在回答关于《西藏百题问答》时显示了洞察力和平衡,并提供了一种深思熟虑的解释,这对所有关注西藏问题的人都将大有裨益。"①

显然,上述评论只是西方学者的一面之词。"奇文共欣赏",笔者认为,中国学者和有关方面有必要对这本"必读之书""关于西藏的最可靠的参考书""对所有关注西藏问题的人都将大有裨益"的"奇书"进行剖析和评论,运用学术语言,遵循学术范式,回应西方藏学界在"西藏问题"上挑起的论战。

《作为宣传的历史》是迄今为止西方出版的对中国方面、"流亡藏人"方面和西方国家三方出版的英文藏学论著进行文本解读的第一本学术专著,也是对中国学者、"流亡藏人"学者和西方学者的西藏历史观进行比较和评论的第一本专著。对中国学术界和有关方面研究和应对"西藏问题"以及"流亡藏人"和西方人的西藏观具有一定参考价值。本人 2005 年在加州大学伯克利分校做访问学者时就购买了这本书。现利用审读该书的汉译本的机会,从该书的基本内容和主要论点、对该书的评价、回应论战三个方面进行评介,提出自己对该书的理解和认识,以及对涉藏学术对外传播的思考,与藏学同行和有关方面的同仁分享,并希望得到指正。

1.《作为宣传的历史》的基本内容和主要论点

(1)其人——鲍尔斯

《作为宣传的历史》作者鲍尔斯(John Powers)是澳大利亚学者和藏传佛学专家。他是堪培拉澳大利亚国立大学(Australian National University)亚洲研究中心的高级讲师(Reader),出版了多部专著,包括《简明佛教百科全书》(A Concise Encyclopedia of Buddhism,2000 年)、《藏传佛教导论》(Introduction to Tibetan Buddhism,1995 年)和《藏传佛教简论》(Concise Introduction to Tibetan Buddhism,2008 年)。

按照鲍尔斯的说法,他之所以要写这本书,是因为在悉尼的一家书店里看到了

---

① Anne-Marie Blondeau (Editor), Katia Buffetrille (Editor), Donald Lopez (Foreword), *Authenticating Tibet*: *Answers to China's 100 Questions*. University of California Press,2008.

《西藏百题问答》，感到奇怪，询问书店老板，说没有订购这本书，于是断定是中国人偷偷放到书架上的。"几年前，我在悉尼的一家书店里随意翻阅书架上的图书，发现了一本名为《西藏百题问答》、封面上是布达拉宫（从前是达赖喇嘛的夏宫）图片的小册子。在浏览了几页之后我就发现，这明显是中国政府的一本宣传性图书，与这家书店的主流图书品味比起来，非常不协调。我问店主为什么要订这么一本充满偏见的图书，他是否还有描述西藏问题的另一面的图书。店主在看了这本书之后回答说，他没有订这本图书。然后他来到计算机前，检查了过去的图书订单，确定地说无论是他还是他的雇员都没有订这本图书，书店甚至不会跟这本图书的销售者做生意。然后他笑着说：'人们从我的架子上偷书的事情简直把我麻烦死了，这还是第一次有人偷偷地把书放到我的书架上。'我后来发现这一地区的其他书店也有本来没有订购的这本图书和中国政府出版的其他图书，很明显是中国政府的官员把这些图书偷偷摸摸地放到了书架上，他们的目的是希望澳大利亚的读者能够买走这些价格低廉的出版物，因此会转变针对西藏问题的立场。"①鲍尔斯和书店老板的这种毫无根据的推想和猜测，充分显露了部分西方人的西藏观的反华意识形态和在"西藏问题"上所持的反华立场。

鲍尔斯本来是研究藏传佛教的，他之所以转行，也是有原因的："我最初的打算是将我的精力集中在佛教哲学和修行典籍的翻译与研究上，但是在我从事研究期间，我开始认识到我所工作的这个领域有着无数的政治性的错误倾向。与我一起阅读研究古典藏文典籍的藏族难民喇嘛经常把与西藏的政治局势有关的评论掺杂进去，而且，我能够在难民社区中当面接触一些最受尊敬的高级喇嘛这一事实本身也是他们目前状况的结果。""我能够接触他们的部分原因是他们把我当作了他们事业的潜在同盟者，我作为一个学术专家的地位能够有助于传播他们的政治信念。"②按照鲍尔斯的说法，他转行的动因是希望充当流亡的藏传佛教僧人及藏人的代言人。

① 鲍尔斯：《作为宣传的历史》（前言部分）。
② 鲍尔斯：《作为宣传的历史》（前言部分）。

（2）其书——《作为宣传的历史》的基本内容

该书的全名是《作为宣传的历史——"流亡藏人"与中华人民共和国》。全书由前言、四章和结论六部分构成：前言；第一章 旧西藏——神话的冲突：事实与真相，话语的基调，话语的领域，历史与真相，话语的方式：语言的使用；第二章 西藏历史中的人物、阴谋和动机：西藏的人种起源传说，松赞干布与文成公主的联姻，赤松德赞和吐蕃僧诤，雅隆王朝的覆灭，佛教在西藏的"后弘期"，西藏与蒙古人，明朝时期（1368—1644）与中国的关系，清朝；第三章 重建中国：迫近国门的野蛮人，野蛮人侵略中国，野蛮人深入内地，人民变得难以控制，世界屋脊上的罪恶与阴谋，真正的帝国主义者会站出来吗，农奴们奋起反抗，共和革命，国民政府，唤醒巨龙，中国的西藏喇嘛，共产主义革命，民族主义与文化沙文主义，共产党中国的教育与民族主义；第四章 是家庭团圆还是不得不举行的婚礼：祖国前来拜访西藏，关于和平解放西藏的"十七条协议"，祖国决定进入西藏，家庭内部的摩擦，1959 年 3 月叛乱，谁的天堂？谁的地狱？各团体的政策，语言大战，西方作者的观点，对叛乱的错误想象，戈伦夫对 1959 年叛乱的解读，"文化大革命"及其后果，重建西藏；结语——又一个精美的神话：被误会的霸权，将国家推向世界，历史与战略，将历史"真相"进行美化包装。①

鲍尔斯评论中国学者、"流亡藏人"学者和西方学者三方的西藏观及西藏历史观，依据的主要是这三方面的学者出版的英文论著，并对其进行比较分析。他说："我在本书中所探讨的主要资料是由"流亡藏人"作者和中国作者用英文写成的著作，他们将各自的论述建立在西藏的历史记录上，或者建立在中国的历史记录上。所有藏人作者只使用藏文或英文资料，中国作者则只使用汉文或英文资料。没有著作显示他或她阅读过对方语言的资料。""令人吃惊的是，到目前为止我所看到的研究还从来没有对当代这些藏人作者和中国作者的著作进行比较研究。"

他从中国学者和"流亡藏人"学者的论著中各选取了 13 部论著："本项研究成果的主要资料来源是当代中国作者所写的 13 部著作，当代藏人作者所写的 13 部

---

① John Powers, *History as Propaganda: Tibetan Exiles versus the People's Republic of China*, Oxford University Press, 2004.

著作,两个中国政府所办的、以西藏为主要内容的网站,以及"西藏流亡政府"的官方网站。印刷成书的著作又可以根据它们是由西方的主流新闻出版机构出版的、还是由中国政府或西藏流亡团体出版的而做进一步的细分。中国作者的 3 部著作是由西方的主流出版机构出版的,中国作者的其他著作大多数是由中国外文出版社和其他有中国政府支持的出版社出版的。藏人著述方面的情况是:大部分是由西方主流出版机构出版的,不过也有 3 本是由"西藏流亡政府"或藏人流亡集团出版的。""几部中国著作最初是用汉语写成的,后来才翻译成了英语。书中并没有提及翻译者,但是却提到了对书中的语言和内容进行审定的人员的名字。书中存在大量拼写错误和语法错误,很明显,他们考虑更多的是意识形态问题而不是可读性。"

鲍尔斯在《作为宣传的历史》中分析中国学者、"流亡藏人"学者和西方学者的西藏历史观所列举的主要参考论著如下所示:[①]

中国学者的论著

汉文书名	英文书名	编著者	出版社	年代
《西藏与西藏人》	Tibet and the Tibetans	沈宗濂 柳陞祺	斯坦福大学出版社	1953
《西藏的历史地位》	The Historical Status of Tibet	李铁铮	纽约皇冠出版社(哥伦比亚大学)	1956
《西藏今昔》	Tibet:Today and Yesterday	无	纽约布特曼联合出版社	1960
《西藏资料集》	Tibetan Sourcebook	林乃民	香港:联合研究所	1964
《西藏的伟大变革》	Great Changes in Tibet	无	外文出版社	1972
《今日西藏》	Tibet Today	无	外文出版社	1974
《西藏大跃进》	Tibet Leaps Forward	郗长豪 高元美	外文出版社	1977
《西藏——不再是中世纪》	Tibet:No Longer Mediaeval	周谨编	外文出版社	1981

---

① 据《作为宣传的历史》所附"参考书目"编制。

汉文书名	英文书名	编著者	出版社	年代
《藏族史要》	Highlights of Tibetan History	王辅仁 索文清	新世界出版社	1984
《西藏——神话与现实》	Tibet：Myth vs. Reality	戴延年 等编	《北京周报》发表	1988
《西藏人论西藏》	Tibetans on Tibet	《中国建设》编辑部	《中国建设》出版社	1988
《西藏百题问答》	100 Questions about Tibet	经纬	《北京周报》出版社	1989
《达赖喇嘛传》	The Biographies of the Dalai Lamas	牙含章	外文出版社	1993
《藏族宗教史之实地研究》	History of Tibetan Religion：A Study in the Field	李安宅	新世界出版社	1994
《中国西藏的历史地位》	The Historical Status of China's Tibet	王家伟 尼玛坚赞	五洲出版社	2001
关于西藏问题的"白皮书"	White Papers on Tibet	中国政府	www. china. org/ WhitePaper	

"流亡藏人"学者的论著

英文书名	汉文书名	编著者	出版社	年代
Tibet：A Political History	《西藏政治史》	夏格巴	Yale University Press	1967
Tibet	《西藏》	土登·晋美诺布、 Colin M. Turnbull	New York：Simon and Schuster	1968
In Haste from Tibet	《仓促逃离西藏》	仁钦扎巴 B. A. Rooke	London： Robert Hale	1971

国际关系与「西藏问题」——藏学前沿热点问题透视

（续表）

英文书名	汉文书名	编著者	出版社	年代
Warriors of Tibet: The; Story of Aten and the Khampas' Fight for the Freedom of Their Country	《西藏斗士——阿丹和为他们国家的自由而战的康巴人的故事》	降央诺布	London：Wisdom Publications，	1979
The Water-Horse and Other Years	《水马年和其他年代》	格桑顿珠	Library of Tibetan Works and Archive	1984
Red Star over Tibet	《红星照耀西藏》	达瓦诺布	New York：Envoy Press	1987
Tibet：The Facts	《西藏的事实》	Scientific Buddhist Association	Tibetan Young Buddhist Association	1990
The Clear Mirror：A Traditional Account of Tibet's Golden Age	《西藏王统记》（索南坚赞）	McComas Taylor and Lama Choedak Yuthok 译	N. Y.：Snow Lion	1996
Tibet：The Road Ahead	《西藏——路在前方》	达瓦诺布	London：Rider	1997
In the Service of His Country	《为他的国家效力》	察绒·顿珠朗杰	N. Y.：Snow Lion	2000
Tibet under Communist China：50 Years	《共产党中国统治西藏的五十年》	"流亡政府"情报和国际资源部	达兰萨拉	2001
Tibet：Proving Truth from Facts. White Paper	《西藏——用事实证明真相》白皮书	"西藏流亡政府"	www.tibet.com/WhitePaper	

三

评《作为宣传的历史——流亡藏人与中华人民共和国》

西方学者的论著

英文书名	汉文书名	编著者	出版社	年代
Tibet Transformed	《西藏的变革》	爱泼斯坦 Israel Epstein	新世界出版社	1983
Tibet and Its History	《西藏及其历史》	黎吉生 Hugh E. Richardson	Boston：Shambhala	1984
A History of Modern Tibet, 1913—1951：The Demise of the Lamaist State	《现代西藏史（1913—1951）——喇嘛王国的覆灭》	戈尔斯坦 Melvyn C. Goldstein	University of California Press	1989
Tibetan Buddhist Monastic and Intellectual Culture	《藏传佛教寺院与心智文化》	罗伯特·瑟曼（Robert Thurman）	White Lotus：An Introduction to Tibetan Culture. Snow Lion	1990
Circle of Protest：Political Ritual in the Tibetan Uprising	《抗议的循环——西藏暴动中的政治仪式》	罗纳德·施瓦茨（Ronald D. Schwartz）	Columbia University Press	1994
The Tibetan Book of the Dead	《西藏度亡经》	罗伯特·瑟曼	New York：Bantam Books	1994
Essential Tibetan Buddhism	《藏传佛教精要》	罗伯特·瑟曼	Harper San Francisco	1995
Tibetan Nation：A History of Tibetan Nationalism and Sino-Tibetan Relations	《西藏的民族——西藏的民族主义与汉藏关系史》	瓦伦·史密斯（Warren W. Smith）	Boulder，Colo.：Westview Press	1996
The Making of Modern Tibet	《现代西藏的诞生》	谭·戈伦夫 A. Tom Grunfeld	M. E. Sharpe	1996

英文书名	汉文书名	编著者	出版社	年代
The Snow Lion and the Dragon：China，Tibet，and the Dalai Lama	《雪狮与龙——中国、西藏与达赖喇嘛》	梅尔文·戈尔斯坦	Berkeley：University of California Press	1997
Tibet，Its Buddhism，and Its Art	西藏的佛教和艺术	罗伯特·瑟曼（Robert A. F. Thurman）	Wisdom and Compassion：The Sacred Art of Tibet，New York：Abrams	1999

（3）《作为宣传的历史》的主要论点①

鲍尔斯的研究方法和目的："本项研究准备对由藏族作者和中国作者用英语写成的某项关于西藏历史的著作进行探讨,重点尤其集中在为他们的工作提供了特殊语境的心态上。我的目标是重新建构这样一种思维,就是西藏人或中国人的立场和观点非常鲜明、对于认为其是真理的人来说不得不认真思考。我尽量选择那些能够典型性地代表这两个团体的观点的著作,并重点分析作为对抗的主要源泉的西藏历史方面的内容"。"将它们（中国作者的论著—引者）与表达了"西藏流亡政府"立场的关于西藏历史和当代地位的西藏人或西方人的出版物进行对比"。"在试图重新建构这两个团体的心理情结和他们共同的假设与想象时,我还糅合进了中国流行文化和西藏流亡难民流行文化中的形象"。"我希望这项研究有助于澄清在人们看来感到迷惑的问题和争论——已经让人们无所适从的中国人和西藏人对于西藏历史的彼此冲突的争论和不可调和的诉求"。"当然,我难免也会带有自己的偏见和预先性假设,不过我尽量地以平衡的方式来展示双方的立场,让作者自己说话"。

鲍尔斯列出了中国学者与"流亡藏人"学者之间、西方学者之间,以及西方学

---

① 摘引自鲍尔斯《作为宣传的历史》。

者和中国学者之间论战的重点,"这些问题中最重要的是:(1)中国文成公主与藏王松赞干布(公元618—650年在位)的婚姻;(2)13世纪西藏向蒙古的归附及西藏后来被纳入蒙古帝国的版图;(3)明清两朝及民国时期(1911—1949年)中国与西藏的关系;(4)20世纪50年代中国对西藏的占领;(5)1959年3月拉萨爆发的反对中国的骚乱。"实际上就是围绕西藏地方与中央政府的关系展开的论战。

鲍尔斯在列举"流亡藏人"、中国学者、西方学者的西藏历史观的同时,对之加以比较、归纳、分析和阐述。

①对中国学者和"流亡藏人"学者的论著的比较

鲍尔斯认为,"关于西藏的出版物往往是强烈两极化的,在支持西藏流亡者的观点与他们亲中国阵营的反对者之间根本不会有妥协的语气。随着我对有关文献的探索越来越深入,两件事情变得逐渐明显:两种观点相互之间是不可调和的,而且两派人物都真诚地相信自己所说的话是真的。关于西藏的大多数当代著作中几乎不存在任何模糊之处或细微差别,某些最为情绪化的宣传是在关于西藏历史的研究中找到的。两派都认为历史对他们的诉求来说是至关重要的,两派都投入了相当大的人力、物力来出版讲述关于西藏过去'真相'的著作"。

"我在这一研究中得出的另外一个结论是:藏族作者(指"流亡藏人"作者——引者)和中国作者都在特定的心理语境中进行著述,在这个心理语境中,某些具体的假设指导着他们学术上的探索,并预先决定了他们的结论。而且,考虑到他们各自的不可调和的偏见,根本没有可能让他们明显地偏离他们所在社会和集团的路线。两派都完全相信他们的模式是完全正确的,以至他们根本不会去设想还有人会真诚地持有相反的观点,因此他们都去责备自己的反对者在故意撒谎,有意掩盖'事实'和'真相'"。

"藏人撰写的历史通常认为,直到20世纪中期以前,中国至多扮演的是边缘角色;而中国的材料则将西藏描绘成这样一幅图景:至少从13世纪以来,这一地区就完全处于中国各朝代中央政府的行政管辖和政治控制之下,西藏文化基本上源自中国"。

"这种截然对立的状况是当代关于西藏文献的显著特点之一。本项研究中所涉及的中国作者和藏人作者的大多数都表明,他们既知道对方的观点,也了解西方作者的著作,并且经常直接对对方做出回应。一般来说,曾经写过关于西藏的著作的西方作者也都知道这一研究领域浓厚的感情色彩和政治色彩,因此他们经常宣称自己的分析是以权威性的历史记录为依据的,他们的结论是由历史记录所反映的事实决定的,以使自己远离藏学研究中经常十分尖刻的争论。然而,正如我们所见到的,尽管他们做出了这些声明,但是他们历史叙述的结果也通常像中国作者和藏人作者的著述一样是两极分化的,许多人还采用了类似的煽动性说教策略和语言"。

"这些著作的中国作者和藏人作者显然都打算让其操英语的读者(至少是能读英文的读者)相信他们各自的历史版本的正确性,相信他们从这些历史叙述中得出的结论。中国作者表明,他们的目的就是要使读者理解西藏是中国不可分割的一部分,因此对中国在西藏的行动的任何批评都是非法的,因为那些行动都是'内部事务'。藏人作者力图使西藏的历史地位问题国际化,他们在著作中表明,希望自己的著作能使读者相信西藏本来是一个独立的国家,后来受到了其帝国主义邻居的残暴而非法的入侵,他们希望自己的论著会激发读者加入他们的事业,为他们国家的独立进行鼓动和宣传"。

"当一方提到另一方所使用的关键词时,他们通常用'所谓的'(so called)一词来拒绝理会这些词语,并用吓人的引号将这些词语框起来(例如,中国的材料经常称"所谓的'独立'",藏人的资料则经常称"所谓的'和平解放'")"。

鲍尔斯还论及"流亡藏人"学者对他不喜欢的西方学者的西藏观的驳斥:""流亡藏人"的著述则对中国历史叙述的某些特定内容进行批评,几位作者针对谭·戈伦夫(A. Tom Grunfeld)的《现代西藏的诞生》(The Making of Modern Tibet)予以抨击。他们的抨击驳斥了戈伦夫的许多结论,一致对他的人品表示怀疑,认为他是一个不懂藏文的'汉学家'(sinologist),根本没有资格对西藏的历史说三道四,因此根本不具备撰写西藏历史的能力"。"我所看到的对戈伦夫和他的著作给予最尖刻批评的流亡藏人的文章,是降央诺布写的《令人作呕的胡说》(Acme of Obscenity)。降央诺布把戈伦夫斥责为共产主义的同情者和不负责任的学者并予以严厉的谴责,最后得出结论说,戈伦夫的著作'是一个露天的粪便池……如果印刷的文字也能发出臭味的话,那么它发出的就不仅仅是粪便和腐朽的味道,还包括了骨灰堂的味道。所有能够表达谴责、辱骂、讨厌、可恶的词汇都不足以对这个人和他的著作予以描述。'"

鲍尔斯也提及中国学者对"流亡藏人"学者的论著的驳斥:"中国人的几部著述就特别针对孜本夏格巴的《西藏政治史》(Tibet: A Political History)进行专门批驳"。主要是《夏格巴的〈西藏政治史〉与西藏历史的本来面目》(西藏自治区西藏政治史评注小组编写,民族出版社,1996年)和《西藏历史地位辨》(王贵、喜饶尼马、唐家卫著,民族出版社,2003年)。

鲍尔斯认为,中国学者和"流亡藏人"学者在西藏历史观上存在分歧的原因在于:"两个集团的核心分歧就是他们对于历史为什么会这样发生、对于历史人物之所以会有这样、那样的心理动机所给出的原因是不同的。他们之间存在分歧的一个关键原因就是各自所依赖的资料不同。藏人作者引用西藏古代的编年史作为证据,这些编年史为佛教的僧侣所写,其主要兴趣在于记述佛教的传播,增进佛教的威信。""有很多出版家专门从事西藏研究,他们一致代表了总部设在印度、由达赖喇嘛领导的"西藏流亡政府"的立场。"

②对西方学者的论著的评论

"用西方语言所写成的、探讨这段具有争议的历史的著作也越来越多,而且关于西藏的论争也往往充满了强烈的感情。在试图说服读者相信他们各自的观点方面,许多研究西藏的西方作者——包括经常声称他们是根据'事实'做出评判的学术界的激动情绪和浓厚的感情色彩并不比藏人作者或中国作者逊色多少。许多西方学者在阐述西藏问题时,要么支持中国政府的立场,要么支持藏人的立场,他们经常用绝对的词语论述问题,如真实与谎言、美好与邪恶、压迫与自由之间的对立(亲"流亡藏人"的作者尤其如此)"。

"西方研究西藏的论著,尤其是由学者写成的论著,在语言的使用上一般来说比中国作者或藏人作者的语言更为克制。但是,在这里我们同样能发现情绪化的煽动性语言和经常充满激情地对一方或另一方的支持"。

鲍尔斯在评论西方学者的西藏观时,将其分成两派,"西方作者采用的富有特色的语言。可以把他们分为两组:一组(爱泼斯坦、戈伦夫和戈尔斯坦)大致上说来是亲中国的;另一组(黎吉生、史密斯和瑟曼)是强烈地亲"流亡藏人"的。后一组都使用高度情绪化的语言,强烈地谴责中国在西藏的行为"。

鲍尔斯说:"西方作者的观点也是严重分化的,在他们当中也存在着两种截然不同的看法。在本项研究所论及的作者中,爱泼斯坦和谭·戈伦夫热情洋溢地支持中国对历史事件的叙述,并采用与中国作者极其相似的语言来描述 1950 年以前西藏的情况。爱泼斯坦的著作同安娜·路易斯·斯特朗(Anna Louise Strong)的《当西藏农奴站起来》(When Serfs Stood up in Tibet)非常相似;斯特朗的著作也像爱泼斯坦的著作一样,使用的是中国宣传人士的语言。斯图加特(Stuart)和罗玛·格尔德(Roma Gelder)的《及时雨:新世界纪行》(Timely Rain:Travels in the New World)虽然有时也批评中国政府的宣传,但基本上遵循的是中国政府对西藏的立场。戈伦夫的著作虽然是西方学者所写的关于西藏历史的著作,但却是一边倒地亲中国的,它彻底摒弃了亲"流亡藏人"的观点。戈尔斯坦的著作是一部与亲"流亡藏人"的观点展开争论、研究深入、材料完整的著作,但是对标准的中国叙述的某些关键问题也持批评态度"。

鲍尔斯在评论戈尔斯坦的论著时写道:"我还研究了戈尔斯坦(Melvyn Goldstein)的里程碑式的著作《现代西藏史》(A History of Modern Tibet)。在我看来,这部鸿篇巨制是研究现代西藏历史中最为客观公正的著作,所收集的文件资料也较为丰富,按照作者的话说,尽力地'在当前词语的含义上,既不亲中国,也不亲流亡藏人。出发点既不支持达赖喇嘛的流亡政府,也不支持中华人民共和国。'但是在这部著作以及他后来的《雪狮与龙》(The Snow Lion and the Dragon)一书中,他在许多地方都持支持中国人立场的偏见。例如,他将十四世达赖喇嘛描绘成不断地以口是心非、固执己见和办事一团糟的方式激怒中国领导人的、虚伪的和百无一用的政治家。相反,中国人则被描绘成出奇地有耐心,一而再,再而三地饶恕固执的、愚蠢的藏人,直到最后因达到承受的极限,才发动了军事行动"。

"与戈伦夫和爱泼斯坦相同的是,戈尔斯坦断言西藏是封建的神权政治社会,他将西藏的大多数统治者描述成腐败、贪婪和无能的。而且,他在《西藏现代史》一书中的分析在整体上表明,旧西藏的软弱无力和对外隔绝再加上其领导人的混乱和腐败,导致了中国人的占领是不可避免的局面"。"在他的两部著作中也很明确地体现出他的同情之心偏向中国人。虽然他承认西藏人民在最近几十年中经历

三

评《作为宣传的历史——流亡藏人与中华人民共和国》

了'难以言状的痛苦',但是他也声称中国人民同样承受了这些痛苦。他相信民主改革给西藏带来了有益的变革,而且,在逐步地实施这些改革的政策上,中国人表现出了极大的耐心"。

鲍尔斯认为,"西方人撰写的著作中,最强烈地支持中国的论著是爱泼斯坦(Israel Epstein,波兰裔,后加入中国国籍)所著的《西藏的变革》(Tibet Transformed)。这部篇幅较长的著作由北京的新世界出版社出版,使用的是中国作者论述西藏的著作中常见的那类煽动性语言,反映了中国政府一方的路线"。

"西藏问题在西方作者群中同样充满了争论。亲流亡藏人的西方作者倾向于采用好争论的、不妥协的煽动性语言,并对中国的政策予以严厉的谴责"。"关于亲流亡藏人的著作,我研究的是黎吉生的《西藏简史》(Tibet & Its History)和瓦伦·史密斯(Warren Smith)的《西藏的民族》(Tibetan Nation),这两部著作都是由西方的出版社出版的学术著作"。"瓦伦·史密斯使用的是高度情绪化的语言"。"出版了这些作品的两个集团的人又深深地相信各自的说法,甚至当代西方学术界的一些作品也经常地流露出一些非常滑稽可笑的看法,这些看法的大多数都含有支持一方或者另一方的偏见"。

鲍尔斯也看到了罗伯特·瑟曼的西藏观是一个例外。他说:"爱泼斯坦、戈伦夫和戈尔斯坦所描绘的旧西藏的图景与黎吉生的历史版本形成了截然不同的对比。虽然黎吉生和其他西方作者及藏人作者都坦承西藏绝对不是一个完美无缺的社会,但是罗伯特·瑟曼(Robert Thurman)对西藏的概括却与众不同,因为他似乎认为旧西藏没有一点缺陷。他从来没有访问过旧西藏,但是他曾经与流亡中的藏人喇嘛一起生活和合作过,这似乎是他得出有关结论的主要材料来源。在他看来,虽然西方投入了大量资源追求和发展外部的技术,藏人们却投入了同样多的资源来追求心灵的完美。西方的宇航员在发达技术的帮助下能到达月球,并能将探测器放射到太阳系的遥远空间,但是西藏的心灵探测员却选择开发人类意识的外部局限:'西藏文化的精髓是由人们心中所存在的真正的佛性来诠释的'"。

2. 对《作为宣传的历史》的评价

（1）西方学者和"流亡藏人"的评价①

"迄今为止，大多数西方人也许认为他们了解西藏的政治局势，但是，约翰·鲍尔斯指出，大多数研究西藏的西方学者在这场持续的争斗中依然表现出赞同和支持这一方或那一方的偏见。最情绪化的激烈言辞，反映在西藏历史研究领域。""历史被视为彼此主张的关键，双方都投入了大量的能量来编撰出版论著，旨在讲述关于西藏的过去的'真相'。鲍尔斯揭示了双方互不相容的看法，而且双方都真诚地相信他们的说法。双方都在一种特殊的心理环境中表述，其中有某种假设指导着他们进行探讨并预先确定各自的结论。双方都是如此相信各自的范式是完全正确的，以至他们甚至不能想象有人可能会真诚地持相反的看法，并因此指责各自的对手故意撒谎和掩盖'事实'与'真相'。双方都反映对生产它们的社会的不同的文化神话。中国的论著都从中国是世界的中心的概念和见解出发，认为中国是仅有的文明社会，负有统治其他所有国家的天命。流亡藏人的论著则充满了佛教的意象并和预想融为一体，并且基本的叙述都是宗教的传播和美化。"

鲍尔斯考察了"流亡藏人"学者和中国学者所撰写的关于西藏历史的英文论著，他发现他们的一些主张很荒唐，其他一些主张又非常难以令人相信，一些幽默以一种并非故意的方式表达。双方的叙述都充满了内在的矛盾且前后不一致。鲍尔斯指出，"尤为可笑的是，这种现象在当代西方学术界的论著中也有反映。鲍尔斯对这些竞争性的叙述的不带偏见的考察，将有助于我们更好地理解涉及对于西藏历史争辩的问题——为什么过去无论对于流亡藏人，还是对于中国的民族主义的叙述明显地晦涩难解的痕迹都如此重要。"

"《作为宣传的历史》是一项令人着迷的研究，它揭示了中国的宣传人员、"流亡藏人"和西方学者为了加深截然相反的政治主张，怎样有选择和主观地阐释（关于西藏的）历史材料和历史事件。鲍尔斯提出的理由充分的论点，挑战了关于西藏与历代中央政府的复杂关系的许多信口开河的假设。作者的批判而平衡的方式注

---

① 引自鲍尔斯《作为宣传的历史》的勒口和封底的文字。

定会激怒存在政治分歧的双方。这是关注西藏的政治地位的人的一本必读之书，也是对关于民族主义、种族性和历史争论的文献的一个贡献。"——齐尔兹（Geoff Childs），著有《西藏的日记——尼泊尔的一个喜马拉雅山村中的从生到死及超越生死》（Tibetan Diary：From Birth to Death and Beyond in a Himalayan Valley of Nepal）

"这是一部有益的、头脑清醒的和深入的对两种深信不疑而又完全不适当的关于西藏今昔的版本进行劝阻的阐释……通过对只被各方真正相信者认为可靠历史版本的这种完全可信阐述的文献，鲍尔斯提供了一种平衡的指导。"——Choice

"《作为宣传的历史》提供了考察中国人和流亡藏人在国际场合各自阐述的主张和反驳的一种学术的和不带偏见的考察方式。该书对所有对西藏事务感兴趣的人都会有吸引力。"——次仁夏嘉

（2）本人的评价

第一，文本解读的局限与鲍尔斯对西藏历史观的误读。鲍尔斯对三方（中国学者、"流亡藏人"学者和西方学者）的西藏历史观的分析，运用的是语言学家提出的模式。他说："在分析这些资料时，我使用的是由韩利德（M. A. K. Halliday，澳大利亚语言学家）所创立但已变化了的模式。这一模式从三个主题对文本进行分析，韩利德将其称为'话语的领域'（field of discourse，语场）、'话语的基调'（tenor of discourse，语旨）和'话语的方式'（mode of discourse，语式）。① 韩利德的模式是从社会背景的角度对文本进行研究，尤其关注文本与社会环境之间的相互作用。'话语的领域'指的是正在发生的社会行为的性质，描述的是参与者积极参与的整个活动。'话语的基调'的任务是辨明具体的参与者和他们的地位相互之间的关系。'话语的方式'指的是所使用的语言和参与者期望用语言要达到什么目的（到底是要解释、说教、说服，还是别的什么）。韩利德的分析路径关注的是文本中的关键词，即在论述中重复出现或凸显了著述内容的那些词汇"。这种文本分析模式的局限是：看不到或忽视了文本背后的历史观，也忽视了历史主体（学者）所代表的民族利益和国家利益，只弄清了是什么（三方不同的西藏历史观），却没有弄清为什

---

① M. A. K. Halliday and Ruqaiya Hasan, *Language, Context and Text：Aspects of Language in Social-Semiotic Perspective*（Victoria），Australia：Deakin University Press，1985，引自鲍尔斯《作为宣传的历史》。

么(三方为什么会持不同的西藏历史观)。而且,由于鲍尔斯不是历史学专家,对西藏历史及西藏地方与中国中央政府的关系史缺少研究,因而在其评论西藏历史研究论著时出现错漏在所难免。例如,中国学者李铁铮是政治学家,李安宅是人类学家和社会学家,而不是藏传佛教历史专家,鲍尔斯却以他们的著述不提"供施关系"为例来证明汉族学者的偏见,难以服人。此外,鲍尔斯在进行文本分析时,并没有涉及海外"藏独"华人的论著及其西藏历史观,如王力雄《天葬》以及《海外知识分子眼中的西藏》等,这类论著在海外影响不小,而且都出版了英文版。要么是鲍尔斯没有看到这些论著,要么也许是鲍尔斯不知道怎样对其归类。

第二,语言工具的缺陷与鲍尔斯对中国学者的西藏历史观的误读。评论三方的西藏历史观,按理应懂英、藏、汉三种语文。鲍尔斯不懂汉文,不了解中国历史和中国国情,对中国藏学界及其研究成果和进展更不甚了了,不能动态地看待中国藏学研究的进展,因而也就不能参考中国藏学界的重要论著或代表性的成果,如《藏族简史》《元以来西藏地方和中央关系史研究》《西藏通史》《近三百年西藏政治史》等没有英译的专著。他所参考和引用的中国学者的论著,只是英译出版的成果(见附表)。显然,鲍尔斯所选取的中国学者的论著,多为准学术论著或通俗读物,只能反映中国学者的西藏历史观的一些方面,而不是全貌。当然,鲍尔斯忽视中国学者的藏学学术专著的原因之一,是这些专著大多没有出版英文版。这正是中国在涉藏对外传播方面的一个局限,有关部门和藏学专家应通力合作,提高藏学专家的外语水平,加强藏学学术专著的英译出版,以提升中国藏学在国外尤其是英语世界的影响力。

第三,历史的真实性与认识历史的基本理论和方法。古今中外的历史研究已经证明,历史的真实性和客观性都是相对的。胡适曾说:"历史是一个可以任人打扮的小姑娘"。史学家在选择史料和撰写历史时,是有情感和倾向的。德国史学家兰克及"兰克学派"主张"据事直书",不偏不倚,如实客观,倡导秉笔直书,通过史料批判如实地再现历史。由于过于绝对地看待历史的客观性,否认史家对史料及史著的渗入,在19世纪末、20世纪初遭到哲学家和史学家的质疑,在20世纪五六十年代被许多史学家摈弃。英国著名史学家爱德华·卡尔(Edward Hallet Carr)在《历史是什么》中说:"实事本身要说话,只有当历史学家要它们说,它们才能说;让哪些事实登上讲坛说话，按什么次序讲什么内容，这都是由历史学家决定的"。卡尔在这里强调的是"选择"和"解释"。在他看来，历史研究中的主体和客体是不能分割开的。有些人"相信历史事实的硬核客观地、独立地存在于历史学家的解释之外，这是一种可笑的谬论。""解释这一因素涉入每一个历史事实之中。"卡尔的观点使人们认识到，既然历史事实中包含历史学家"解释"的因素，就不能不研究历史学家是怎么"解释"的，即不可避免地要去关注历史学家所处的时代及他所处的阶级地位和他的政治倾向，正是这些决定了他对"关于过去的事实"的选择和解释，使之成为"历史事实"。只有这样，我们才能真正认识到一部历史著作的观点和价值。①

历史研究的目的，不可能像镜子一样，平面地反映出已经发生了的历史进程。否认历史认识的主体性问题，将直接贬低历史学的科学认识功能，使历史研究仅重视史实性的描述，而忽视对历史过程进行理论性的描述和科学概括。因此，在历史研究中，作为研究基础的历史事实不可能脱离历史认识主体的思维和逻辑的加工改造。卡尔正是通过对19世纪以兰克为代表的经验主义历史观和20世纪以克罗齐、柯林伍德为代表的新黑格尔主义历史观的批判来阐述自己的观点的。他一方面强调历史事实离不开历史学家的解释，历史事实不可能完全是客观的；另一方面他又反对在否定"崇拜事实"时，否定历史所固有的客观性，他以客观存在的山脉为例说，"并不能因为从不同角度看山，山会有不同的形状，就推论说山在客观上要么根本没有形状，要么就有无数种形状"。② "历史学家既不是他的事实的卑贱的奴隶；也不是那些事实的暴虐专制的主人……任何从事实际工作的历史学家如果在思考和写作的时候停下来仔细想一想，都知道他所从事的只是一个连续不断地把他的事实放进自己的解释的模型中加以塑造，又把他的解释放进自己的事实模型中加以塑造的过程而已。"这样，卡尔便提出了"历史是什么"这个问题的最基本的观点："历史是历史学家跟他的事实之间相互作用的连续不断的过程，是现在跟

① 卡尔：《历史是什么？》，商务印书馆，1981年，第6-8页，转引自罗凤礼主编：《现代西方史学思潮评析》，第182-183页，中央编译出版社，1996年。

② 卡尔：《历史是什么？》，商务印书馆，1981年，第25页，转引自罗凤礼主编：《现代西方史学思潮评析》，第186页，中央编译出版社，1996年。

过去之间的永无止境的回答交流。"①

　　鲍尔斯从文本分析和比较研究的角度,弄清了中国学者、"流亡藏人"学者和西方学者的西藏历史观的不同点,并且认为中国学者和"流亡藏人"学者,以及部分西方学者几乎都带着浓厚的情感色彩,都将关于西藏的历史和叙述作为服务于其政治目的的宣传工具和手段。但是,由于他的专业不是历史,对历史学的理论和发展演变并不十分了解,因而就难以理解历史学的基本特征:历史的真实性和客观性是相对的,历史学的主体是有鲜明的政治立场和治学宗旨的,历史学家在选择史料和撰写历史时是有明显的倾向的。以为中国学者会持同"流亡藏人"学者和西方学者一样的西藏观完全是一厢情愿,反之亦然。因此,中国学者同"流亡藏人"学者和西方学者持对立的西藏观是正常的;西方学者中存在"亲藏者"(黎吉生、瓦伦·史密斯、罗伯特·瑟曼等)和"亲汉者"(韩素音、安娜·路易斯·斯特朗、爱泼斯坦、谭·戈伦夫、戈尔斯坦等),也不足为怪;同时,也不能否认存在不是非白即黑而是相对客观和中立的西藏观。

　　第四,不同的价值观和思维方式决定了西方学者和"流亡藏人"学者的西藏历史观与中国学者的历史观的本质区别和根本对立。鲍尔斯在其书中并没有认识到,中国学者、"流亡藏人"学者和西方学者之所以持不同的甚至对立的西藏历史观,是由多种因素决定的。正是由于代表不同人群和国家的利益、不同的文化和不同的意识形态,形成了中国学者与"流亡藏人"学者和西方学者在西藏历史观上的本质区别;而西方学者带着"西方中心论"、"冷战思维"和"后冷战思维"研究和认识西藏历史,以"藏独"观念主导西藏历史研究,又导致了中国学者与西方学者西藏历史观的根本对立。不同的政治和文化决定了中国学者与"流亡藏人"学者和西方学者不可能持相同的西藏历史观。中国学者以维护中国的国家利益为神圣使命;"流亡藏人"学者打"藏独牌",推动"西藏问题"国际化;西方学者打"西藏牌",图谋利用"西藏问题"遏制中国。这就是不同的西藏历史观的根本原因。而鲍尔斯只看到了一些学者把历史作为宣传的工具,以情绪化的态度对待历史这个现象,

---

① 卡尔:《历史是什么?》,商务印书馆,1981 年,第 25 页,转引自罗凤礼主编:《现代西方史学思潮评析》,中央编译出版社,1996 年,第 186 页。

却忽视或故意回避决定不同西藏历史观的根本原因这一本质。

第五,本书的参考价值。尽管《作为宣传的历史》存在上述明显的局限甚至"硬伤",但是还是具有一定的参考价值,"奇文共欣赏",值得一读。一是学术价值。该书对中国学者、"流亡藏人"学者和西方学者的西藏观尤其是西藏历史观的比较研究,对于我们从"他者"的角度认识西藏历史和西藏历史观是有益的,并且有助于中国学术界对比三方的西藏历史观。而且,如果将该书与《证明真实的西藏》以及《西藏的地位》《西藏的民族——西藏的民族主义与汉藏关系史》和《中国的西藏?自治还是同化》①这类研究"西藏观"的西方论著联系起来阅读和评论,对西方人的西藏观的认识将更加全面。二是应用价值。该书对涉藏对外传播,尤其是涉藏学术对外传播具有一定的参考价值,有助于从事涉藏对外传播的人员在了解"流亡藏人"和西方人的西藏历史观的特点和局限的同时,认清自己在涉藏对外传播方面的特点以及存在的问题和弱点,以利于在对外介绍和宣传西藏、回应对手的问题和挑战、应对"西藏问题"时,更好地做到有的放矢,从而提高中国涉藏对外传播的效力和威力。

3. 回应论战——对涉藏学术对外传播的思考

西方藏学界和"流亡藏人"学者挑起了关于"西藏问题"的论战,我们应当怎样回应?笔者认为,"法宝"仍然是孙子所说的"知彼知己"。

(1)知彼——认识和研究西方人和"流亡藏人"的西藏观

"西藏问题"是西方人一手策划和促成的。西方反华势力和"流亡藏人"合力推动"西藏问题"国际化、利用"西藏问题"遏制中国的图谋和言行对中国的负面影响一直没有减弱。而作为西方人和"流亡藏人"的西藏观的理论依据和学理支撑的西方学者和"流亡藏人"学者的论著在西方和"流亡藏人"当中影响很大,需要中国学术界和有关部门进一步的关注。

首先,应当全面认清西方学者的西藏观。对西方人关于"西藏问题"的论著进

---

① Warren W Smith,Jr.,China's Tibet?:Autonomy or Assimilation,Rowman & Littlefield Publishers,Inc.,June 28, 2008.

行全面的"清理",把握西方"政治藏学"的进展和发展演变的动向,在此基础上弄清西方人究竟是怎样认识西藏的,认清他们进行西藏观宣传及涉藏传播的形式、内容和效果,然后从学术上(运用学术语言、遵循学术规范)进行"清算"。实际上,鲍尔斯的《作为宣传的历史》就是认清西方人的西藏观的一个很有参考价值的"蓝本",从中可以清楚地看到西方人的西藏观及对西藏的误读。同时,还要清楚地看到,西方也有一些正读西藏的有识之士,对于这些人的论著更有必要及时关注和介绍。

其次,应当全面认清"流亡藏人"学者的西藏观。客观地说,到目前为止,中国学术界还没有对"流亡藏人"的西藏观进行全面的"摸底"和"清理",这是需要抓紧进行的一个课题;涉藏对外传播的有关部门也需要对"流亡藏人"宣传"西藏问题"的形式、内容、效果进行剖析,把握其特点和弱点,认清其西藏观的本质及其对西藏的神化和误读,以便在涉藏对外传播中做到有的放矢。

第三,应当关注海外华人的西藏观。海外华人对西藏和"西藏问题"的研究和宣传,虽然数量有限,水平不高,影响不大,但是也不能忽视。由于"流亡藏人"和西方人对海外华人的偏爱和青睐,这些人的西藏观还是有一定影响力的:以"民运"分子为主的"藏独"文人,如魏京生、茉莉、朱瑞、林照真、曹长青、李江琳等,"一边倒"地支持达赖和"流亡藏人",其解读和宣传"西藏问题"的形式、内容、效果需要加以清理;近年来,欣然(出版《天葬——西藏史诗般的爱情故事》,[1]成为加拿大中学生必读的参考书)、书云(拍摄《西藏一年》[2])为代表的华人对西方人的西藏观产生了积极影响,值得关注。实践证明,通过官方和民间的涉藏对外传播影响海外华人,再通过海外华人去影响西方人和"流亡藏人",是一条有效的途径,需要加大力度。

(2)知己——提升中国学者的藏学研究水平和涉藏对外传播能力

在清理"流亡藏人"、西方人以及海外华人的西藏观的同时,中国学术界尤其是藏学界也亟待对中国人的西藏观(包括西藏历史观)进行全面而系统的总结和

---

[1]　Xinran, *Sky Burial:An Epic Love Story of Tibet*, Nan A. Talese, July, 2005.

[2]　孙书云还以此为题出版了英文图书:Sun Shuyun, *A Year in Tibet*, HarperCollins Publishers, January, 2008.

反思,并在此基础上提升中国学者的藏学研究水平和涉藏对外传播能力。

首先,不断提升中国藏学的学术水平。藏学专家应时刻牢记自己的身份和定位,潜心于藏学,不断锤炼学术意识,运用学术语言,遵守学术规范,不断提高学术造诣,而不能越位和错位,更不能"打官腔"(因为学者不是官员),拿出高水平的藏学论著,立志出精品,形成中国特色的西藏观;同时还要"知不足",反思中国人的西藏观研究的局限和涉藏对外传播在形式、内容、效果方面的不足。而且应当将有效性放在第一位,充分发挥专家学者在涉藏对外传播中的作用,强化涉藏对外传播的民间色彩。实际上,中国学者在西藏观方面有足够的底气,因为藏区是中国的领土,绝大多数藏族在中国,中国是藏学研究的故乡,中国学者掌握着大量的第一手藏学研究资料,包括藏文和汉文史料(文献、档案、考古、口述史料等),并且具有可到藏区进行实地考察的独特优势。

其次,不断增强涉藏对外传播能力。一要具备理论素养。掌握马克思主义理论和中国特色的社会主义理论,并运用于藏学研究和"西藏问题"研究的实践之中。同时还应当具备"三维视野"——藏区视野、中国视野、国际视野和"三种意识"——问题意识、对策意识和学术意识,不回避问题,时常"照镜子",清醒地认识到涉藏对外传播工作中存在的问题和局限,不能"打死都不承认有问题";以扎实的学术研究为基础,把握"西藏问题"的特点和本质,增强涉藏学术对外传播的可信度、权威性和针对性,真正做到"知彼知己"。二要提高外语水平。中国藏学研究人员(尤其是年轻学者)应当具有较高的外语(主要是英语)水平,不仅能够听说读译,而且要能用英文思维和写作,在语言和文字两个方面都能同国外学者(尤其是西方学者)进行直接交流和对话,并能用英文发表论文,出版藏学专著。涉藏对外传播部门应统筹国内和国外两个大局,加大力度组织藏学论著的英译和出版。三要提高国际交往能力。涉藏对外传播的专家,不仅要对中国人的西藏观和中国的西藏政策了如指掌,而且还应当了解和认识"流亡藏人"和西方人的西藏观;涉藏对外传播的有关部门,需要提高组织领导艺术,了解中国藏学专家的强项和弱项(任何一名专家都绝对不可能在涉藏研究领域和涉藏问题上"通吃"),真正了解受众的心理,具备统战意识。这样,才能提升涉藏对外传播的科学性和有效性,不但争取到西方的民心和"流亡藏人"的民心,而且争取到中国的民心。

再次,注重涉藏对外传播的效果和影响。中国涉藏对外传播的主要方式是:国外——走出去,组织藏学家、活佛、人大代表团出国进行对外传播,开展或参与学术交流和研讨会,出国讲学等;国内——请进来,接待来访的外国媒体、政要、学者等,接受国内外媒体采访,举办或参加学术报告,发表和出版论著。这些方式都是行之有效的,并取得了显著的成果。显然,无论是什么方式和类型的涉藏对外传播,良好的效果和积极的影响都是最重要的。因此,应当具有敏锐的"对外传播意识",处理好形式和内容、主体和客体、对内传播和对外传播三对矛盾。同时还要讲究涉藏对外传播的艺术和技巧,以说明、介绍、交流、分享的方式,向西方人讲中国人的西藏观,并向中国人讲西方人的西藏观,不仅进行有说服力的讲述,还要善于倾听,理解彼此的差异。一位华人学者关于有效地开展涉藏对外传播的看法具有一定的参考价值,她说:我们说西方传媒和舆论在"西藏问题"上"一边倒",美国和西方人也说中国传媒和舆论在"西藏问题"上"一边倒"。在涉藏对外传播中应使用软力量,进行软运作。重视专家咨询和话语选择,应重视西方的立法机构、议会和国会是游说的关键。应了解美国政治的运作,了解西方的"政治营销术",利用西方话语权。应重视游说技巧,以平和心态讲述,以柔克刚,骂得清高。要想教育美国人是无效的,声音大、人数多、占领平台才有效。加强反方的观点,举行听证。宣传公式化和教训人,容易造成逆反心理。以族裔观点进行解说,如中国的 24 个朝代,有20 个是少数民族建立的,是游牧民族和农耕民族共同创造了统一的多民族国家,汉族对少数民族是包容的。应做右派和敌人的工作。"流亡藏人"对中国的反向依赖,越反中国过得越好;而台湾则是正向依赖,越反中国越没有好日子过。"台湾问题"与"西藏问题"有许多共性,都是"不对称的对峙",大的再大也不能把小的征服。① 应重视做西方"藏独"学者的工作,同时还应有针对性地做"流亡藏人"学者的工作。

(3)中国学术界对"流亡藏人"和西方学者的西藏观的回应和论战

已回应论著:

中国学术界对贝尔的《西藏的过去和现在》、巴考的《西藏史导论》、黎吉生的

---

① 纽约城市大学教授孙雁在中国藏学研究中心的演讲,2009 年 7 月 2 日。

《西藏简史》、范普拉赫的《西藏的地位》、戈尔斯坦的《西藏现代史——喇嘛王国的覆灭》、谭·戈伦夫的《现代西藏的诞生》、兰姆的《西藏、中国与印度》、洛佩兹的《香格里拉的囚徒——藏传佛教与西方》、夏伟的《虚拟的西藏——从喜马拉雅山到好莱坞寻找"香格里拉"》，以及夏格巴的《西藏政治史》等，都做了严肃的回应和论战。①

未回应的论著：

西方学者：《抗议的循环——西藏反叛的政治仪式》，《西藏——幸存的问题》，《西藏问题是独立——"流亡藏人"阐述国际社会回避的关键的"西藏问题"》，《西藏文化史》，《去神化的西藏——揭开雪域的秘密》，《西藏的民族——西藏的民族主义与汉藏关系史》，《西藏政要名录》，《莲花的泪水——西藏抵抗中国入侵实录（1950—1962）》，《西藏的改革与抵抗》，《作为宣传的历史——流亡藏人与中华人民共和国》，《西藏史》，《对〈西藏百题问答〉的回答》，"东西方中心"的"政策论文"：阿伦的《北京的西藏政策——获得主权和合法性》、史伯林的《中国西藏冲突——历史与论战》、扎西饶杰、次旦旺秋的《后毛时代的汉藏对话——教训与前瞻》；戈尔斯坦的《雪狮与龙——中国、西藏与达赖喇嘛》、《当代西藏佛教——宗教的复兴与文化认同》、《西藏现代史（1951—1955）——风暴前的宁静》、《西藏的文化大革命——1969年的"尼木事件"》等。

关于达赖的论著：《活着的西藏——达兰萨拉的达赖喇嘛》，《十四世达赖喇

---

① 分别见，王忠：《评李查逊〈西藏简史〉关于明代西藏地方历史的谬论》，《历史研究》1963年第5期；柳陞祺：《评理查逊的〈西藏简史〉》，《中国西藏》；柳陞祺：《评西方若干藏学研究者的藏族史观》，载《柳陞祺藏学文集》上册，中国藏学出版社，2008年；杨公素、李泽锐：《评范普拉赫的〈西藏的地位〉》，《中国藏学》1990年第2期；柳陞祺：《评范普拉赫先生的西藏史观及其他》，《中国藏学》1992年第1期；杜永彬：《评〈西藏现代史—喇嘛王国的覆灭〉》，《雪域文化》1994年第4期；王尧：《评〈喇嘛王国的覆灭〉》，《中国西藏》1995年；周源：《评戈尔斯坦的〈喇嘛王国的覆灭〉》，《西藏研究》2002年第3期；张植荣：《重读〈喇嘛王国的覆灭〉》，《中国西藏》2003年第1期；杜永彬：《戈尔斯坦—美国的"西藏通"》，载《喇嘛王国的覆灭》再版前言，中国藏学出版社，2005年；邓锐龄：《评谭·戈伦夫新著〈近代西藏的诞生〉》，《中国藏学》1988年第1期；柳陞祺：《〈现代西藏的诞生〉读后》，1988年，载《柳陞祺藏学文集》下册，中国藏学出版社，2008年；胡岩：《兰姆〈西藏、中国与印度〉评介》，《中国藏学》1996年第3期；杜永彬：《〈香格里拉的囚徒〉评介》，《中国学术》2001年第3期；杜永彬：《〈虚拟的西藏—从喜马拉雅山到好莱坞寻找"香格里拉"〉评介》，《西藏大学学报》2009年第1期；编写组：《夏格巴的〈西藏政治史〉与西藏历史的本来面目》，民族出版社，1996年；王贵、喜饶尼玛、唐家卫：《西藏历史地位辨》，民族出版社，1995年。

嘛——西藏的精神领袖》,《西藏的精神——十四世达赖喇嘛演讲和作品选集》,《昆顿——十四达赖喇嘛家族传》,《从雪域逃亡——中国征服以来的达赖喇嘛和西藏的明确记录》,《冷战的孤儿——美国和西藏为生存而斗争》(克劳斯),《为什么说达赖喇嘛是至关重要的?》(罗伯特·瑟曼)等。

"流亡藏人"学者:达瓦诺布的《中国的西藏政策》,次仁夏嘉的《龙蟠雪域——1947年来的西藏现代史》,降央诺布的《中国的西藏?——是自治还是同化》,达瓦次仁的《血祭雪域》,达赖的《我的土地和人民》《流亡中的自由》《最后一世达赖喇嘛》等。

华人论著:王力雄的《天葬》,唯色的《图伯特这些年》,曹长青主编的《中国知识分子眼中的西藏》,李江琳的《1959:拉萨!达赖喇嘛如何出走》和《当铁鸟在天空飞翔——1956—1962青藏高原上的秘密战争》等华人的论著。从中可以看出,中国学术界在回应西方人和"流亡藏人"及海外华人的涉藏论著方面"欠账"不少。

需要说明的是,上述一些专著已英译并公开出版,一些专著已内部印制,如中国藏学研究中心组织翻译印制的"藏事译丛",但是多数都没有回应(如公开发表图书评介等)。实际上,以书评的形式回应是可行的,多年前本人曾提出组织出版辑刊性的《国外藏学评论》,希望国内同行和同道共襄此事,现在时机已经成熟,中国藏学研究中心正在编辑出版《国外藏学评论》,向国内外学者提供评介国外藏学图书、研究国外藏学进展、把握国外藏学动态的平台。相信这一藏学平台的搭建,将有效地提升中国藏学界与国外藏学界学术交流的水平,并结束中国学术界在回应西方藏学界、"流亡藏人"和海外华人涉藏论著时单打独斗的局面,并有效增强中国涉藏对外传播的水平、能力、技巧和效果。

(中国藏学研究中心当代所:杜永彬)

劳威尔·托马斯与"美国紧急救助西藏难民委员会"

自 19 世纪末 20 世纪初美国学者、外交家柔克义两次入藏探险并发表大量相关涉藏著述以来,在 20 世纪不断有美国探险家入藏。1949 年 10 月 1 日中华人民共和国成立前有 13 位美国人进入拉萨,其中最后两位公开入藏的是美国著名新闻评论员劳威尔·托马斯(Lowell Thomas)和他的儿子小托马斯(L. Thomas Jr)。[1][2][3]托马斯父子拉萨之旅不但得到了美国驻印度使领馆的诸多帮助,在拉萨期间,托马斯父子还与当时年仅 14 岁的十四世达赖喇嘛、西藏"外交局"局长柳霞、索康分别会晤。回到美国后,托马斯父子又分别向美国总统杜鲁门、国务卿艾奇逊就其西藏之行作了汇报。[4] 1959 年达赖流亡印度后,大批西藏难民涌向印度与尼泊尔,在美

――――――――――

[1] 本研究得到国家留学基金支持,是国家社科基金重点项目《劳威尔·托马斯的西藏之旅与美国西藏话语研究》(14AGJ002)阶段性成果。作者程早霞,浙江大学马克思主义学院教授;闫金红,哈尔滨工业大学马克思主义学院讲师。

[2] 见 James Cooper,"*Western and Japanese Visitors to Lhasa* (1900—1950)", Tibet Journal, Vol. XXVIII, No. 4, Winter 2003. 另说他们是第 7、8 位进入西藏的美国人,参见 Tex McCrary, Jinx Falkenburgjinx, "*How Tibet's Dalai Lama Honored Lowell Thomas,*" The Boston Globe, Feb 21, 1950, 第 14 页。

[3] 新中国成立前夕有两队美国人入藏,一队是以美国驻中国迪化领馆副领事头衔为掩护的中情局谍员马克南自新疆秘密入藏;一队是美国哥伦比亚广播公司新闻主播托马斯父子由纽约出发自印度入藏。

[4] Lezlee Brown Halper, Stefan Halper, *Tibet: An Unfinished Story*, New York: Oxford University Press, 2014: 76 – 77.

国政府不便公开出面对西藏难民提供援助的情况下,1959 年 4 月在纽约成立了以劳威尔·托马斯为主席的"美国紧急救助西藏难民委员会"(American Emergency Committee for Tibetan Refugees),承担起以民间援助为名的美国援助"流亡藏人"行动。在此后相当长的时期里,托马斯一直都是达赖喇嘛西藏"独立运动"的积极鼓动者与支持者。那么,如何理解托马斯的西藏情结? 1959 年西藏叛乱后美国政府如何利用非政府组织援助达赖流亡势力? 托马斯领导的"美国紧急救助西藏难民委员会"如何运作并以此加强美国与达赖集团及印度政府的联系? 这是本研究所要力图探究的问题。

1.1959 年西藏叛乱后美国政府对达赖喇嘛及其"流亡藏人"的援助政策

1959 年 3 月西藏发生叛乱、达赖外逃应该说是美国的夙愿。1951 年西藏和平解放前后,美国曾秘密采取多种行动促动达赖出逃[1]。1951 年 6 月美国国务卿给驻泰国领事馆的一封信中就明确提出,"达赖是一个象征,也是亚洲抵抗共产主义的潜在领导人",希望能够说服泰国接受达赖到泰国避难。[2]

西藏叛乱后美国国家安全委员会反应迅速。1959 年 3 月 26 日美国国家安全委员会第 400 次会议备忘录中有记述:"中情局长说他想先报告一下目前西藏形势发展情况。自 3 月 10 日开始,在拉萨发生了一系列事情,导致达赖自拉萨出逃。中共要绑架达赖,把他带到北京。当拉萨人民知晓这些计划后,成千上万的西藏人涌向拉萨市(原文如此,作者注),将达赖保护起来。接着在拉萨出现了混乱局面,中共一个军事据点被占领。喇嘛支持叛乱行动。北京起初想使用宽大政策解决问题,但后来被迫采取了强硬措施,叛乱者 3 月 24 日离开拉萨。""这件事对北京控制西藏主要城市不构成真正威胁。中共当然要被迫应对叛乱藏人的游击战,情势很难应付,因为中共希望避免在西藏采取过激行动,避免引起印度不快。"[3]由此可以看到美国高层非常清楚中国中央政府面临的形势与政策取向。中国政府并不希望

---

[1] 程早霞:《"十七条协议"签订前后美国秘密策动达赖出逃历史探析》,中共党史研究 2007 年第 2 期。

[2] *The Secretary of State to the Embassy in Thailand*, *Foreign Relations of the United States* (Hereafter cited as *FRUS*) ,1951 , Vol. VII, pp. 1713 – 1714.

[3] " *U. S. Response to the Rebellion in Tibet* ,367. Editorial Note" ,FRUS ,1958 – 1960 ,Vol. XIX,pp. 751 – 752.

事态进一步扩大,也不愿采取极端手段解决问题。但达赖叛逃印度后,采取了鼓励藏人大批逃往印度的政策。达赖喇嘛进入印度后在与印度官员的首次会晤中即提出他要请求尼赫鲁无限制地接纳西藏难民。①3月26日,国务卿赫脱(Herter)发表公开讲话,谴责中共在西藏"对人类自由的无情镇压"。②达赖喇嘛进入印度后,美国总统艾森豪威尔给达赖发出私人信函,祝贺他成功出逃中国共产党的控制区进入安全地带。③

美国高层认为达赖出逃将产生重要国际影响。4月17日负责远东事务的助理国务卿罗伯森(Walter S. Robertson)在给参议员汉弗莱(Humphrey)的信中说:"美国准备支持任何解救西藏人民的可行计划。""我绝对认为西藏叛乱将产生重要长远影响。"④4月23日美国国家安全委员会第403次会议讨论所谓的西藏"爱国者"问题。"中情局长杜勒斯(Allen Dulles)说,有关西藏形势的最新信息清晰表明:不同政见者,或叫爱国者已遭到中共'毒打'。目前爱国者都已聚集到西藏相当狭小的地区,非常可怜。这些爱国者没有食物,没有供给,他们请我们向印度政府说情允许他们进入印度。杜勒斯说:当然我们会尽全力帮助他们,但形势困难,中共已部署有效军力,他们正在用的是曾经参加过韩战的士兵,也在有效利用飞机,看来好像康巴地区叛乱部队都被打散了,在拉萨地区的叛乱力量也是如此(2段,13行未解密)"。"由于难民缺少食物,国务卿赫脱⑤想知道我们是否可以使用PL480⑥实施援助。中情局长杜勒斯回答,我们正和红十字会的格伦瑟(General Gruenther)商量这个问题,可能印度会请求给这些难民提供食物。副总统发表意见说,他感到利用红十字会作为媒介帮助难民比美国政府直接插手要好。""麦克罗

---

① Dalai Lama's meeting with GOI and his continued struggle for freedom and independence of Tibet. Central Intelligence Agency, Document Number: CK3100063380, Declassified Documents Reference System (Hereafter cited as DDRS), Farmington Hills, Mich. : Gale, 2012.

② *Herter Denounces Reds*, *The New York Times*, March 27, 1959, pg. 4.

③ *Dalai Lama Reported to Have Note From Ike*, *The Washington Post*, April 20, 1959, pg. A8.

④ *Letter From Walter S. Robertson to Senator Humphrey*", April 29, 1959, 793B. 00/4 - 1759, Folder 793B. 00/4 - 159, Box 3950, RG 59, General Records of the Department State, 1955 - 1959 Central Decimal File, NARA II.

⑤ 1959年4月22日国务卿杜勒斯由于身患癌症卸任,赫脱接任国务卿一职。

⑥ 1954年艾森豪威尔总统签署"农贸发展与援助法案"使之成为一项法律,是美国480公共法(Public Law 480,简称PL480),为全球最大食物援助项目。

伊(Secretary McElroy)问政府是否要尽一切所能使残忍的中共对西藏的行动曝光。他认为应把西藏看成是又一个匈牙利,但看起来好像是:西藏形势已事实上淡出人们的视线,而我们是想让它持续下去。""麦克罗伊提醒说必须小心行动,我们自己不要刺激中共在西藏的行动,我们希望秘密帮助亚洲人民,让他们自己使西藏行动在世界上广为人知。杜勒斯保证就这个问题开展工作。"①

4月30日,代理国务卿狄龙(Dillon)给艾森豪威尔总统的备忘录解释说:"我们躲在幕后,目的是让那些受印度思想影响的亚洲非共产党国家向(对我们)有利的方向发展。"②所以西藏发生叛乱后,美国国务院"通知新德里使馆:美国目前不能采取任何行动,因为这会削弱叛乱在印度产生的影响。但我们预测随着难民的不断涌入,印度政府或者私人慈善机构会请求国际援助。我们认为美国的任何援助都应该是间接的,以避免给印度人留下这样的印象:即我们的援助不是出于人道主义,而是出于政治考量。"③"美国提供援助的方式可能是:(1)通过国际志愿救助局(International Voluntary Relief Agencies);(2)通过印度政府或志愿者组织转交印有 PL480 的农业商品;(3)国际红十字会渠道;(4)直接给印度政府捐钱。"④1959年5月8日,美国国务院与参谋长联席会议讨论的备忘录中也明确记述了国务院副国务卿帮办墨菲(Deputy Under Secretary Murphy)的讲话:"避免提及美国政府卷入、通过非官方渠道提供援助非常重要"。⑤

从目前可查阅到的资料看,这一时期,在援助"流亡藏人"这一问题上,美国精英阶层有惊人的共识。1959 年 4 月 15 日,来自俄亥俄州的国会议员阿什利(Thomas Ludlow Ashley)给总统写信,将 1959 年的西藏叛乱与 3 年前的匈牙利事件

① *U. S. Response to the Rebellion in Tibet*,371. Editorial Note,FRUS,1958—1960,Vol. XIX,pp. 755 – 756.

② *Memorandum From Acting Secretary of State Dillon to President Eisenhower*,FRUS,1958—1960,Vol. XIX,pp. 763 – 765.

③ *Synopsis of intelligence material reported to President Eisenhower*,White House. Issue Date:Apr 1,1959,Document Number:CK3100273062,DDRS.

④ *U. S. Response to the Rebellion in Tibet*,369. Editorial Note,FRUS,1958—1960,Vol. XIX,p. 753.

⑤ *Memorandum on the Substance of Discussion at a Department of State-Joint Chiefs of Staff Meeting*,FRUS,1958—1960,Vol. XIX,pp. 768 – 769.

四

劳威尔·托马斯与「美国紧急救助西藏难民委员会」

相比,敦促总统盛情邀请达赖喇嘛到美国访问。① 白宫的回信虽然对邀请达赖访美不置可否,但明确表示"总统密切关注西藏人民的境况,希望美国能尽一切可能支持西藏人民反抗中共奴役的英雄壮举。②"4月17日国务院官员给参议员的信中也讲到:"美国要利用西藏的动荡形势支持反对中共的游击活动。"③4月25日,美国联合出版公司总裁(President of the United Publication Corporation)威廉·麦克马洪(William D. McMahone)就西藏叛乱后的形势与政策给总统提出6条建言,特别强调了援助"流亡藏人"的策略问题:

"(1)范围广大并得到普遍支持的藏人反抗中共的起义遭到无情镇压,这可能比1956年的匈牙利起义更具有重要意义。因为这个起义发生在更为敏感、重要、人口稠密的地方,这个地区受到日益严重的中国共产主义威胁,这个威胁是对佛教制度、和平主义、中立主义的公然进攻。

(2)军事干涉既不明智也不现实。

(3)美国不应采取任何掩盖残暴真相的行动,或者说给共产党提供"帝国主义干涉"的口实。

(4)我们采取的任何行动都应该强调美国传统的人道主义。

(5)任何行动都应该是由私营组织扮演主要角色。

(6)但是美国政府应该表明将全力支持帮助一个负责任的计划,这将为以后的进一步行动打下基础。"

麦克马洪还提议"可由劳威尔·托马斯这样的人出面来组织这样的工作"。④

中情局长杜勒斯在西藏叛乱后也与达赖喇嘛及其兄弟保持着密切的联系。杜勒斯在参议院对外关系委员会的讲话中说:"我们与达赖喇嘛(及其兄弟)保持着

① Letter From Thomas Ludlow Ashley to President Eisenhower, April 15, 1959. Folder 168 – A, Tibet, Box 856, Central Files, Official File, Presidential Eisenhower Library.

② Letter From Jack Z. Anderson, the Administrative Assistant to the President to Thomas Ludlow Ashley, April 14, 1959. Folder 168 – A, Tibet, Box 856, Central Files, Official File, Presidential Eisenhower Library.

③ Dalai Lama Reported to Have Note From Ike, The Washington Post3, April 20, 1959, pg. A8. Letter From Walter S. Robertson to Senator Humphrey, April 29, 1959, 793B. 00/4 – 1759, Folder 793B. 00/4 – 159, Box 3950, RG 59, General Records of the Department State, 1955—1959 Central Decimal File, NARA Ⅱ.

④ William D McMahon to President Eisenhower, April 25, 1959. older 168 – A, Tibet, Box 856, Central Files, Official File, Presidential Eisenhower Library.

密切的接触,并且致力于共同的工作。我们计划提供援助,已经与红十字会的格伦瑟讨论了这个问题。"①

显然在援助达赖问题上,美国的精英阶层有一个基本共识:在冷战环境下由总统或者中情局长出面给达赖喇嘛及其"流亡藏人"公开且高调的支持都不合时宜,会被贴上"冷战的标签",美国需要一个表面中立的非政府组织来协调美国对达赖及其事业的支持。由此不难理解以新闻评论员托马斯为主席的所谓"美国紧急救助西藏难民委员会"很快于1959年4月17日在纽约注册成立。

2. 劳威尔·托马斯及其西藏情结

劳威尔·托马斯1892年4月6日出生于俄亥俄州,是一位著名的作家、新闻评论员及旅行家。1949年新中国成立前夕,托马斯父子在美国政府帮助下自印度进入拉萨,并与达赖喇嘛及其西藏政要进行了广泛接触。在拉萨,托马斯通过录音向美国听众报道西藏,是第一位在西藏高原向外部世界报道中国西藏的新闻主播。② 托马斯在纽约的玛利亚教会学院(Marist College)建有自己的传播大楼,有关托马斯的历史档案就收藏在这个学院图书馆一个专门的部门——托马斯档案室(Thomas Archives),是为今日的特殊馆藏室。1976年美国总统福特授予托马斯"总统自由勋章"。

1949年7月31日,托马斯父子自印度加尔各答启程前往西藏,于8月28日抵达拉萨,与包括达赖喇嘛在内的西藏政要会晤后带回达赖及西藏噶厦给美国总统杜鲁门、国务卿艾奇逊的信函。《纽约时报》《华盛顿邮报》《芝加哥论坛报》等美国大报都有关于托马斯西藏之旅的报道。1949年9月23日,《芝加哥每日论坛报》③发表文章,报道了托马斯自西藏回国途中自马背上摔下来严重受伤的情形。"托马

---

① Statement of Allen W. Dulles, Director, Central Intelligence Agency, Developments in Tibet and Iraq, April 28, Executive Sessions of the Senate Foreign Relations Committee, Vol. XI, 86th Congress, First Session, 1959. U. S. Government Printing Office, Washington, 1982. p. 315.

② Mildred Houghton Comfort, *Lowell Thomas*, *Adventure*, Minneapolis: T. S. Denison & Company, INC. 1965, pp. 174 – 177.

③ 《芝加哥论坛报》(Chicago Tribune)自1847年创立以来几度易名。其中1860—1864年、1872—1963年更名为《芝加哥每日论坛报》(Chicago Daily Tribune),自1963年以来一直名为《芝加哥论坛报》。

斯和他的儿子小托马斯离开西藏首府禁城拉萨 3 天后，在经过一个 17 000 英尺的喜马拉雅山口时，自马背上摔下来受重伤。这位 57 岁的新闻主播随身携带着达赖喇嘛给总统的信。托马斯办公室的工作人员说已经请求美国空军飞机救援。在印度边界，已有印度医生为托马斯诊治。"①《纽约时报》1949 年 10 月 7 日文章报道："托马斯说，历史上第一次出现了这样的机会，美国可以在西藏设立使团。而迄今为止只有少数的外国人能进入西藏。"②

1950 年，自西藏回国的小托马斯出版著述《世外桃源——穿越喜马拉雅进入禁地西藏》。此书一开头便以设问的方式阐释了一个高度敏感的政治议题：为什么达赖喇嘛邀请他们父子入藏？回答是所谓的"西藏害怕共产主义"。书中讲到："1949 年夏，中国共产党军队已经解放了中国大部分地区，并且已申明将很快解放西藏。""这是到达拉萨后最主要的话题。""得知中共意图后，拉萨政府考虑如何让美国人了解西藏所面临的来自亚洲共产主义威胁的严重问题。而且，他们还想让美国人以及全世界都知道西藏一直是，现在也是一个独立国家。"③

一般认为，托马斯父子在拉萨最重要的行动是与达赖喇嘛的会晤。但在小托马斯的著述《世外桃源》中却这样写道：拉萨之行最重要成果之一是与西藏两位"外交局"局长柳霞、索康的会晤。会谈的主题是"共产主义与中国"，④但具体内容没有向读者详细说明。10 年之后，托马斯与达赖喇嘛再次会晤，地点由拉萨变为印度达兰萨拉⑤。此时的达赖喇嘛是一个流亡者，而托马斯又有了另外一个身份——"美国紧急救助西藏难民委员会"主席。

从托马斯回到美国后的活动可以看到托马斯西藏之行的重要意义及其影响。美国总统、国务卿分别与托马斯父子进行了会晤。在杜鲁门总统图书馆有关国务卿艾奇逊的文件档案中，有 1950 年 2 月 17 日托马斯与艾奇逊的一份谈话备忘录。

---

① *Lowell Thomas Seriously Hurt in Tibet Mishap*, *Chicago Daily Tribune*, Sep 24, 1949, pg. 1.

② *Lowell Thomas Back From Tibet*, *The New York Times*, Oct 17, 1949, pg. 25.

③ Lowell Thomas, Junior, *Out of this World: Across the Himalayas to Forbidden Tibet*, New York: the Greystone Press, 1950, pp. 29 - 30.

④ Lowell Thomas, Junior, *Out of this World: Across the Himalayas to Forbidden Tibet*, New York: the Greystone Press, 1950, pp. 32 - 34.

⑤ Lowell Thomas, Junior, *Out of this World: Across the Himalayas to Forbidden Tibet*, New York: the Greystone Press, 1950, p. 178.

该文件记述道:托马斯在谈话中提及了之前他与总统会晤时的谈话内容,说他自西藏归来后脑子里有两个想法,也在与总统的谈话中提及过。一是有关印度驻拉萨主管黎吉生(H. E. Richardson)来美工作问题①。托马斯向艾奇逊力荐邀请黎吉生到美国大学任职,并积极为此四处活动。二是美国与西藏建立关系问题。托马斯认为,鉴于西藏的重要性,包括其在中亚宗教上的影响及地理上处于印巴之间的边界交界处等地缘因素,美国应该了解西藏形势并鼓励西藏与共产党对抗。托马斯认为,西藏地形适合游击战,西藏军队可以抵抗外部进入西藏的任何军事行动;美国对西藏的情况缺乏了解,因此有必要派一个使团入藏。为掩人耳目,表面上可以是一支登山队。国务卿对托马斯提出邀请黎吉生来美国大学工作及派使团入藏的想法表示支持。② 由此不难理解,冷战高潮时期,尤其在 1959 年西藏发生叛乱、达赖出逃印度后,托马斯成为一名积极的援助达赖流亡势力分子及美国政府西藏政策代言人。

3. "美国紧急救助西藏难民委员会"的建立及其运作

1959 年 4 月 13 日,《纽约时报》文章《托马斯成为援助组织的首领》报道:"演说家、作家劳威尔·托马斯昨天宣布成立'美国紧急救助西藏难民委员会'。""作为委员会主席的托马斯已致函在印度避难的达赖喇嘛,表示支持西藏人民反抗共产党压迫、争取自由的斗争。""托马斯先生告诉达赖喇嘛:今天我们组织紧急救助委员会以调动公众支持救助西藏难民。"③1961 年 9 月 21 日修订后的注册章程定义:"美国紧急救助西藏难民委员会"是一个非营利、非政治、无党派、无宗派的自愿慈善机构。其目的有四:

"1.对因遭受共产党压迫而逃离家园的西藏难民进行安置,提供帮助。

2.从慈善机构、个人及其他公共组织募集资金及其物品,直接给予西藏难民以资金支持,或者与亚洲的慈善组织合作支持西藏难民社区。

---

① 黎吉生是英国人,印度独立前是英国驻拉萨办事处负责人,印度独立后继续留任拉萨为印度服务,是西方政界、学界有名的藏学通,也是对达赖喇嘛影响颇深的西方人士之一。

② Memorandum of Conversation, Acheson Papers, Secretary of State Files, Memoranda of Conversations File, Feb 1950, Box 66, Presidential Truman Library.

③ "*Thomas Heads Aid Group*", *The New York Times*, April 13, 1959, pg. 6.

3.任何个人包括董事、官员不能从中谋取利益,但付出劳动可以得到薪酬。

4.公司的任何行动都不以营利为目的。"

公司的运作规则包括:每年 4 月的第 4 个周一举行年会,选举董事,听取上一年度董事会的工作报告;主席、董事会、执行委员会可以在任何时间召集特别会议,也可以由至少四分之一的成员提出书面申请,由秘书召集特别会议;年度会议及其特别会议的法定参加人数至少达到会员(或者他们的代表)的三分之一以上。公司运作由董事会负责,董事会由 3~5 人组成,每年选举一次。董事会每年召开 2 次会议。法定召开会议必须有三分之一董事与会。①

4 月 27 日,公司召开第一次会议,选举产生了委员会负责人——主席 1 人:劳威尔·托马斯;执行副主席 1 人:马温·利布曼(Marvin Liebman);副主席 4 人:道格拉斯法官(Justice Wm. O. Douglas),格瑞格森博士(Dr. Magnus I Gregersen),约瑟夫·格鲁(Hon. Joseph C. Grew),华尔特·周以德(Hon. Walter H. Judd);秘书 1 人:格塞德博士(Dr. B. A. Garside);财务主管 1 人:小阁瑞斯先生(Mr. J. Peter Grace. Jr.)。②

从公司委员会主席、副主席身份可以看出这个非政府组织具有明显的政治背景。主席劳威尔·托马斯曾经是重要历史时期达赖喇嘛与美国总统、国务卿之间的信息传递人,亦是达赖喇嘛西藏独立运动的强力鼓吹者;副主席道格拉斯是美国历史上任职时间最长的最高法院陪审法官;格鲁是美国职业外交家,曾担任美国副国务卿;周以德是美国资深国会议员,极其反共,是蒋介石政权的强力支持者。世人对这个神秘的非政府组织"美国紧急救助西藏难民委员会"抱有强烈的好奇心。有西方学者撰文说,"1967 年,这个委员会神秘而突然地解散了,余下的工作转交给了其他组织继续履行其义务"。③ 这实际上反映了世人的一个疑问:这个非政府

① By-laws of the American Emergency Committee for Tibetan Refugees, Incorporated, As amended to Sept. 21, 1959. Box No. 1, The American Emergency Committee for Tibetan Refugees Records, Hoover Institution Archives, Stanford University.

② Minutes of First Meeting of the Board of Directors of the American Emergency Committee for Tibetan Refugees, April 27, 1959, Box No. 1, The American Emergency Committee for Tibetan Refugees Records, Hoover Institution Archives, Stanford University.

③ "George Woodcock, *Tibetan Refugees in a Decade of Exile*", *Pacific Affairs*, Vol. 43, No. 3, 1970.

组织有多深的政治背景？它的功能除了公开的对西藏难民的救助外还有哪些是我们所不了解的？

公司成立后很快投入运行。1959 年 5 月 8 日《纽约时报》报道，公司利用喷气式飞机给印度西藏难民运达了价值 35 万美元的药物，包括土霉素、青霉素。[1] 6 月 3 日，托马斯在《纽约时报》发布整版广告，这个被称作"1 号报告（Report No.1）"的广告标题是"西藏逃亡"（Flight From Tibet）。在标题上方的显著位置是印度总理尼赫鲁的一句话："急需药品——尼赫鲁"（"The Requirements for Medicines are Essential and Immediate…"Jawaharlal Nehru）。这个由主席托马斯撰写的 1 号报告首先谈及的重要问题是："西藏对于美国人民来说意味着什么？"文章说："当中国共产党炮轰达赖喇嘛在拉萨的宫殿时，我和我的儿子每天都密切关注着新闻。我们曾经在那金色穹顶的香格里拉度过一段时光，至今我们对西藏及其人民怀有深厚感情。那些经年生活在喜马拉雅高地、热爱和平的佛教徒们对我们非常友善。当达赖喇嘛逃离拉萨的时候，我们能够理解这个年轻的领袖被迫穿越高耸的喜马拉雅山脉逃往印度走向流亡道路时的痛苦，这可能是一个比较好的选择。"托马斯说："我们和一些朋友协商后决定做点什么。在一周之内我们建立了'美国紧急救助西藏难民委员会'。成员中有一些著名人物，如苏丹·卡廷（Suydam Cutting）[2]是卓越的自然学家、探险家，西藏研究的先驱，撰有《火牛年及其他》等涉藏著作。最高法院陪审法官道格拉斯和我一样热爱喜马拉雅及其人民。"[3]

文中托马斯援引"美国紧急救助西藏难民委员会"驻印度现场负责人特拉维斯·弗莱彻（Travis Fletcher）的报告："那里有 1 万名刚刚抵达的西藏难民，其中一些人在战斗中受了伤。他们与之前自 11 月份以来逃到这里的人会合。由于纬度、气候的突然变化，许多人生了病，当地不能提供充足的医疗救助，急需磺胺类药物、维生素、抗生素。食物、衣物也非常急需。请动员美国人民尽一切努力提供帮助。这是人道主义危机，急需钱购买所需物品。"报告还提到之前他们曾给印度总理尼

---

[1]　"Panchen Lama Sees Mao at Reception", The New York Times, May 8, 1959, pg. 2.

[2]　苏丹·卡廷（1889—1972）是著名的探险家，植物学家，第二位进入拉萨的美国人。曾经 3 次入藏，2 次进入拉萨，绘制了由印度进入拉萨的地图。

[3]　Lowell Thomas, "Report No.1, Flight From Tibet", The New York Times, June 3, 1959, pg. 23.

劳威尔·托马斯与『美国紧急救助西藏难民委员会』

赫鲁发过电报,询问需要做些什么来提供帮助。尼赫鲁通过印度驻纽约领馆的领事梅农(M. Gopala Menon)回复说:"非常感谢你们的电报。印度政府已经为接待西藏难民准备了帐篷。我们为此建立了印度'中央救助委员会'(Central Relief Committee),国会议员克里帕拉尼(J. B. Kriplani)担任主席。""已告知'中央救助委员会'尽快与你建立联系,以便建议贵委员会提供哪些帮助。现在最急需的是药品。"文章还说:"几个世纪以来,由于山脉与沙漠阻隔,西藏是这个星球上最遥远并且与外界隔绝的一个国家。在确知达赖喇嘛已经到达印度避难后,有关大批难民涌向边境的新闻在媒体上基本消失。但我们仍然认为为此做出努力是值得的。"报告对美国相关药品公司、航空公司为援助西藏难民所做的努力给予肯定后,以设问的方式结束了其长篇报告:"为什么我们的人民能够行动起来?"托马斯回答说:"很明显,这不仅仅是因为热爱和平的西藏人民是中国共产帝国主义的受害者,这种精神已经渗入到我们的传统与民族心灵的深处。对于我们来说,西藏人民很陌生——他们说着我们不了解的语言,几个世纪以来与外部世界隔绝——但他们和我们一样,也是人,他们也相信人类是一家,并且信仰上帝之父。""我们都一样坚信自由与独立,因此我们理应提供帮助。""我们的西藏朋友正处于危难之际;他们背井离乡成了难民;他们需要我们伸出援助之手。事情就是这么简单"。①

"托马斯1号报告"还向公众告知了委员会的办公室所在地,主要负责人及人员组成名单,其中很多人是社会名流,具有很强的社会号召力。广告向民众告知了捐助方式与地址,同时配有委员会主席托马斯、印度驻纽约领馆领事及首批提供药品援助的公司负责人在纽约国际机场为西藏难民托运药品工作的大幅照片。②

美国紧急救助西藏难民委员会成立后,前方现场主管弗莱彻立即自香港飞赴印度,建立驻印度前方办公室,深入藏人难民营、与达赖喇嘛合作开展难民救助工作。③ 弗莱彻1959年7月17日从印度发回给托马斯的一份"美国紧急救助西藏难民委员会"报告称,托马斯派往印度的代表在印度"中央救助委员会"会员的陪同下,一起到达赖喇嘛在穆索里的住所拜会达赖喇嘛,他们共同分析了西藏难民所面

---

① Lowell Thomas, *Report No.* 1, *Flight From Tibet*, *The New York Times*, June 3, 1959, pg. 23.

② *American Emergency Committee for Tibetan Refugees*, Inc. *The New York Times*, June 3, 1959, pg. 23.

③ Lowell Thomas, *Report No.* 1, *Flight From Tibet*, *The New York Times*, June 3, 1959, pg. 23.

临的问题,并且决定在达赖喇嘛总部与克里帕拉尼之间建立联系,这样可以保证在印度"中央救助办公室"与达赖喇嘛总部之间的信息畅通。达赖喇嘛还询问托马斯的代表:能否派出一些优秀藏人学者到美国学习与研究。此外,达赖喇嘛还特别希望能在所谓的难民中挑选出 1 000 个青年人到国外接受教育。他认为此举"有助于他的民族永久存续"。他还询问美国是否能够接受这些年轻人。与达赖的会晤结束后,托马斯的代表及印度"中央救济委员会"的人员一起与达赖的哥哥嘉乐顿珠共进午餐。嘉乐顿珠回到新德里后与托马斯的代表又一次会晤,并再次提及派"流亡藏人"到美国接受教育及藏人移民美国问题。在这份报告中,弗莱彻建议美国相应的基金会及教育机构接收藏人到美国接受高等教育;他还建议国会能够签署法律分配给"流亡藏人"移民美国名额 500 或者 1 000 个。① 1959 年 11 月 19 日,托马斯给美国总统艾森豪威尔写信,介绍委员会工作情况,并请求一起随行去印度访问"。②

"美国紧急救助西藏难民委员会"成立后一度致力于达赖喇嘛访问美国。1966 年 6 月 27 日,印度前方执行主席弗莱彻与达赖会晤,商讨达赖访美事宜。弗莱彻在给托马斯的信中曾详细讨论达赖访美涉及的三个问题:资金支持问题、安全保卫问题、政治问题。③ 弗莱彻认为这将是"美国紧急救助西藏难民委员会"工作的顶峰。但从之后的历史发展看,这一高峰并没有出现。我们能够看到的是:"美国紧急救助西藏难民委员会"对西藏难民的救助工作,通过与印度"中央救助委员会"(主席是国会议员)的联系、与达赖喇嘛及其流亡势力的沟通,建立了美国高层与印度政要及达赖喇嘛三方高层间通畅的沟通渠道。

1970 年 4 月,"美国紧急救助西藏难民委员会"历时 11 年的运作完成历史使命,总计募集资金 2 431 868 美元,其中 2 208 323 美元,即总资金的 90% 用于安置

① Report From Travis Fletcher,Field Director to Mr. Lowell Thomas,Chairman,American Emergency Committee For Tibetan Refugees,July 17,1959. Box No. 1,The American Emergency Committee for Tibetan Refugees Records,Hoover Institution Archives,Stanford University.

② Letter From Lowell Thomas to President Eisenhower,Nov 27,1959,Lowell Thomas Papers,Textual Materials,Box 482,Thomas Archives.

③ Letter From Travis L. Fletcher,Field Director-AECTR to Lowell Thomas,June 27,1966,Lowell Thomas Papers,Textual Materials,Box 482,Thomas Archives.

西藏难民。①

4. "美国紧急救助西藏难民委员会"是具有浓厚政治背景的非政府组织

从现有的解密历史档案中不难看到,"美国紧急救助西藏难民委员会"的建立有着深厚的政府背景。现存于美国国家档案馆的一份主题为"拟建立'美国自由西藏紧急委员会'组织"的国务院谈话备忘录记载:1959 年 4 月 1 日,有国务院远东局公共事务顾问菲斯克(Ernest H. Fisk)参加的一次谈话中提到,时任美国"反对承认中共百万人联盟委员会(Committee of One Million Against Recognition of Communist China)"执行秘书马温·利布曼在 4 月 1 日的电话中说:他提出建立的组织——"美国自由西藏紧急委员会"(American Emergency Committee for Free Tibet)正在悄悄地组建中,会在国务院认为合适的时间对外界公开宣布。利布曼还谈道,提议建立的"美国自由西藏紧急委员会"可以把当时在印度的所谓西藏前噶厦带到美国,"成为其利用西藏事件的一个项目"。利布曼还谈到"他将在 4 月 3 日下午与国会议员周以德一起会见印度大使,就紧急委员会如何为西藏难民提供帮助寻求建议"。② 拟建立的"美国自由西藏紧急委员会"就是日后建立的以托马斯为主席、利布曼为执行副主席、周以德等为副主席的"美国紧急救助西藏难民委员会"。美国国务院给参议员汉弗莱关于西藏叛乱的回信中也明确阐释:"美国政府与'美国紧急救助西藏难民委员会'这样的私立组织保持密切联系,并做好准备给予任何可能的帮助"。③ 由此可以看到"美国紧急救助西藏难民委员会"与政府的密切关系。

实际上,美国的所谓救助难民政策体现了冷战时期美国在亚太的国家利益需要。1960 年 9 月 14 日美国国家安全委员会的一份报告(NSC5706/2)就曾明确阐

---

① Letter From Lowell Thomas to Each AECTR Director and Member, April 13, 1970, Lowell Thomas Papers, Textual Materials, Box 482, Thomas Archives.

② Proposed Organization of an "American Emergency Committee for Free Tibet", Memorandum of Cnversation, 793B. 00/4 – 159, General Records of the Department of State, 1955 – 1959 Central Decimal File, Folder 791B. 00/4 – 159, Box3950, RG59, NARA Ⅱ.

③ Letter From Walter S. Robertson to Senator Humphrey, April 29, 1959, 793B. 00/4 – 1759, Folder 793B. 00/4 – 159, Box 3950, RG 59, General Records of the Department State, 1955—1959 Central Decimal File, NARA Ⅱ.

释说："美国对共产党国家逃亡者的单边援助应该与美国的国家利益保持一致,这种利益包括政治方面、心理方面及情报方面。"①诚如美国经济学家里奥·奇纳(Leo Cherne)所反复强调的那样："自由世界可以更成功地利用人道主义干预而非军事干预的手段对付共产主义的入侵。""对于那些无助的人来说,药品、衣物、医疗帮助是世界上对于人类内在精神战斗的最有效手段。对西藏难民提供强大援助就是对在日内瓦谈判桌上的美国国务卿赫托及其他自由世界领导人最宝贵的道义支持。"②由此不难理解"美国紧急救助西藏难民委员会"的工作具有鲜明的政治属性,其第一次执行委员会会议备忘录在撰写募捐广告中这样为达赖出逃定性:"西藏人民反抗中共压迫的英勇斗争得到了自由世界人民的广泛同情";"达赖喇嘛突然逃往印度成为身陷中共残暴攻击的西藏人自由与希望的象征"。③ 而且,"美国紧急救助西藏难民委员会"虽然名义上是一个非政府组织,但实际运作中有很强的政府背景。"美国紧急救助西藏难民委员会"实际上搭建起了美国高层政治家与印度政府、达赖流亡势力之间联系的桥梁。主席托马斯是一位坚定的西藏独立支持者,是美国政府与达赖流亡势力之间重要的联络人;执行副主席利布曼是一位坚定的反共斗士;副主席周以德作为共和党的国会议员,其西藏观与艾森豪威尔政府也是高度的一致。1959年12月11日,《纽约时报》发表文章《周以德博士寻求对西藏难民提供帮助》说:"这位来自密苏里州的共和党众议员、'美国紧急救助西藏难民委员会'副主席刚刚从印度的西藏难民营考察归来,他在印度期间曾与达赖喇嘛会晤"。"周以德博士说他希望美国能够承认"西藏流亡政府",以此保持西藏难民驱逐共产党、返回家园的希望。"④

"美国紧急救助西藏难民委员会"不仅帮助印度安置"流亡藏人",提供急需药品、衣物,以及对"流亡藏人"进行技术工作培训等,还致力于文化建设。海外西藏

---

① OCB Report on Escapees and Refugees from Communist Areas, Document Number: CK3100233464, DDRS.

② Howard A. Rusk, *Opportunity for West: Plea for Medical Aid for Tibetans Provides a Chance for United Action*, *The New York Times*, May 24 1959, pg. 85.

③ Memorandum From Marvin Liebman to Executive Committee, Apr 28, 1959, American Emergency Committee for Tibetan Refugees, Box 482, Lowell Thomas Papers, Thomas Archives.

④ *Dr. Judd Seeks Help for Tibet Refugees*, *The New York Times*, Dec 11, 1959, pg. 6.

文化建设是"美国紧急救助西藏难民委员会"的一个工作重点,①包括在印度、美国建立文化中心,在美国的大学开展藏学研究、支持"流亡藏人"撰写西藏历史等,这都为日后达赖喇嘛"西藏问题"国际化奠定了基础。

在美国,新闻记者或学者为政府或情报部门工作已不是什么秘密,相关的文章与著述经常见诸报端②,也有中情局官员对此进行深入探究并著书出版③。但"美国紧急救助西藏难民委员会"主席、著名新闻评论员托马斯的身份至今仍然是一个未解之谜。笔者曾到美国国家档案馆、杜鲁门总统图书馆搜集相关资料,有关托马斯与总统杜鲁门、国务卿艾奇逊会晤的谈话记录这些能够判别托马斯特殊使命身份的重要历史文件至今仍没有解密,所以世人一直对此存有疑惑。前美国驻华大使李洁明曾向托马斯本人求证:是否是与美国政府合作援助藏人,得到的是肯定回答。④ 从目前的美国国务院解密文件及托马斯档案中可以看到,托马斯的历史角色至少包括:政府政策的宣传员,美国对华文化冷战的旗手,美国媒体西藏话语的定调人,也是重要历史时期美国高层与印度政府、达赖集团三方之间的重要联络人。包括"美国紧急救助西藏难民委员会"主席托马斯在内的委员会主要成员具有与当时的美国政府惊人一致的政治取向。托马斯利用其著名新闻评论员的影响力,在当时西方民众对遥远西藏缺乏了解的历史条件下对西藏历史的歪曲报道,为美国政界、学界及普通民众嵌入了与历史发展实际相背离的错误的西藏观。

(哈尔滨工程大学马克思主义学院:程早霞 闫金红)

---

① Letter from Lowell Thomas to Dr. S. P. Chablani, General Secretary of the Central Relief Committee (India), August 17,1973. American Emergency Committee for Tibetan Refugees, Box 482, Lowell Thomas Papers, Thomas Archives.

② 如:Carl Bernstein, *The CIA And The Media: How America's Most Powerful News Media Worked Hand in Glove with the Central Intelligence Agency and Why the Church Committee Covered It Up*, *Rolling Stone*, October 20, 1977.

③ 如:Ray S. Cline, Secrets, spies and scholars, Acropolis, 1978.

④ 美国前驻华大使李洁明(James Lilley)曾在 1975 年担任中情局驻北京总部负责人,他曾向美国学者证实托马斯是与美国政府一起工作援助藏人:1997 年 9 月李洁明与美国前总统布什、托马斯等一起到中国西藏旅行,中方带他们到拉萨的西藏革命博物馆参观,展览有称托马斯是"帝国主义特务",前总统布什请李洁明向托马斯求证:托马斯是否是与美国政府一道工作帮助藏人。托马斯面对李洁明这个问题的时候一点都不惊讶,他情绪激烈地回答道:你说的对,是这样的(You're damn right I did)。参阅 Lezlee Brown Halper, Stefan Halper, Tibet: An Unfinished Story, New York: Oxford University Press, 2014, pp. 76 – 77.

近十年来美国国会涉藏立法新探

作为立法机构，美国国会国内立法的领域已远远地超出其本国事务范畴。近年来，美国国会对中国西藏事务的立法干涉非常典型地说明美国国会已经成为美国国内影响中美关系的一个主要变量。在"西藏问题"上，美国行政部门20世纪80年代以前一直发挥着主导作用，然而自1987年以来，美国国会对"西藏问题"的关注程度逐渐超过行政部门，进而成为影响美国对中国西藏政策最为活跃的主体。据统计，1987—2000年美国国会共提出160余个涉藏议案。美国国会插手西藏事务已经成为影响中美关系健康发展的重要因素之一。进入新世纪，美国国会的涉藏立法进入一个新阶段并呈现出一些新特征。本文就近年来国会涉藏立法的主要内容、新动态及其影响进行初步的探讨。

1. 美国国会《2002年西藏政策法》的出台

作为立法机构，国会干涉西藏事务的主要手段是推动涉藏立法。立法权是国会的专属权力，也是宪法赋予国会所有权力中最大的一项。立法的来源是议案，议案按照效力可以分为两类：无约束力的议案和有约束力的议案。前者一般只表达"国会意向或态度"，后者则规定国会提出的具体要求和条件。有约束力的议案只有成为正式法律才具备法定的效力。根据国会立法程序，一个议案最终成为法律要经过五个阶段，即议员提出议案、委员会审议并将议案提交给全院、一院通过、两院统一文本、总统签署成法。在此过程中它们或因未达到法定通过票数而夭折,抑或被总统否决。以涉藏议案为例,它们成为法律的概率很低,从 1987 年至 2008 年,美国国会共提出 210 余项涉藏议案,但只有少数成为法律。在第 100 届和 101 届国会期间,涉藏法案数量及其成为法律的议案数量的比例分别为 1/14 和 4/37。为使议案成为法律,国会采取最常见的方式是将其与美国国务院年度授权法案捆绑在一起,这种"搭便车"的做法经常使得总统难以行使否决权而将其签署成为法律。国会提出的首个涉藏法案就是通过这种方式成为法律的。1987 年 5 月 19 日,美国众议员罗斯提出首个干涉西藏事务的涉藏议案——众议院第 2476 号议案(H. R. 2476)。该法案要求:将"西藏人权"作为美国制定对华政策的重要因素;美国政府敦促中国政府与达赖喇嘛谈判;为"流亡藏人"提供经济和教育援助。为了使该议案成为法律,6 月 8 日,众议院决定将其捆绑在《1988—1989 财政年度对外关系授权法案》(第 1777 号议案)之中,试图以此迫使总统就范。12 月 22 日,里根总统将第 1777 号法案签署成为法律。众议院第 1777 号议案成为法律开启美国国会干涉西藏事务的先例。此后,国会又通过国务院年度拨款法多次使涉藏议案成为正式法律。

冷战结束后,受"新干涉主义"驱动,美国对华人权外交在程度上不断深化,其人权实施战略也从注重现实目标发展到考虑长远目标。美国国会干涉"西藏问题"的广度和深度都超过了老布什政府,并在"西藏地位"、设立"西藏事务特别协调员"等问题上通过了一系列干涉西藏事务的法案。

美国国会涉藏立法议案数量一览表(1987—2000 年)[①]

届数	100	101	102	103	104	105	106
年份	1987 1988	1989 1990	1991 1992	1993 1994	1995 1996	1997 1998	1999 2000
议案数	14	37	34	16	13	29	18
法律数	1	4	3	2	1	3	2

---

① 资料来源:根据美国国会图书馆《国会记录》数据库整理。

1987—2000 年间,尽管美国国会炮制出名目众多的涉藏议案,但却未能制定出一部系统而完整的西藏政策法,相关法案大多"就事论事""一事一立"。进入新世纪,经过多年的立法实践积累,国会开始酝酿一部西藏政策法案,这便是《2001年西藏政策法案》(Tibetan Policy Act of 2001)。2001 年 5 月 9 日,参众两院分别提出第 1779 号议案和第 852 号议案①,即《2001 年西藏政策法案》。众议员兰托斯指出,《2001 年西藏政策法案》代表了自 1959 年以来一项有关"西藏问题"的最全面的法规。概而言之,它包括以下几方面的内容:提供 275 万美元,用于达赖集团的活动经费;要求美国支持联合国讨论"西藏问题";要求国务卿设法在拉萨建立一个办事处;澄清美国关于向西藏提供国际经济援助问题的政策目标,包括为国际金融机构和其他国际组织支持的项目提出"西藏原则";确立了"西藏事务特别协调员"的法律地位——专司推动在中国政府与达赖喇嘛或其代表之间开展"实质性对话",并协调美国政府有关"西藏问题"的政策;要求总统和国务卿采取措施鼓励中国同达赖喇嘛或其代表就"西藏问题"和藏人的文化与宗教自治问题进行谈判(PS 4608)。为使《2001 年西藏政策法案》成为法律,2002 年国会将其附加在《2003财政年度国务院拨款法案》(H. R. 1646)之中,该法案于 2002 年 9 月 30 日由小布什总统签署成正式法律,即为《2002 年西藏政策法》。

《2002 年西藏政策法》的出炉标志着美国国会关于西藏立法进入了一个新水平和新阶段。《2002 年西藏政策法案》为美国干涉西藏事务和支持达赖集团提供了法律支持和依据,这项法案为美国政府确立了如何支持国际上的金融单位及其他国际组织所支持的在西藏高原上的发展项目的指导方针"。② 由此可见,《2002年西藏政策法案》既实现了国会干涉西藏事务活动的制度化,又迎合了达赖喇嘛在国际社会进行独立活动的需要,该法案的立法意图美其名曰"美国政府以充分的信念支持保护西藏人民的特质及其文化、宗教和民族自治的努力",其实质是对中国内政的粗暴干涉。

---

① Congressional Record, S. 852. http://thomas. loc. gov/cgi-bin/query/F? c107:1:/temp/ ~ c107QVtz38:e0;下载时间:2003 年 4 月 28 日。

② "西藏法案在国会提议",http://www. savetibet. org/Languages/Chinese/indexS. html,下载时间:2002 年 4 月 28 日。

2. 美国国会涉藏立法的常态化

近年来,美国国会涉藏立法的趋势发生了一些新变化。如下图所示,从美国国会涉藏立法经历第101届(1989—1990年)和第105届(1997—1998年)两个高峰期后,议案数量呈逐年递减趋势。而与之相对应的法律数量也呈现类似特征。

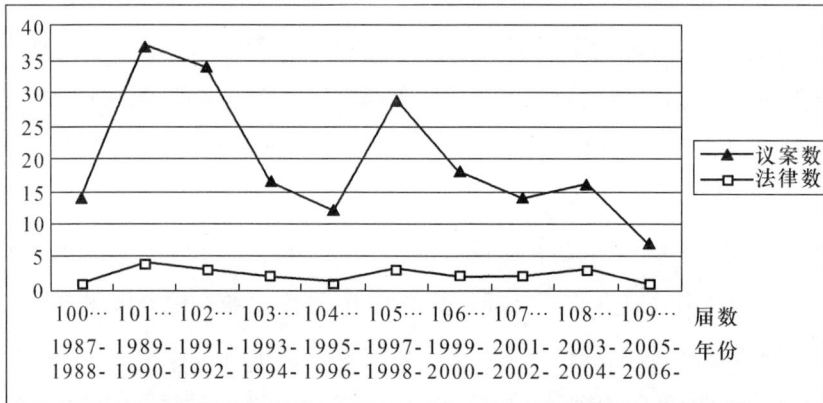

1987—2006年(第100—109届)美国国会涉藏议案数量变化趋势图①

《2002年西藏政策法》标志着美国国会涉藏立法日渐常态化和制度化。此后,国会涉藏立法进入一个新阶段。由于已经制定了一部系统的西藏政策法,所以国会近几年来关于西藏立法的重要议案数量不多。从议案的内容来看,大多是对已有涉藏议案进行的补充和修正,间或提出一些新议案。概而言之,主要体现以下三个方面:

首先,通过"例行性"立法重申国会的西藏政策。这方面的立法包括两大主题。一是通过继续提出议案要求中国政府与达赖谈判。如,2002年3月5日,42名国会议员向众议院提出众议院第357号决议(H. Res. 357),如果本议案提出后3年内达赖"流亡政府"与中国政府就给予西藏真正"政治自治"达不成协议,国会就要求布什政府"认真考虑承认目前在印度达兰萨拉的'流亡政府'为西藏的合法代

---

① 资料来源:根据美国国会图书馆《国会记录》数据库文献制作。

表"①。二是继续欢迎达赖访问美国。2003 年 9 月 8 日和 10 日参众两院分别通过 212 号议案(S. Res. 212)和 359 号议案(H. Res. 359),欢迎达赖访美,同时呼吁美国各团体加强与达赖的联系②。

其次,国会还对已有的美国涉藏法律进行修正。以《2002 年西藏政策法》为例,它在生效之后,国会又决定对其加以完善。2005 年,众议院通过《美国国务院 2006—2007 财政年度对外关系授权法案》(H. R. 2601),其中第 1042 部分对《2002 年西藏政策法》进行了修正:要求总统批准非政府组织的西藏援助计划(关于西藏的经济发展、环境保护、文化和历史遗产保护、医疗和环境可持续发展计划项目);授权美国"西藏事务特别协调员"负责上述计划;指示国务卿保证向中国派遣至少一名美国外事服务官员监督西藏局势,并使其至少接受半年的藏族语言训练。法案还要求在 2006 年财政年度为藏人提供 75 万美元用于藏人奖学金计划,2007 年将增至 80 万美元;为"阿旺群培交流项目"提供 100 万美元(2006—2007 财政年度)③。

第三,在修改既有法案的同时,国会也在不断尝试炮制涉藏立法议案。一是通过非政府组织"附加条件"援藏议案。近年来,美国国会涉藏立法出现了一个新动态,即通过对美国非政府组织援藏项目④设置严格的人权条件来干涉中国西藏事务,旨在利用对外援助灌输其人权标准和价值观念。2003 年 1 月 7 日,众议院提出第 2 号联合决议案(H. J. Res. 2),要求美国各国际金融机构行政主管在决定资助援藏项目时利用其投票权附加涉藏条款。7 月 9 日,众议院提出第 2673 号议案以"经济援助资金"(Economic Support Fund)的名义为非政府组织用于西藏可持续

① Congressional Record, H. Res 357 IH, House, March 5, 2002, 107th Congress 2d Session. http://thomas. loc. gov/cgi-bin/query/D? c107:1:. /temp/ ~ c107uxwg8N:下载时间:2003 年 4 月 28 日。

② Congressional Record, S. Res. 212, "Welcoming the Fourteenth Dalai Lama", Senate, September 08, 2003, Cong RecS11190.

③ Congressional Record, H. R. 2601, "Foreign Relations Authorization Act, Fiscal Years 2006 and 2007", House, May 24, 2005, 109th Congress1st Session. http://thomas. loc. gov/cgi-bin/query/F? c109:23:. /temp/ ~ c1097BAYWv:e351196:下载时间:2006 年 4 月 28 日。

④ 2001 年 7 月 1 日,众议院提出的《2002 财年对外行动、出口资金融通及相关计划拨款法案》(H. R. 2506, "Foreign Operations, Export Financing, and Related Program Appropriations Act")要求"美国民主捐助基金组织"(National Endowment for Democracy)为西藏自治区以外非政府组织提供用于保护西藏环境和可持续发展的资金援助。法案最终由小布什总统签署成为法律。

五

近十年来美国国会涉藏立法新探

发展和环境保护提供 400 万美元援助资金,但是,美国国会为援助设置了与众议院第 2 号联合决议案相同的苛刻条件。上述两法案最终被总统签署成法。此后,国会又通过了一系列类似的相关法案。二是授予达赖国会金质奖章。2005 年 12 月 15 日,美国众议院提出第 4562 号议案(H. R. 4562),决定授予达赖代表最高民间荣誉的国会金质奖章①,这个提案最终在众议院中获得通过。2006 年 5 月 25 日,参议院也通过内容相同的第 2784 号议案(S. 2784)②。两案分别通过后,总统布什把它签署成为法律(Public Law 109 - 287)。2007 年 10 月,达赖喇嘛赴华盛顿接受颁奖。为给达赖喇嘛获奖制造声势,2007 年 8 月 1 日,众议院还通过 196 号决议(H. Con. Res. 196),批准达赖喇嘛于 2007 年 10 月 17 日在国会大厅举行金质奖章的颁奖仪式,还允许"国际声援西藏运动"组织届时在国会山举行公开集会活动③。

3. 美国国会涉藏立法的新动态

2008 年,在中国举办奥运期间,国会通过了一系列干涉西藏事务的议案④。特别是在拉萨 3.14 事件发生后,国会涉藏立法数量又出现了上升的趋势。4 月 1 日,美国众议院以西藏事务为由提出了关于禁止为美国官员出席北京奥运会提供经费的第 5668 号议案⑤。4 月 7 日,参议院提出第 504 号决议案(S. Res. 504),呼吁中国政府尽快与达赖就西藏宗教和文化自治进行对话;呼吁中国政府允许国际媒体自由进入西藏;呼吁美国国务院切实履行《2002 年西藏政策法》,在拉萨设立一个办公室以监督西藏政治经济和文化发展。呼吁美国政府以此作为允许中国在美国进一步开设外交使团,并为其提供领事保护和防止突发事件的市政设施的前提条

---

① Congressional Record, H. R. 4562, 109th Congress 1st Session. http://thomas. loc. gov/cgi-bin/query/z? c109: H. R. 4562:下载时间:2006 年 5 月 3 日。

② Congressional Record, "Fourteenth Dalai Lama Congressional Gold Medal Act", House of Representatives, September 13, 2006, H6505.

③ Congressional Record, H. Con. Res. 196, 110th Congress 1st Session, August 1, 2007, Public Bills and Resolutions, House of Representatives, H9543.

④ 早在 2007 年 8 月 2 日,国会众议院就提出一项法案"HRES 608 IH",以班禅转世问题为由抵制北京 2008 年奥运会。

⑤ Congressional Record, House , April 1, 2008, H1888.

件。呼吁美国国务院公开发表声明并重新考虑其在 2007 年国别人权报告导言中将中国从"世界上最有系统的侵犯人权"的国家名单中排除的立场。2008 年 7 月 10 日,众议院提出第 1334 号议案,干涉中国司法事务,要求国际观察员进入西藏监督人权状况。2008 年 7 月 17 日,美国众议员乔治·米勒和吉姆·森塞布瑞纳 7 月 17 日提出了所谓的《2008 年西藏难民援助法》(H. R. 6536, Tibetan Refugee Assistance Act of 2008)。要求向长期居住在印度和尼泊尔的"流亡藏人"发放 3 000 个移民签证,而且签证有效期限超过 3 年,该议案已经提交众议院司法委员会审议。7 月 30 日,通过 1370 号议案(H. Res. 1370):呼吁美国总统赴北京参加奥运会前对中国的人权状况作出强烈的公开声明,并寻求机会访问西藏。8 月 1 日,参议院提第 643 号决议案(S. Res. 643)在继续干涉中国政府与达赖谈判的基础上加大干涉力度。该议案要求双方 2008 年 10 月的会谈应着眼于西藏社会福利、文化、政治和宗教自治,而不是针对达赖喇嘛本人。申明西藏人权和不受政府约束的宗教自由权利不是一个国家内部的问题;敦促总统单方面地并协调与美国盟友关注这些谈判。

2009 年是西藏叛乱 60 周年。3 月 11 日,为配合达赖集团鼓噪西藏问题国际化的"纪念"活动,美国众议院通过第 226 号议案,呼吁中国与达赖集团和平解决西藏问题,呼吁美国行政部门贯彻《2002 年西藏政策法案》,运用外交等手段在所谓西藏人权问题上对中国政府施压。这一年众议院在 2009 年继续提出第 1340 号法案,要求向长期居住在印度和尼泊尔的"流亡藏人"发放 3 000 个移民签证。美国国会众议院外交事务委员会于 5 月 20 日通过 2410 号法案。该法案由众议院外交事务委员会主席伯曼提出,该法案涉及中国西藏的内容指出,法案授权美国国务卿寻求在拉萨设立美国领事馆,并且授权在设立驻拉萨领馆之前,在美国驻北京大使馆内设立负责西藏事务的部门。

2014 年 3 月,美国众议院提出第 609 号决议案,对藏人自焚表示哀悼,对压制藏人表示谴责。呼吁中国停止宗教管制,恢复与达赖及其代表对话,允许记者外交人员和国际组织进入西藏。对达赖将权力下放给民主体制的决定表示赞扬。重申美国——西藏友好关系。呼吁国务院履行《2002 年西藏政策法》。2014 年 5 月,美国众议院提出第 4851 号决议案,《互惠进入西藏法案》(Reciprocal Access to Tibet

Act of 2014），责成国务卿向国会提交报告，内容涉及：要求评估美国当局批准美国外交人员、记者和旅行者进入西藏的级别水平。提供西藏自治区高级领导和相关少数民族和宗教官员的名单。按照外交实践遵循互惠对等原则，制定禁止进入美国的中国官员名单，要求国务卿在批准中国官员进入美国时，与中国批准美国外交人员挂钩。

从美国近期涉藏立法的趋势来看，尽管立法的数量呈下降趋势，但是围绕西藏问题的立法活动仍未停止。冷战虽已结束，而一些国会议员的"冷战思维"依存，美国国会对中国"以压促变"的企图促使其关于"西藏问题"的立法活动难以在短期内消失。2001 年 3 月 7 日，美国众议院国际关系委员会主席亨利·海德表示，"美国虽然认识到西藏为中国的一部分，但必须让北京政权明白，不能将这些（西藏）问题置于我们与中国关系的边缘，而是永远要占据中心地位"①。2006 年，美国民主党从共和党手中夺回了众议院的控制权。佩洛西成为众议长，中美关系中的"西藏问题"又经历一轮新的考验。佩洛西一直是鼓噪"西藏问题"国际化的急先锋，许多涉藏立法皆出自她之手②。

4. 美国国会涉藏立法的深层原因分析

为何美国国会如此热衷于干涉西藏事务？似乎很难找到一个可以"一言以蔽之"的结论或答案，任何单一阐述该问题的原因，均显得完整性有限。这需要从全方位、多角度进行分析。因为作为立法者的"人"——美国国会中的 435 名众议员和 100 名参议员，他们自身的情况就是千差万别的，议员在文化价值观念、个人阅历、意识形态、人权观等方面的差异决定了其在"西藏问题"上必然呈现出多元化的价值取向。

（1）国会议员在"西藏问题"上的"天定命运"情结

从近因来看，美国国会插手西藏事务源于政治和意识形态的需要，而从文化价值观来看，它根植于美国理想主义的外交传统。理想主义是外交决策难以割舍的

---

① "众议员海德谈美国的西藏政策"，http://usinfo. state. gov/regional/ea/mgck /archive02/0308hyde. htm，2006 年 12 月 22 日，下载时间：2007 年 4 月 3 日。

② 到 2015 年为止，佩洛西共提出 6 个涉藏议案。

目标。在美国的历史中,始终贯穿着一种"救世主精神"和"自命不凡的使命感"。正如莫雷尔·希尔德等人在《文化与外交》中所写:"考察美国外交事务的出发点是这种信仰,即美国在外部世界关系中享有一种任何其他国家都不能享有的特殊使命。"①使命观的形成不是偶然的,它深深根植于美国的文化中,具有根深蒂固的历史根源。丹尼斯·博斯特德罗夫指出,美国的"使命神话"起源于我们的清教徒祖先,他们自认为是上帝的选民,有着"天定命运",要教化全世界②。美国的"天定使命感"充分体现在对华人权外交政策的目标上。曾经主持过江泽民在哈佛大学讲演的哈佛大学教授傅高仪也曾在中国这样解释说:冷战结束后"我们对中国讲人权,不是因为我们恨中国,而是因为这正是我们的理想主义。"③2006 年 4 月 18 日,美国东亚和太平洋事务局指出:促进中国尊重人权是美国政府的一项首要目标。作为自由世界的领袖,美国在推动各地区各国人民民主自由过程中占有独一无二的地位,美国必须向中国表明,美国不会容忍中国罔顾人权。④ 基于这样一种使命情结,在"西藏问题"上一些美国国会议员觉得自己应当肩负起其"神圣的职责"。众议员斯卡伯勒(Scarborough)指出,"由于美国将领导这个世界进入 21 世纪,我们必须重申的第一原则,即我们的先辈所推崇追求人的自由不仅不是一个弱点,而是我们文明的巨大优势,在进入 21 世纪之际,我们必须在中国西藏、苏丹、中东、中美洲和世界各地迈出保证尊重所有人的权利的第一步"。⑤ 基于这一情结,部分美国国会议员自命不凡地将自己扮演成"捍卫"所谓"西藏人权"的卫士,2003 年 9 月 10 日,罗斯曼(Rothman)在众议院提出欢迎达赖访美的第 359 号决议时指出:"我

---

① Morrell Held and Lawrence S. Kaplan, *Culture and Diplomacy*: *The American Experience*, Connecticut: Connecticut Press, 1977, p. 4.

② 16 世纪的欧洲爆发了一场以新教伦理为导向的宗教改革运动,其主要的理论体系之一是"因信得救"的"预定论",即上帝以其绝对的意志进行挑选,被选中者就是"上帝的选民",其他则为弃民。由于人们无法改变早已由上帝预定的自己的命运,所以只能通过自己的行为来确定上帝对自己的恩宠,由此引发出新教徒在尘世的天职观。因此,"对热衷宗教的人来说,世界是他的责任。他有按其禁欲理想改变世界的义务。"M. Weber, *Economy and Society*, Towata: Bedminster Press, 1968, p. 542.

③ 周琪:《美国人权外交政策》,上海人民出版社 2001 年版,前言第 2 页。

④ Congressional Record, H. J. Res. 57, Disapproving Extension of Nondiscriminatory Treatment to Products of People's Republic of China, Extension of Remarks, August 05, 1999, Cong Rec E1778.

⑤ Congressional Record, America's Responsibility for the Rights of People, House, September 26, 1998, 105th Congress, 2nd Session, 144 Cong Rec H8975.

们以国会的名义为西藏难民提供了支持,我们支持西藏人民,不仅仅是因为作为热爱自由、信奉个人价值和人权与尊严的美国人所应尽的义务,而是因为它是我们的道义责任,即为人类的弱势群体和受害者代言呼吁。① 2003 年 9 月 10 日,佩洛西在众议院发言时指出,"西藏民族特性"的生存是美国和国际社会关注的一个紧迫问题,除非美国和世界上其他国家都致力于迎接这一挑战——把西藏作为检验世界良知的一部分,否则我们在讨论世界其他地区人权时就无法自圆其说。忽视了"西藏人权问题",我们对其他地区侵犯人权问题的现象之反应将无从谈起。漠视"西藏人权"将破坏美国在全世界关心人权问题的道德权威。②

(2)国会议员对"西藏人权问题"的误读

国会干涉西藏事务的另一个动机是美国国会议员在使用一个高度扭曲的透镜来审视西藏,并将由此得到的"西藏印象"政治化。

20 世纪 80 年代以来,一方面,随着中国改革开放的深入,西藏向西方人敞开了大门;另一方面,由于西藏分裂势力和国际反华势力的活动,"西藏问题"国际化的趋势加剧,美国国会议员对西藏给予了特别的关注,他们对西藏的认识进入了一个新阶段,其"西藏观"已经基本定型。由于社会历史背景、价值观念、学术文化传统、意识形态等原因和海外藏人的影响,长期以来,美国国会议员对中国西藏认知的范式一直存在着局限和缺憾。他们对中国历史和国情缺乏认识,在一定程度上影响了其对西藏的认识。他们把西藏想象或描述成为乌托邦式的人间天堂,将西藏看成是静态的理想社会,以保护传统文化和藏传佛教为借口,唯恐西藏发展,从而成为自己所制造的"香格里拉神话"的囚徒。③ 参议员莱希(Leahy)更是把"西藏问题"作为攻击中国人权最生动的例证,他"担心","从现在开始再过十年,西藏文化唯一留给我们的可能只是一个记忆了,即使到了今天,可能也已经太迟了。我们

---

① Congressional Record,House,September 10,2003,108th Congress 1st Session,149 Cong Rec H8106.

② Congressional Record,Welcoming His Holiness the Fourteenth Dalai Lama and Recognizing His Commitment to Non-Violence,Human Rights,Freedom,and Democracy,House,September 10,2003,108th Congress1st Session,149 Cong Rec H8105.

③ 杜永彬:《西方人眼中的西藏(之一)》,《中国西藏》2001 年第 2 期,第 10 – 13 页。

有责任设法保护那些文化濒临灭绝边缘的民族。①

（3）议员自身的因素

个人的经历对于个人价值观念的形成也有着重要的影响。个人的不同经历会使得个人在不同问题上的认知不同。如，涉藏议案的积极倡导者——犹太裔民主党资深议员托姆·兰托斯出生在匈牙利，二战期间曾经参加过在匈牙利的抵抗纳粹德国的斗争，还参加过反对匈牙利共产党的学生运动。作为一个纳粹大屠杀中幸免于难的犹太人，兰托斯极力捍卫"人权"，极力主张建立开放社会。他建立的国会人权连线，不仅关注社会主义国家的人权状况，而且同样关注右翼独裁政权的人权问题。2002 年 1 月 11 日，兰托斯在复旦大学美国研究中心与复旦大学师生就美国政治和中美关系进行了坦诚的对话。他坦陈自己在给予中国永久性正常贸易关系问题上投反对票的原因就是基于所谓"十分糟糕"的中国人权状况，"除非中国的人权状况得到改善，否则没有任何东西可以取悦于我"。② 又如佩洛西，她生于一个民主党政治世家，自称是个"保守的天主教徒"，从小就受到浓厚政治氛围的熏陶和自由主义思想影响，道德观和人权意识强烈。喜欢把自己描述为"一个意裔美国人、信奉罗马天主教的母亲和祖母"。在佩洛西的官方网站上，关于她的简历有这样一段文字："佩洛西长期提倡世界各地的人权。她为改善中国的人权进行斗争，希望将贸易同改进人权标准挂钩。她也是'解放西藏人民'运动方面的领导人。"③2005 年 3 月 10 日，佩洛西出席"西藏全国起义纪念日"活动并发表演讲。她在演讲中称西藏在 1949 年前是一个"独立国家"，"在西藏人民起义期间，约有 100 万人被杀"。佩洛西把达赖说成是"西藏和平与稳定的关键"，要求大家听取"伟大的达赖喇嘛的指导"。她说："西藏的幸存是美国和国际社会迫切需要关心的问题。如果我们不能应对来自西藏的挑战，我们在谈到世界其他地区的人权时就不一致。"

（4）基于意识形态和国家利益需要

美国人权外交的出发点并非是单纯地就保护人权而谈人权问题，因为它在贯

---

① Congressional Record, China's Obliteration of Tibet, Senate, May 10, 1995, 104th Congress 1st Session, 141 Cong Rec S6458.

② 王作成：《美国国会少数族裔议员"反华"动因探析——以 PNTR 投票为例》《贵州师范大学学报》（社会科学版）2004 年第 5 期，第 28 页。

③ http://www.house.gov/pelosi/biography/bio.html.

彻所谓国际人权标准和本国的法律时是有"选择性"的。这种选择具有很浓厚的意识形态色彩。美国是个非常重视意识形态的国家,意识形态在美国外交政策中一直占有重要地位,发挥着不可忽视的作用,尤其是对社会主义国家的政策。美国的意识形态外交在冷战期间达到登峰造极的程度,反对共产主义是美国奉行冷战政策的最主要动因。冷战结束后,虽然美国决策层认为"共产主义大失败",已经不再对美国构成直接威胁,但冷战思维依旧存在。"民主外交""人权外交"和"新干涉主义"中都渗透着浓厚的意识形态色彩。美国认定社会主义国家所信奉的政治哲学与美国的背道而驰,因而对美国构成了潜在的威胁。而长期的意识形态宣传和冷战进程进一步强化了美国对共产主义国家的偏见和仇视。美国人潜意识中的反共倾向已经成为美国政治文化中的一部分。

因此,在一定程度上,国会中有相当一部分支持涉藏议案的议员初衷是反华。如参议院第1469号涉藏议案(S.1469)的发起者——来自华盛顿州的参议员斯莱德·戈顿(Slade Gorton)自称对中国社会主义道路"有一种发自内心的反感"。又如莫尼汉参议员,他曾经担任美国驻联合国大使,是"一个坚定的反共产主义者",而且他的女儿自愿在印度为达赖集团工作。这种联系对于他产生了一定的影响,由此他在"西藏问题"上就更加积极地支持达赖。[①] 极端保守派议员的另一典型代表当属参议员赫尔姆斯,他从极端保守的立场出发反对社会主义国家,早在冷战结束之前就是有名的对华政策国会反对派,他的反共意识根深蒂固。他不仅利用"西藏问题"反华,而且还可以在许多反华议案的倡导者中发现他的存在。赫尔姆斯提出的多项涉藏议案与其说是他对"西藏人权"的关心,不如说他将"西藏问题"作为反华反共的棋子。

5. 美国国会涉藏立法的消极影响

美国国会作为美国政治体制中的一个组成部分,通过立法干涉别国内政,并以此影响公众舆论特别是驱动政府外交决策部门对有关国家采取强硬政策。美国国

---

① 袁征:《美国国会、对华最惠国待遇问题与中美关系》,博士论文,中国社会科学院(国际政治学),1999年,国家图书馆藏书号:BSLW /1999 /D871.2 /8,第88页。

会则是西方议会的代表者,成为干涉"西藏问题"最主要的外部主体。无论是从介入的程度还是从通过法案的数量来看,美国国会在中美关系中的"西藏问题"中发挥着非常重要的作用。

美国国会对西藏事务的立法干涉对美国政府的西藏政策产生了十分消极的影响。涉藏法案一旦成为法律将对行政部门的西藏政策产生直接的影响,它将对白宫和国务院形成法律的约束力,如不就范,行政部门将面临"违法"之嫌。那些不具有法律约束力的涉藏决议案同样对美国政府的西藏政策产生不容忽视的作用。例如,美国国会欢迎达赖访美、要求总统会见达赖以及在中美高层会晤中提及"西藏问题"的决议案都对美国行政部门的西藏政策产生了重要影响。

美国国会对西藏事务的干涉对中美关系造成的影响是多方面的。首先美国国会对西藏事务的立法干涉对美国行政当局的西藏政策产生了十分消极的影响。它以立法的形式对美国行政当局介入西藏事务提出了硬性的要求,给总统和国务院施加了很大的压力,使得"西藏问题"成为影响美国对华政策的重要因素之一;还使得美国政府对所谓西藏人权问题的指责长期存在,严重损害了中美关系的健康和良性发展。美国国会对达赖集团的支持在一定程度上助长了达赖集团鼓噪"西藏问题"国际化的反华活动。美国国会为达赖集团提供的政治和立法支持刺激了其在国外的分裂活动的气焰。国会为达赖集团提供的秘密和公开的经济援助,使其获得了充裕的活动资金。可以说,美国国会对达赖喇嘛流亡集团的资助是西藏分裂势力能够在国外活动多年,不断扩充政治影响的物质前提。

(吉林大学马克思主义学院:郭永虎)

近十年来美国国会涉藏立法新探

日本政府的涉藏政策(1959-2014)

　　众所周知,所谓"西藏问题"实际上是近代以来西方帝国主义侵略中国西藏的产物,其实质是妄图把西藏从中国分裂出去。对中国来说,所谓"西藏问题"从根本上说是一个维护国家主权、反对分裂主义的问题,中国反对任何国家以任何借口利用"西藏问题"干涉中国内政。中国人民共和国成立以来,尤其是冷战结束以来,"西藏问题"一直成为以美国为首的西方反华势力图谋遏制中国的一个政治筹码,成为影响双边关系的一个重要因素。目前,我国学界对欧美国家的涉藏政策给予了较高的关注,在该领域的研究取得了令人可喜的成果①,但囿于资料,对近邻日本如何处理"西藏问题",即关于当代中日关系中的"西藏问题"方面的研究非常薄弱,迄今未见相关成果②。由于文献参考资料稀少,因此本文主要利用散见于中外媒体的相关资料,以时间脉络,试就 20 世纪 50 年代以来日本涉藏政策的演变及其特点作一梳理和分析,以期对中日关系的研究有所助益。

---

① 这方面的主要成果有张植荣:《国际关系与西藏问题》,北京:旅游出版社,1994 年;郭永虎:《美国国会与中美关系中的"西藏问题"》,北京:世界知识出版社,2011 年;赵光锐:《中德关系中的"西藏问题"及其历史起源》,《欧洲研究》,2009 年第 3 期;张会丽:《当前中欧关系中的西藏问题》,《阴山学刊》,2010 年第 3 期等。

② 关于新中国成立以前日本当局插手西藏的研究成果有秦永章:《日本涉藏史:近代日本与中国西藏》,中国藏学出版社,2005 年;秦永章:《近代日本渗透西藏述论》,《近代史研究》,2005 年第 3 期等。

1. 低调支持达赖集团(1959—1991)

该阶段始于 1959 年十四世达赖喇嘛出逃印度,建立"西藏流亡政府",至 1991 年苏联解体,冷战结束。该阶段的总体特点是,以达赖为首的西藏"流亡政府"与日本建立了联系,但是日本朝野对所谓"西藏问题"的关注度和支持度有限,也很少就"西藏问题"发声,"西藏问题"在中日关系中未占突出位置。

这里先对日本当局染指"西藏问题"的历史做一个简要的回顾,以便读者对日本涉藏渊源和演进脉络有一个整体了解。日本当局开始染指我国西藏可以追溯至公元 19 世纪末 20 世纪初。19 世纪 60 年代的"明治维新"以后,日本这个亚洲新兴的资本主义国家,步西方列强之后尘,开始了向外开疆拓土的扩张过程,近邻中国便成为它蚕食的对象之一。西藏地区因其重要的地缘战略地位和独特的历史文化,也成为日本军国主义者觊觎的对象。先是日本僧人如河口慧海、寺本婉雅、青木文教、多田等观等人,以"开教""求经"等为名,最先涉足西藏,进行宗教性的接触和渗透;日本军政当局紧随其后,秘密派遣间谍成田安辉、军事教官矢岛保治郎等人潜入西藏,刺探情报,并利用各种手段接近和拉拢十三世达赖喇嘛,为西藏"独立运动"出谋划策。但是,20 世纪 30 年代以前,因受"日英同盟"的制约,日本当局出于维护对英关系的需要,有意识地把与西藏之间的接触局限在日本东、西本愿寺这样的宗教团体,从事"民间外交"。期间日本军政当局与西藏政教领袖达赖喇嘛等人有一些政治意义上的接触,但基本上都是非公开的。进入 20 世纪 30 年代以后,随着日本帝国主义对亚洲国家侵略野心的膨胀,日本加快了渗透西藏的步伐,尤其是太平洋战争爆发以后,其渗透、侵略活动达到了高潮。一方面,他们利用藏人或直接派遣日本特务潜入西藏,刺探情报;另一方面,利用邀请著名活佛到日本"观光"等手段,极力接近和拉拢西藏宗教上层,给他们灌输亲日思想,唆使他们从事西藏独立活动,提倡"日藏邦交",妄图将西藏纳入其"大东亚共荣圈"中。① 可是这一美梦很快因 1945 年日本战败投降而化为泡影。事实表明,从 19 世纪末至 20 世纪 50 年代,日本当局对西藏从事了一系列渗透活动,不仅暴露了日本染指我国

---

① 秦永章:《近代日本渗透西藏述论》,《近代史研究》2005 年第 3 期。

西藏的不良用心,同时也对当时西藏部分政教上层分裂倾向的增长起了推波助澜的作用。

中华人民共和国成立以后,人民解放军进入西藏。1951 年随着"十七条协议"的签订,西藏获得和平解放,从此,我国西藏的历史翻开了新的一页。1959 年 3 月,西藏反动上层集团发动武装叛乱失败后,十四世达赖喇嘛逃往印度,随后在印度达兰萨拉成立了所谓的"西藏流亡政府",从此开始了旷日持久的西藏分裂运动,并在世界各地致力于推动"西藏问题"国际化。与此相应,日本社会与许多西方国家一样,对于西藏的归属都有一个错误的认识,不少人认为西藏本来是一个独立的王国,而共产党在建国后派军队攻占了西藏,西藏才沦为中国的殖民地。从此,所谓"西藏问题"一直成为以美国为首的西方反华势力图谋遏制中国的一个政治筹码。日本当局也秉承其历史上染指并支持"西藏独立"的传统,与其西方阵营的伙伴一道,不时以"西藏问题"为借口,干涉中国的内政。

众所周知,二战结束以后,在美国的影响下,日本政府逐渐确立了以日美关系为基轴的外交政策。采取"对美一边倒"外交政策的直接结果就是日本政府的基本内政与外交行为都在美国政府的操纵和掌控之下。中华人民共和国成立以后,日本政府追随美国采取敌视中国的政策,这也反映在日本当局对所谓"西藏问题"的立场上。

达赖逃至印度后,以美国为首的西方国家对中国的西藏政策提出了强烈批评,日本当局也跟随美国的立场,对中国政府提出了谴责。1959 年 4 月 5 日,日本首相岸信介抨击我平定西藏叛乱"绝不能令人认为是爱好和平,是在执行和平五项原则的。"①4 月 27 日,日本外务相藤山爱一郎攻击我平定西藏叛乱是"武装干涉",甚至提出"假如达赖喇嘛表示要来日本避难,日本政府将予以保护"。② 显然,达赖分裂集团成立伊始,日本当局就立刻对他们投去了橄榄枝,对达赖分裂集团持支持立场。

---

① 《日本首相岸信介攻击我平定西藏叛乱"绝不能令人认为是执行五项原则"》,转引自《有关西藏问题的文件和材料选编》(国际部分),新华通讯社编印,1959 年 6 月,第 228 页。
② 《日本外务相藤山污蔑我平定西藏叛乱是"武装干涉"》,转引自《有关西藏问题的文件和材料选编》(国际部分),新华通讯社编印,1959 年 6 月,第 229 页。

相应日本当局的支持立场,达赖为首的"流亡集团"也较早地将其触角伸向了日本。1967 年 9 月 25 日至 10 月 10 日,流亡印度的达赖喇嘛应日本宗教团体"佛教传道协会"之邀,对日本进行了首次访问,这也是达赖流亡印度之后的首次出访。1975 年 8 月,在东京设立了"达赖喇嘛驻日本代表处",这是西藏"流亡政府"继在印度、尼泊尔、瑞士、美国之后设立的第五个驻外机构,它负责包括日本在内的整个东亚地区的联络等事宜。该机构的成立为"藏独"势力在日本立足、生存和发展创造了条件,从此,日本也正式成为达赖集团推动"西藏问题"国际化、亚洲化的一个重要基地。

但是,从 1959 年一直到冷战结束前,由于当时以美国为首的西方忙于同苏联为首的"华约"集团的冷战,再加上西方在冷战中后期的战略"大三角"格局中有求于中国,达赖集团推动"西藏问题"国际化的活动受到了很大的限制,达赖集团在国际社会中处于孤立的境地。从总体而言,达赖集团在日本的处境也是一样,尽管达赖集团较早地与日本建立了联系,但是日本当局对达赖集团的支持程度有限。因此,达赖集团在日本的活动并不活跃,从 1967 年达赖第一次访问日本,至冷战结束后的 1991 年的 20 余年间,达赖访日活动只有 4 次,日方的邀请团体均系"日本世界佛教协会"等宗教团体,而且其活动基本上限于宗教佛事活动。日本政府与达赖喇嘛几乎没有什么官方接触,"西藏问题"在日本媒体的曝光率也很低,尤其是主流媒体很少刊载相关"西藏问题"的文章,这也是该阶段日本涉藏政策方面资料稀疏的主要原因。

2. 支持"藏独"公开化(1991—2008)

该阶段从 1991 年冷战结束至 2008 年拉萨发生"3. 14 事件"和北京申办奥运会。该阶段的总体特点是,随着冷战结束,"西藏问题"国际化特点凸显,日本朝野对"西藏问题"的关注度和干涉程度迅速提升,尤其在 2008 年"3. 14 事件"发生后,日本对"西藏问题"的干涉走向公开化,并且出现了一波支持达赖集团"藏独"活动的高潮。

20 世纪 80 年代,国际形势和我国内外政策发生了较大变化。以美国为首的西方反华势力再次掀起反华浪潮,重新打出"达赖集团"这张牌,利用人权、民族、宗教等问题对我国施加压力。达赖集团倚仗国际反华势力加剧了分裂祖国的活动，1987年9月，达赖公然宣称"西藏不是中国一部分，西藏是一个独立国家"，随后，在国内藏区不断制造事端，在拉萨先后策划、煽动了一系列骚乱事件。1991年苏联解体后，美苏间的冷战宣告结束。苏东剧变也给了达赖集团极大鼓舞，其反华调门不断提高，错误地认为中国极有可能步苏联之后尘。达赖喇嘛甚至对媒体预言西藏将在5至10年内获得"独立"。在达赖集团的鼓噪和以美国为首的西方国家的支持下，"西藏问题"又成为西方政要和国际媒体热炒的话题。在这种背景下，"西藏问题"也迅速引起了同属西方阵营的日本朝野和媒体的关注。尤其是进入21世纪以后，由于中国经济的快速发展和崛起，日本一部分人将此视作一种威胁和挑战，甚至把中国当成假想敌。特别是日本右翼反华势力和个别政客从传统的冷战思维出发对付中国，企图利用"西藏问题"牵制中国，不遗余力地支持达赖、支持"藏独"活动，替中国民族分离主义辩护，企图借助"藏独"反华势力遏制中国的发展，同时保持自己在亚太地区的"强势地位"。

在日本的官方部门中，对"西藏问题"关注力度最大、参与最广泛的是日本国会，其手段主要包括举行"西藏问题"听证会、学习会、发布相关声明、报告，以及个别议员会见"藏独"分子，为"藏独"势力摇旗呐喊等。1995年，在日本个别反华议员的鼓动和达赖集团的支持下，日本成立了一个超党派的、由参众两院议员组成的团体——"思考西藏问题议员联盟"。据悉，目前其会员已发展到近180名。该组织自成立之日起，为达赖集团的"藏独"事业不遗余力，主张支持达赖喇嘛的所谓"中间道路"，曾在东京组织过多次支持"西藏问题"的集会和示威游行活动，在国会组织相关"西藏问题"的学习会，还多次到"藏独"的大本营印度达兰萨拉会见流亡政府要员，以及到欧洲等地参加相关支持"藏独"的大会，2003年还邀请达赖喇嘛访问日本。

但是，20世纪90年代部分议员支持达赖集团的态度没有影响到日本政府层面对待"西藏问题"的基本原则和立场，日本政府公开表态"西藏问题是中国的内政问题"，同时受中国政府的压力，日本对以达赖喇嘛为首的"藏独"集团的支持保持着比较收敛、克制的态度，比如每当达赖喇嘛来访日本时，作为准许其入境一个基本条件，达赖不能参加政治活动。不管达赖是过境还是滞留，除极个别情况外，政府官员基本上都不出面,至少表面上这样,比如 2000 年 4 月 13 日至 20 日,达赖喇嘛应京都精华大学邀请访问日本时,东京都知事石原慎太郎曾表示以知事身份与达赖会谈,但慑于中国政府的压力,日本政府最终未能让石原或其他政治人物与达赖会面。为此,达赖喇嘛还在访日的记者会上批评日本政府过分敏感,对于中国政府过于软弱,达赖的这次访问甚至还引发了日本外交自主权的争论①。再如,2001 年 4 月小泉纯一郎当选首相后,达赖喇嘛试图与小泉内阁建立密切关系,投石问路,于同年 8 月亲笔写信给小泉纯一郎表示祝贺,但贺信遭受拒收。后经众议院议员、"思考西藏问题议员联盟"负责人牧野圣修从中斡旋,才将其信函递交给内阁官房官员。

但是,时过一年以后,小泉内阁对达赖喇嘛的态度发生了改变。2002 年 11 月 9 日,不顾中国政府的压力,日本政府不仅认可达赖喇嘛访问蒙古国返回印度途中转机日本的申请,而且时任内阁副大臣的米田建三以"思考西藏问题议员联盟"成员的名义在东京会见了达赖,公开讨论并批评"西藏人权问题"。米田建三与达赖的这次会见,对达赖集团而言是将"西藏问题"国际化的一个重要突破,但它给中日关系带来了极大的伤害,使本来就因为小泉参拜靖国神社而冷却的中日关系更加恶化,给中日关系的发展投下巨大的阴影。

自 2002 年 11 月达赖喇嘛实现在东京转机的机会与日官员会晤后,达赖访问日本的频率显著加快,此后几乎是每年要往返日本一次,邀请方也不仅限于宗教团体,2003 年 11 月,"思考西藏问题议员联盟"直接出面邀请达赖喇嘛访日十余日。而且达赖访日时其活动范围渐趋广泛,除从事宗教活动外,还公开召开记者招待会,会晤日本官员。而对达赖喇嘛这些宗教外的活动,日本政府是"睁一只眼闭一只眼",甚至采取视而不见的态度。从此,日本不仅成为达赖喇嘛访问次数最多的亚洲国家和讲经授法的"福地",而且日本当局也变相为达赖喇嘛提供了一个将"西藏问题"国际化的舞台。

该阶段,与当时执政的自民党比较而言,更强调"自由""民主""人权"的民主

① 《达赖喇嘛访日惹"磕头外交"争议》,BBC,2000 年 4 月 20 日。
http://news.bbc.co.uk/hi/chinese/news/newsid_720000/7204281.stm.

党对"西藏问题"的兴趣更胜一筹,民主党政要涉入"西藏问题"的程度更深,他们与达赖喇嘛的交往活动也更频繁、更密切。国会跨党派组织"思考西藏问题议员联盟"一直由民主党议员牧野圣修负责,民主党资深政治家鸠山由纪夫也是该团体的骨干成员,因此"鸠山被称为是达赖喇嘛在日本的后援人"。① 早在 2000 年 4 月,时任民主党代表的鸠山由纪夫与到访日本的达赖喇嘛会面。面对中方的压力,鸠山辩称达赖的这次来访是非官方的,因此自己与达赖的会见也只是私人性质的会见。2002 年 11 月鸠山再次会见来访的达赖喇嘛。2007 年 11 月达赖访日时,时任民主党干事长的鸠山由纪夫又专程会见了达赖,对达赖喇嘛的"中间道路",以及有关西藏"高度自治"的政治诉求表示支持。当达赖说自己"我向中国伸出了右手,但一无所获,因此向欧美和日本伸出了左手"时,鸠山立即回应"我们将强有力地支持您的左手,直到您的右手充满硕果"。② 11 月 26 日,对鸠山的这次会见和支持"藏独"的言论,我国驻日使馆曾向民主党表示过严正抗议,强调指出"达赖是披着宗教外衣从事反华分裂活动的政治流亡者。此次窜访日本的根本意图是寻求日本对其反华分裂活动的支持,干扰和破坏正在改善和发展的中日关系。"③

随着 2008 年北京奥运会举办日期的临近,尤其是拉萨发生"3.14 事件"后,达赖集团感觉到"机会"已来临,于是抓住一切机会积极预谋、策划利用奥运敏感时机制造事端,企图吸引国际目光,引发国际影响,形成国际干预,希望在全世界造成抵制奥运的逆流,从而使中央政府迫于国际压力对"藏独"势力作出妥协或让步。日本一部分政客及媒体听信并配合达赖集团的歪曲宣传,猛烈攻击中央政府的西藏政策,日本朝野也出现了一波支持"藏独"的高潮。

"3.14 事件"发生后,日本朝野对"西藏问题"的关注度迅速提升,"西藏问题"不仅在媒体的曝光率迅速飙升,而且一些主流媒体还用社论的方式,对中国的西藏政策发出了一片"责难"之声。以在日本发行量位居第二、立场相对中立的《朝日新闻》为例,2008 年 1 月 1 日至 8 月 31 日的涉华报道共计 1 207 篇,其中政治类报

---

① 王锦思:《鸠山首相辞职对中日关系有哪些影响》,联合早报网,2010 年 6 月 3 日。http://www.zaobao.com/forum/letter/jp/story20100603-34461.

② 《鸠山氏、ダライラマ14 世をサポート》,《产经新闻》(日本),2007 年 11 月 23 日。

③ 《中国驻日本大使馆就日本民主党干事长鸠山由纪夫会见达赖表明立场》,2007 年 11 月 27 日。中华人民共和国驻福冈总领事馆网站,http://www.fmprc.gov.cn/ce/cgfuk/chn/xwdt/t384564.htm

道共 382 篇,占涉华报道总数的 31.6%,其中涉及"西藏问题"的报道 114 篇,占全部政治类报道的 29.8%。从报道基调来看,对"西藏问题"的报道中,负面报道为 46 篇,中立的报道为 54 篇,正面报道仅有 14 篇。[①] 一些非政府组织也纷纷就"西藏问题"发表意见,甚至与达赖集团麾下的"藏独"组织一起举行抗议、示威等活动。尤其是多位国会议员乃至个别政要不顾事实,对中国政府妄加批评,甚至直接为达赖集团的"藏独"活动出谋划策,摇旗呐喊。日本当局也不顾所谓的"西藏问题"是一个触及中国主权、民族的重大敏感问题,表态敦促中国政府"尽早和平解决",对"西藏问题"的支持力度加大。在 4 月 26 日北京奥运火炬在日本长野传递前后,在日本国内更是掀起了一场由右翼反华势力、"藏独"分裂分子等联合组织的抵制奥运、支持"藏独"的高潮,这方面的主要活动如下:

3 月 17 日,民主党干事长鸠山由纪夫及部分民主党议员在东京召开紧急记者招待会,发表了《希望人道解决西藏情势》的声明,非难中国的西藏政策,甚至主张派遣调查团到中国西藏调查所谓的"真相"。此后鸠山由纪夫还要求中国政府邀请达赖喇嘛出席北京奥运会开幕式。

3 月 18 日,前首相安倍晋三邀请"西藏流亡政府"驻日本首任代表白玛嘉布至国会办公室"会谈",表示应该"确保西藏的'人权'"。出席本次会谈的还有一直支持"藏独"的众议院议员下村博文、萩生田光一、稻田朋美等人。[②]

3 月 19 日,"思考西藏问题议员联盟"在国会召开大会,鸠山由纪夫等 50 余名议员参加。会议发表了一份措辞强硬的《关于西藏形势的声明》,提出"我们强烈要求中华人民共和国政府,要彻底地采取和平手段使事态安静下来,以使其行为符合奥林匹克运动会主办国的身份,我们强烈要求中国自制,不要对西藏相关人士行使武力并侵犯他们的人权。"[③]并将此信寄给了中国驻日大使崔天凯以及日本首相福田康夫等人。

3 月 26 日,由自民党青年议员组成的"传统和创造之会"(会长稻田朋美)召开会议,与会的 20 余名议员纷纷批评日本政府对"西藏问题"态度消极。

① 荣元:《福田时期〈朝日新闻〉涉华报道倾向性研究》,大连理工大学硕士论文,2009 年 6 月,第 21 页。
② 《ペマ氏と会談 安倍氏"人権確保に努力"》,《产经新闻》(日本),2008 年 3 月 19 日。
③ 《チベットの衝突》,参见枝野幸男个人公开网页,http://www.edano.gr.jp/enews/e-news192.html

4月10日达赖前往美国途中在东京转机,正准备东山再起的前首相安倍晋三派其夫人安倍昭惠前去宾馆与达赖会面,以此向国际社会显示日本对"西藏问题"的重视。

4月26日,是北京奥运圣火在日本长野市传递的日子,日本众议院议员牧野圣修等人与日本"藏独"分子一起,在长野市举行游行示威活动,为"西藏独立"呐喊助威。

4月30日,倡导"中国威胁论"的自民党右翼议员中川昭一在东京宪政纪念馆主持召开所谓"思考中国的人权状况研讨会",其中就有30余名议员参会,前首相安倍晋三、原外相麻生太郎也在该会上现身。会议组织者还特意从海外请来两位主张"藏独""疆独"的民族分裂分子充当"证人"。该会上自民党议员稻田朋美还发言说"如果日本是一个要求加入联合国安理会常任理事国的国家的话,日本政府就应该要求中国在基于民族自决基础上让西藏人实现真正的自治。"[1]

4月30日,右翼议员平沼赳夫主持召开超党派"日本会议国会议员恳谈会",发表《关于西藏问题及北京奥运会的紧急决议》,要求日本政府向中国政府提出"尊重藏族人权,与十四世达赖喇嘛直接对话",并根据事态发展决定福田康夫首相是否参加北京奥运会开幕式等。[2]

5月6日,"思考西藏问题议员联盟"负责人牧野圣修以"拯救西藏网"的名义在东京举行支持"藏独"的集会活动,邀请西藏"流亡政府"伪议长噶玛群培在会上发表抨击中国西藏政策的演讲,日本民主党众议员枝野幸男等人也与会发表挑拨汉藏关系的演说。

5月8日,安倍晋三在东京参加胡锦涛访日时的早餐会,他在发言中提出对所谓"西藏人权"问题的担忧,甚至强调"中国应该通过举办北京奥运会产生改善西藏人权状况的结果"。[3]

---

[1] 《真·保守政策研の中国人権シンポで語られた'ウイグル'》,http://abirur.iza.ne.jp/blog/month/200805/3/

[2] 《日本会議の決議と福田首相の五輪開会式出席への意欲》,http://abirur.iza.ne.jp/blog/month/200805/3/

[3] 《胡錦涛中国国家主席を囲む朝食会での発言について》,安倍晋三个人公开网页,http://www.s-abe.or.jp/activity/125

2008 年 8 月上旬,热衷于支持"藏独"的民主党众议员松原仁率领 15 名团员,专程到印度"考察",会见了达赖喇嘛及流亡政府"总理"桑东等人,声称日本要对"西藏问题"给予进一步关注和支持。松原仁此前也曾多次在日本议会的发言中,要求日本政府关注和支持"西藏问题",叫嚣"西藏问题"也是"人权问题",并强调日本政府对中国不应该放弃"西藏牌"。①

3.14 事件发生后,面对日本的右翼议员们对"西藏问题"大肆鼓噪,以及来自民间的各种压力,在"西藏问题"上立场相对谨慎的日本首相福田康夫也改变了以往的态度,出面就"西藏问题"发声。福田康夫亲自写信给胡锦涛,说"希望中国政府与达赖喇嘛进行接触会谈,和平解决西藏问题"。4 月 16 日,日本执政联盟自民党和公民党干事长在联合访华时,将福田的亲笔信交给了胡锦涛。4 月 18 日,福田在会见来访的中国外交部长杨洁篪的时候说,"西藏骚乱已经成为一个国际问题",并且暗示这个问题会影响北京奥运会。

由上可见,随着 2008 年北京奥运会举办日期临近,尤其是"3.14 事件"发生后,日本政府、国会、非政府机构等对"西藏问题"的关注和支持度显著提升,他们不断以"西藏问题"也是人权问题向中国施压,敲打中国,并将支持"藏独"走向公开化,以达赖为首的"藏独"分裂集团在日本的活动也更趋频繁。

3. 支持"藏独"组织化(2008—2014)

自 2008 年北京奥运会结束之后至 2014 年,该阶段的主要特点是,随着 2008 年 8 月中国成功举办北京奥运会后,在日本朝野围绕"西藏问题"的喧嚣暂时散去。但是,在安倍晋三重新问鼎首相宝座前后,日本政要与达赖集团的关系进一步提升,对达赖集团的支持力度进一步加大并走向组织化,达赖集团在日本的分裂活动也进一步升级。

安倍晋三于 2006 年 9 月 26 日第一次出任日本首相后,不到一年匆匆下台。6 年以后的 2012 年 9 月 26 日当选为新一任自民党总裁。当年 12 月 16 日,日本自民

---

① 《日本国会议事录·众议院·会议录》,

http://www.shugiin.go.jp/internet/itdb_kaigiroku.nsf/html/kaigiroku/0005169200804040

党在第 46 届众议院选举中以绝对优势获胜,重新夺回政权,安倍晋三出任新一届内阁首相。

安倍是日本政坛战后新生代中右翼保守势力的代表人物,他不仅全面继承传统的保守理念,并以实现右翼保守势力的政治理想为自己的执政目标。安倍保守战略最突出的是要把日本打造成军事、政治强国的色彩,在国际上扮演具有领导作用的"大国"角色。安倍把对华强硬作为实现其战略目标的手段,在政治、外交和安全领域系统性地推进针对中国的战略布局。作为其对中外交战略的一部分,"西藏问题"成为安倍政府遏制、对抗中国的一张可利用的好牌,达赖喇嘛也成为其"为我所用"的棋子,因此他不遗余力地支持达赖集团在日本的"藏独"活动。

如上所述,安倍晋三曾在 2008 年前后,与访问日本的达赖喇嘛等人接触密切,是一个热衷于炒作"西藏问题"的日本政要。2011 年 9 月 23 日,正在印度访问的安倍晋三遣其亲信、自民党议员下村博文率 7 名成员组成的日本参访团,到西藏流亡集团的大本营——印度达兰萨拉进行访问,得到达赖喇嘛及新任"摄政"洛桑森格的会见。安倍晋三托他们向达赖喇嘛及洛桑森格表示问候并发出了访日邀请。当年 11 月 7 日,达赖喇嘛应大阪高野山学园之邀访问日本时,安倍晋三与野田内阁首相高级助理长长岛昭久、防卫副大臣渡边周防等国会议员一道在东京会见了达赖,安倍表示"为西藏获得自由协力"①。

2012 年 4 月 1 日至 5 日,安倍晋三不顾中国政府的反对,邀请"西藏流亡政府"首席噶伦洛桑森格赴日本访问。这是洛桑森格担任"西藏流亡政府""摄政"以后出访的第一个亚洲国家。此间,洛桑森格受到日本右翼政客的特殊礼遇,两位前首相安倍晋三、麻生太郎,以及东京都知事石原慎太郎分别会晤洛桑森格。4 月 3 日,在日本右翼分子的安排下,洛桑森格与日本新疆分裂势力,蒙古分裂势力组织的负责人在东京宪政馆发表抨击中国民族政策的演讲,安倍晋三及新党"奋起日本"代表平沼赳夫等人参会。4 月 4 日,又安排洛桑森格在日本国会举行演讲,有 60 余名议员与会。洛桑在演讲中呼吁日本领导人继续支持西藏"流亡政府"。该会结束后,以"日本国会议员同仁"名义发表了一份题为"要求中国政府立即停止

① 参见安倍晋三个人公开网页,https://www.s - abe. or. jp/mailmagazine

错误西藏政策"的决议。对这次赤裸裸地干涉中国内政的会议,达赖驻日本代表处代表拉巴卓卡给予了高度评价,他说"许多议员举行会议,给予西藏当前紧急状况极大的关注,甚至通过一项与西藏相关的决议案,这是日本历史上空前的一场会议,为西藏问题的未来在日本播下种子。"①

2012 年 11 月 3 日至 15 日,在日本当局的精心安排下,达赖喇嘛展开了长达 12 天的访日行程,这既是达赖第 17 次正式"访问"日本,也是一次"非同寻常"的访问。他的这次访问与以往相比,有两个显著的变化:

其一,打破历史惯例,达赖获邀到参议院会馆发表演讲。虽然参议院会馆不同于正式国会议事厅,演讲也只能视为"非正式",而主办者只是各党议员组织,并非以日本国会的名义。但其意义已非比寻常,这等同于日本主要政党对达赖政治地位给予了"肯定"。② 在达赖演讲开始前,自民党总裁安倍晋三致辞称:"我们和达赖喇嘛在自由、民主主义的问题上价值一致,我们会全力声援、帮助西藏改变人权现状。"安倍对"藏独"的支持昭然若揭。

其二,成立了跨党派的"日本支持西藏议员联盟",这标志着日本右翼政客对"藏独"势力的支持由过去的"半公开"转变为公开支持。如上文所述,此前日本国会有"思考西藏问题议员联盟",此次成立"支持西藏问题议员联盟",从"思考"到公开提出"支持"可谓是一个质的变化,说明了日本右翼政客支持"藏独"的态度进一步公开,支持力度大为提升。因此,这个联盟实质可称为"日本支持'藏独'议员联盟"。有了这一组织,日后日本的议会乃至政府部门,都将有"名正言顺"干预中国内政的手段和借口。

达赖在国会设施内的这次讲演,吸引了众多支持"藏独"的右翼议员,包括自民党总裁安倍晋三在内,日本民主党、自民党、公明党等朝野政党共 135 名国会议员出席。达赖喇嘛演讲中蛊惑藏人自焚是"中国政府的压制政策所致",并教唆大家亲自到西藏去调查实际情况。③ 达赖的演讲结束后,安倍晋三为首的"日本国会

---

① 《日本通过决议促中国结束对西藏的镇压》《国际西藏邮报》,2012 年 4 月 5 日。
② 《日本公然支持'"藏独"',达赖已经成右翼政治玩偶》,大公网,2012 年 11 月 12 日。
　http://news.takungpao.com/world/watch/2012－11/1271633.html
③ 《ダライ・ラマが国会内で講演》,产经新闻网(日本),2012 年 11 月 13 日。
　http://sankei.jp.msn.com/world/news/121113/chn12111322320012－n1.html

议员支持西藏问题有志联盟"发表了"要求中国政府改善压制藏人和维吾尔族人的人权"的声明。

达赖喇嘛对于日本当局的支持表达"感恩"之情,并给予相当的"回报"。他除了在演讲中感谢日本对"流亡政府"的支持外,在横滨与在日媒体举行座谈会时公然支持日本的钓鱼岛主张,将钓鱼岛称作"尖阁列岛"。针对日本政府对达赖和右翼势力采取放任的态度,中国外交部发言人洪磊提出了严厉的谴责,指出:"日本右翼势力公然支持达赖反华分裂活动,是干涉中国内政""日本政府对达赖和右翼势力上述活动采取放任态度,背离中日战略互惠关系的原则和精神。中方坚决反对任何国家、任何人以任何方式为达赖反华分裂活动提供支持。"①

2013 年 11 月,达赖喇嘛第 18 次访问日本。此次日方的邀请组织正是刚刚成立一年的"支持西藏议员联盟"。显然,该组织已经在日本支持"藏独"的活动中开始崭露头角。日本当局对中国政府的严厉谴责置若罔闻,再次允许和安排达赖喇嘛于 11 月 20 日在日本议员会馆举行讲演会,有 100 多名国会议员与会。显然,安排和支持来访的达赖在日本政治中枢的国会发表演讲成了日本政府的一个惯例,也成为达赖访日时的一个规定动作。

由上可见,自从安倍晋三再次出任首相后,日本当局以一种前所未有的态度和力度支持达赖分裂集团,这进一步拓展了达赖集团在日本的活动空间,增强了"藏独"分子的活动能量,无疑也给中日关系的正常发展投下了浓重的阴影。

4. 日本政府涉藏政策具有不确定性和随意性

综上所述,涉藏问题是日本对华政策的一个重要议题。自 1959 年十四世达赖喇嘛逃亡印度以后,"西藏问题"引起了日本当局的关注。冷战结束以后,尤其进入 21 世纪以后,日本当局支持达赖集团的力度显著增强,支持"藏独"的行为进一步公开,与达赖集团的关系进一步提升,他们不顾以前曾向中方表达的会严禁达赖参与任何政治活动的"承诺",不仅频频邀请达赖访日,让达赖在国会设施内举行

---

① 《外交部回应达赖日本言行:其所作所为为中国人民所不齿》,人民网,2011 年 11 月 12 日。
http://world. people. com. cn/n/2012/1112/c1002 - 19556098. html

富有政治色彩的演讲,并且成立公开支持达赖分裂集团的"日本支持西藏议员联盟",公然干涉中国内政。毋庸置疑,日本当局的上述行为,不仅加大了达赖集团在国际上的活动空间和影响,为"西藏问题"的国际化起了推波助澜的作用,同时给中日关系的正常发展投下了阴影,使"西藏问题"成为影响双边关系的一个重要因素。

纵观20世纪50年代末以来日本当局的涉藏政策,表现出明显的两面性特点:一方面,它承认西藏是中国领土,不支持西藏独立;但另一方面,又以各种方式支持达赖集团的"藏独"活动,干涉中国内政,而且其干涉呈公开、加剧之势。但就目前而言,"西藏问题"尚未成为中日关系中的核心问题,日本政府迄今尚未形成一套全面、完整的涉藏政策,迄今我们看到的大多是日本政府官员对涉藏具体问题和事件的表态,还没有看到日本政府有关涉藏问题的全面、明确的政策阐述。因此,目前日本政府在对待涉藏问题的政策具有较大的不确定性和随意性,将来其涉藏政策的走向也将受到诸多国内外因素的影响,取决于中日关系的变化与发展。在可预见的将来,鉴于各种顾虑,日本当局虽然不可能完全支持"西藏独立",但也不会放弃利用所谓"西藏问题"打压、制约中国的行为,甚至在对华政策中加重"西藏牌"的筹码,对此我们必须有清醒的认识和警惕。

(中国社会科学院民族学与人类学研究所:秦永章)

六

日本政府的涉藏政策 1959—2014

尼古拉二世时期沙俄的西藏
政策(1904—1908)

中国西藏由于其特殊的地理位置,在世界政治格局中占有极为重要和特殊的战略地位。19世纪下半叶随着国际形势的变化,西藏遭到外国侵略者屡次侵犯,沙俄政府也加入了这一行列。俄国利用本国臣民与西藏的宗教联系,派遣披着宗教外衣的政治人员深入西藏地方政治上层去诱导十三世达赖喇嘛,促使达赖喇嘛在1904年英军兵临拉萨时出走库伦以求俄援。沙俄政府一系列隐蔽的、公开的对藏政策,对西藏局势的变化产生了重要的影响。

1. 利用喇嘛教对中国西藏进行渗透

俄国势力积极打入中国西藏的方式,除了自历史上向西藏地区数次派遣"考察队"进行考察,打入西藏内部,它还利用宗教对中国西藏进行渗透。

沙俄政府认为利用喇嘛教进一步渗透中国西藏是较为妥当的方式。沙俄政府一方面派遣俄籍蒙古族密探,伪装成香客潜入中国北方蒙古人每年春夏到拉萨朝圣的队伍当中,成功潜入的密探会利用各种有利时机,刺探情报;另一方面,派遣已收买的俄国蒙古族喇嘛,以学经的名义,潜入到西藏各大寺庙,刺探情报、收买上层喇嘛、打入西藏政治上层等。此外,俄国总参谋部情报机关还处心积虑地在十三世达赖喇嘛身边安插了一些秘密人物,除了俄国官方派遣的蒙古族密探外,一些来自民间的俄籍蒙古族喇嘛为报答沙皇对本族喇嘛教的"祖护",显示自己的忠心,在沙俄的宗教渗透过程中充当联系人,德尔智就是其中关键的一员。

2. 沙俄代理人德尔智潜入西藏与十三世达赖喇嘛出走库伦

(1)德尔智其人

德尔智(1854—1933),全名洛桑·阿旺·德尔智,布里亚特蒙古人,俄文名字叫阿旺·德尔日耶夫(Агван Доржиев)。为了追求信仰且完善佛教的造诣,德尔智离开家乡前往西藏学习。他掩饰了自己的出身,伪装成蒙古人成功进入哲蚌寺修习近17年,在他35岁那年,即1888年,德尔智获得了拉让巴格西的学位,同年顺利成为十三世达赖喇嘛的经师,当时达赖年仅12岁,比较信任年长的德尔智,久而久之他的思想倾向在德尔智的影响下发生了变化,对后来西藏局势的动荡造成了严重的影响。

(2)十三世达赖喇嘛出走库伦

1904年8月3日英军攻入拉萨,9月7日逼迫西藏地方当局签订了非法的《拉萨条约》。

英军在即将兵临拉萨城下时,达赖喇嘛意识到与残暴的英军进行和平谈判是不可能的,加之他素来仇视英国,与英国当局不和,怕英国进入拉萨城后会对他施行暴力,于是达赖喇嘛决定在德尔智等人的陪同下从拉萨出走。达赖喇嘛于1904年7月28日离开拉萨,于12月2日到达蒙古首府库伦。9月4号,清政府外务部以他"私自出逃"为由革除了达赖喇嘛的名号。[①]

十三世达赖出走事件影响较大,不但在国内引起轰动,在国际上也招来了俄、英等帝国主义列强的关注,特别是沙皇俄国对达赖喇嘛的出走给予了较大的外交帮助。俄国与十三世达赖喇嘛的交往成为这一时期沙俄外交史上的重要一页。就在十三世达赖喇嘛出走后还没有到达蒙古首府库伦时,俄国外交部就已经对达赖的去向问题做了深刻的分析研究。1904年10月24日俄国驻北京大使雷萨尔(Лессар. П. М.)发给俄国外长拉姆兹多夫(Ламздорф. В. Н.)的密件中就提到,

---

① 《旨革去达赖名号电》,见《清季筹藏奏牍》,第三册,《有泰奏牍》,第1卷,第21页。

"达赖喇嘛下一站可能会到达蒙古"。① 雷萨尔认为"最近拉萨发生的事件,不会对蒙古或俄国的边界地区造成太大影响,如果这种影响明显化,我们可以给予一些外部推动力。"他认为解决这一问题应当依据不同的局势,当俄国在日俄战争中处于不利地位的时候,"可以在蒙古建立自己的党派,那个时候达赖喇嘛则成为我们有利的工具。"雷萨尔建议"首先必须研究透事态的发展",即"达赖喇嘛是否会成为宗教领袖,或者是他至高的宗教地位会招来别人对他的仇视"。②

雷萨尔的担心不无道理,因为一方面,"达赖喇嘛的到来吸引了众多的香客、追随者及较多的财富聚集到库伦";另一方面,由于达赖喇嘛的宗教地位较高,肯定会"导致库伦活佛哲布尊巴丹佛教地位的下降。"为此,俄国政府认为"达赖喇嘛的到来,会引来一系列的问题",如果"不研究这些问题,我们将会陷入难以改正的境地,且容易被一些眼前利益所蒙蔽"。由此雷萨尔得出结论,即"在现阶段要为将来的行动做准备,现在不应该采取具有挑衅性的措施"。③ 由此可以看出,在十三世达赖喇嘛没到库伦之前,沙俄政府就对达赖到蒙古后可能发生的情况以及应对这些情况实施何种对策进行了深入的探讨和研究。鉴于日俄战争的进行,一方面,俄国外交部打算在蒙古的活动尽量保持低调,目的是避免中国对蒙古事务的过多关注,因为这会为困境中的俄国分裂中国蒙古的计划制造障碍;另一方面,现在达赖喇嘛的居住地靠近俄国边界,面对这一巨大的政治诱惑,沙俄外交部又不得不采取较之前更为"积极的政策,使达赖喇嘛在蒙古的停留对俄国来说会有利可图",④为俄国在远东的外交政策服务。

为了监视达赖在库伦的行踪,并督促达赖返藏,防止北上,清政府在获悉达赖喇嘛逃至库伦后随即派钦差大臣延祉前往库伦"迎护"。

清政府督促十三达世赖喇嘛返藏有一个重要原因,达赖喇嘛到库伦后与俄国

---

① Россия и тибет. Сборник русских архивных документов 1900—1914. М. Восточная литература,2005. с. 58.

② Россия и тибет. Сборник русских архивных документов 1900—1914. М. Восточная литература,2005. с. 58.

③ Россия и тибет. Сборник русских архивных документов 1900—1914. М. Восточная литература,2005. с. 59.

④ Россия и тибет. Сборник русских архивных документов 1900—1914. М. Восточная литература,2005. с. 60.

人员来往密切,他一直有北上赴俄的政治倾向。1905 年 1 月达赖喇嘛向俄国请求道:"想到俄国居住并希望俄国与他保持以往友好的关系",期望能与俄国官员"经常见面"。为了表示对俄国的信任与依赖,他请求:"俄国能否委派一名官员到他身边,以便能够方便联系"。[①] 俄国驻北京官员雷萨尔提到达赖喇嘛曾向他们建议:"我们要保持谨慎,到适当的时机再完成我们的任务,防止引起中国对他的不满"[②]。事实上,达赖喇嘛与俄国政府的交往一般是通过达赖的"外交代表"德尔智秘密进行的。

另一方面,清政府督促达赖喇嘛返藏是因为当时蒙古地区形势十分复杂。俄国、日本、少数蒙古王公和喇嘛均参与到分裂蒙古的阴谋中去。而达赖喇嘛的到来使情况更加复杂,俄国人积极利用这种局势,图谋利用达赖喇嘛的"亲俄"倾向在蒙古制造声势。

鉴于这种复杂的局势清政府一再下旨督促达赖喇嘛回藏。1905 年 2 月 26 日,俄国驻库伦大使刘巴(Люба. В. Ф.)发往俄外交部的密电中提道:"延祉因为达赖喇嘛的亲俄倾向不高兴,因此规定达赖喇嘛迅速起程,不会再下新指令了"。[③] 而 2 月 28 日雷萨尔的密电中提到一个具体的日期,即"延祉下令 3 月 7 日为达赖喇嘛回去的最后日期"。

达赖喇嘛一方面因"英藏问题未解决不想回去",[④]另一方面他于 1905 年 3 月派德尔智赴俄求援未归,故托病坚不起程,以"现在有事,须候草长,方能启行",等到夏天时又借口"须候秋天起程,夏天雨多,行路不便",拒绝回藏。[⑤] 达赖喇嘛一再拖延归期与俄国不无关系。1904 年 12 月 13 日雷萨尔发给俄国外长的密电中提到"达赖自己表示想在库伦再待一些日子,关于这点,可以告诉刘巴,让达赖表现出

① Россия и тибет. Сборник русских архивных документов 1900—1914. М. Восточная литература,2005. с. 62—63.

② Россия и тибет. Сборник русских архивных документов 1900—1914. М. Восточная литература,2005. с. 65.

③ Россия и тибет. Сборник русских архивных документов 1900—1914. М. Восточная литература,2005. с. 68.

④ Россия и тибет. Сборник русских архивных документов 1900—1914. М. Восточная литература,2005. с. 68.

⑤ 《录副奏折》,中国第一历史档案馆,民族类,第 1032 卷,第 8 号文件。

由于不适应库伦的气候而出现身体不适的现象"。① 最终在沙俄政府的干涉下,达赖喇嘛如愿地在库伦过冬,继续在蒙古滞留。

在清政府不断的催促中,十三世达赖喇嘛自知不能久留库伦,便计划北去俄国,寻求沙俄的庇护。在延袓规定达赖喇嘛返藏最后期限时,他向刘巴询问到:"如果形势逼迫他回西藏,那么他是否可以选择去俄国"。② 关于达赖喇嘛移居俄国的问题,俄国的立场发生动摇,放弃了"观望"的态度,并就此问题进行认真的探讨,认为达赖如果移居到西宁,"那么就等于我们完全放弃利用他为俄国效劳",这样就间接"承认了中国的胜利"。"最好的办法是促使达赖移居俄国境内"。③ 当然,移居的前提是"给予达赖喇嘛自由选择去向的机会,这样就不会引来英、中的反对"。④

虽然在上述俄国官员的讨论中同意达赖喇嘛迁居俄国,但是俄国外交部拥有这件事情的决定权,2 月初外交部就达赖喇嘛的去向问题做了一个仔细的研讨。

在这次会议上主要讨论了达赖将来的去向问题,有以下四种选择:"a. 让达赖喇嘛留在库伦;b. 按照中国的意见派他去西宁;c. 移居到俄国;d. 返回到西藏。"⑤ 关于第一点,即让达赖喇嘛滞留在库伦,可以明显看出,"达赖喇嘛留在库伦会遭到中国的反对,如果俄国将来会与中国结盟的话,就没必要冒险去破坏与邻国的关系"。⑥ 他们认为达赖喇嘛长期在库伦停留会减弱他在佛教界中的宗教影响力,这样会相应削弱俄国对他的利用价值,他的威信也未必不会受到一些事情的影响。如果选择让达赖喇嘛去西宁,则会同样丧失达赖喇嘛应有的作用,相反,他们其中

---

① Россия и тибет. Сборник русских архивных документов 1900—1914. М. Восточная литература,2005. с. 62.

② Россия и тибет. Сборник русских архивных документов 1900—1914. М. Восточная литература,2005. с. 68.

③ Россия и тибет. Сборник русских архивных документов 1900—1914. М. Восточная литература,2005. с. 64.

④ Россия и тибет. Сборник русских архивных документов 1900—1914. М. Восточная литература,2005. с. 64.

⑤ Россия и тибет. Сборник русских архивных документов 1900—1914. М. Восточная литература,2005. с. 67.

⑥ Россия и тибет. Сборник русских архивных документов 1900—1914. М. Восточная литература,2005. с. 67.

一些人幻想达赖喇嘛迁居到俄国则会有利,认为这可以促进一个新的佛教中心的形成,对他进行影响,将来可以为俄国服务。但是俄国政府亦认为,如果这样做会给他的威信带来极大的不利影响,因为"达赖喇嘛如果迁居到俄国,那么就会与西藏失去联系,远离佛教中心,达赖喇嘛会很容易丧失他在佛教界的地位,失去他应有的权力。"①

这样,最适合达赖喇嘛的去处便是返回西藏,达赖喇嘛作为西藏佛教的领袖人物,只有在拉萨才符合他的身份,才能发挥他应有的作用,流落在外,只会逐渐削弱他在佛教界中应有的地位。最终,俄国外交部没有同意达赖喇嘛赴俄国的请求,而是指示他返回西藏,以继续保持他在广大佛教区域强大的宗教影响力,使他的利用价值不会受到影响,继续为俄国政治的利益服务。

(3)俄国欲安插护送队计划的夭折与达赖喇嘛滞留青海

虽然俄国对清政府督促十三世达赖喇嘛返藏的指令不满意,但是俄国外交当局所面临的形势比较严峻。俄国在亚洲政策上,开始与英国由对抗转为妥协,这种变化表现在西藏地方上较为明显。

1905年3月初,达赖喇嘛召开了保护西藏防止英国侵略的会议。俄籍非官方代表德尔智参加了这次会议。会议上,达赖喇嘛的亲信们建议道:"不要再等待俄国的帮助,转而去寻找欧洲强国联盟帮助西藏反对英国"。② 达赖喇嘛当时未发表任何意见,因为他早就毫不掩饰地表示"只等待俄国的帮助"。③ 会议结束后的第二天达赖喇嘛就派德尔智去询问俄国驻库伦的大使刘巴"他该怎么办",刘巴向德尔智解释道,"由于我们军事上的困难,不能为达赖喇嘛解决西藏问题提供较多的帮助。"④达赖喇嘛遭到拒绝后再次向俄国寻求支援,俄国驻北京公使雷萨尔回复

---

① Россия и тибет. Сборник русских архивных документов 1900—1914. М. Восточная литература, 2005. с. 67.

② Россия и тибет. Сборник русских архивных документов 1900—1914. М . Восточная литература, 2005. с. 69.

③ Россия и тибет. Сборник русских архивных документов 1900—1914. М. Восточная литература, 2005. с. 69.

④ Россия и тибет. Сборник русских архивных документов 1900—1914. М. Восточная литература, 2005. с. 69.

道："俄国绝不可能向所有大国公开宣布保护西藏不受英国和中国人的侵犯"。①

十三世赖喇嘛请求俄国的保护遭到刘巴的拒绝后，决定派德尔智再次赴俄，向俄皇尼古拉二世面陈西藏所面临的困难，以图得到帮助。但当时俄国在经历了日俄战争的惨败后，国内又爆发了 1905 年起义，"内忧外患"，此阶段俄国无力过多插手西藏事务，因而拒绝了德尔智的请求。

达赖喇嘛的第一次请求失败后，再次请求俄援。达赖喇嘛向刘巴提议"拒绝中国政府护送队陪同他回藏"，希望"由布里亚特 – 卡尔梅克人伪装成香客护送他回去"，②可以看出达赖喇嘛至此仍敌视中国政府，怀有妄图分裂中国的野心。

"护送达赖喇嘛返藏"的这一请求自然符合沙俄外交部一贯执行的外交政策。首先俄国在国内外局势的变化下，不得不改变对藏政策，由支持达赖喇嘛滞留蒙古到煽动达赖喇嘛返藏。对于政策转变，俄国外交部做过详细的讨论，认为达赖"如果不在拉萨，则会有助于加强中国人的势力，从另一方面讲，西藏更容易遭到英国的侵略。"这时，"达赖的威信也会因长期待在蒙古而降低"，③这与俄国计划利用十三世达赖喇嘛的"亲俄"倾向加强在西藏地方侵略扩张势力的目标是背道而驰的。因此，为了避免英国扶植九世班禅取代达赖喇嘛宗教领袖的地位，遏制英国侵略势力在西藏内部的进一步扩张，俄国在"西藏问题"上开始与英国展开新一轮的较量。而将沙俄间谍伪装成达赖的"护送队"潜入西藏内部，正是沙俄势力进一步深入西藏内部的良好时机。

刘巴在与德尔智谈论达赖喇嘛返藏这一问题时，德尔智同意上述观点，除此之外，他又重申了达赖喇嘛返藏的"安全问题"，同时建议"委派俄国官方代表随达赖喇嘛一起赴拉萨，他们可以在达赖喇嘛遇到危险时给予保护"，④以此要挟英国增大俄国在"西藏问题"上的筹码，以使俄英在中亚相互角逐中达到新的平衡。

---

① Россия и тибет. Сборник русских архивных документов 1900—1914. М. Восточная литература，2005. с. 70.

② Россия и тибет. Сборник русских архивных документов 1900—1914. М. Восточная литература，2005. с. 75.

③ Россия и тибет. Сборник русских архивных документов 1900—1914. М. Восточная литература，2005. с. 77.

④ Россия и тибет. Сборник русских архивных документов 1900—1914. М. Восточная литература，2005. с. 78.

随着国际形势的复杂化,英德矛盾成为当时世界事务中的主要矛盾,英俄矛盾开始缓和,英国主动向俄示好,在英国"和解"精神的推动下,俄国接受了俄英谈判的建议。在"西藏问题"上,俄国外交当局转而采用谨慎缓和的外交方针。为了使谈判正常进行,俄国极其重视英国极力反对的"护送队"问题,为慎重起见,俄国外交当局认为此事应该对英国让步,因为"英国在西藏拥有的权力和优势",俄国是无法做到的,"俄国取得与英国在藏相等的利益是不可能的",[①]因此任何"不利于谈判顺利进行的事情"都要禁止进行,"护送队"亦不例外。"俄国外交人员的护送会使情况变得复杂化"。[②] 此外,中国政府一直以来反对达赖通俄,对"护送队"一事也强烈反对,清朝外务部知道此消息后电示驻俄大使胡惟德:达赖喇嘛"世受国家恩命,俾持佛教,此次行程,沿途皆我辖境,已经中国派员妥为护送,毋庸他国人干涉"[③],严词拒绝俄国护送达赖喇嘛返藏。俄国此时正在积极谋划分裂蒙古,谋取更多的在蒙利益,也不敢在这关键时刻与清政府矛盾激化。因此俄国外交部放弃了组织"护送队"护送达赖返藏的计划,转而不鼓励达赖喇嘛回藏了。

1906 年 5 月 17 日,十三世达赖在钦差大臣廷祉等人的陪同下起程返藏,于 9 月 14 日移居青海的塔尔寺,听候圣旨。十三世达赖喇嘛的返藏命运比较多舛,其中在塔尔寺就滞留了一年多的时间。

对于十三世达赖喇嘛同意去青海的寺庙,且留在那里,也是受到了俄国外交政策的影响。

达赖喇嘛由蒙古出发返藏的方针已定,接下来面临的问题是达赖喇嘛回到拉萨与迁居青海的选择问题。俄国外交部就此召开了一次会议进行密谈。他们认为,如果让具有"亲俄"倾向的十三世达赖喇嘛回到英国所控制的势力范围,不但会有生命危险,而且有可能会阻断他与俄国的"密切"联系,一旦这样,俄国却没有足够的能力来阻止事情朝不利于俄国的方向发展。俄国外交部最终得出的结论是

---

① Россия и тибет. Сборник русских архивных документов 1900—1914. М. Восточная литература,2005. c. 86.

② Россия и тибет. Сборник русских архивных документов 1900—1914. М. Восточная литература,2005. c. 84.

③ 《外部致使俄胡惟德俄派佛教人护送达赖断难允许电》(1906 年 5 月 7 日),见《清季外交史料》,第 1 卷,第 21 页。

"达赖喇嘛最安全的居住地是在青海高原上的一个寺庙里,如果达赖喇嘛在这里居住,那么他的宗教影响力可以影响到西藏、蒙古两地,达赖喇嘛居住在此地,俄国与他进行联系也不会十分困难,但印度和这个地方如果保持密切联系则显得比较困难。达赖喇嘛在此居住会使英国丧失监视他的机会,而如果在拉萨,英国则会比较容易监督他的行为。"①

(4)达赖喇嘛的分离主义倾向与德尔智策划"和平演变"计划的失败

十三世达赖喇嘛执政的时代,正值英帝国主义侵略西藏地方边境,而懦弱的清政府不敢对英国采取强硬措施,甚至还制止西藏人民的反抗行动。在达赖流亡蒙古时,北京政府革除了他的喇嘛称号,损害他在蒙古的佛教权力,导致达赖喇嘛与清政府的矛盾越积越深。在这种形势下,造就了达赖喇嘛谋图分离西藏的心理,加上身边"亲信"俄籍布里亚特德尔智的长期蛊惑,错误地认为"强大"的俄国能够帮助西藏抵抗英国,清除清政府在西藏地方的势力,使西藏地方能完全地"独立"出来。达赖喇嘛流亡的经历更加加深了他的民族分离主义倾向。

十三世达赖喇嘛错误地认为:"西藏、蒙古从来没有在中国的统治之下,而蒙古在历史上还统治过中国。"②由此,他得出一个荒谬的、违背历史事实的结论,即:"西藏、蒙古应该独立"。他甚至向俄国表示过:"达赖喇嘛与'意志坚定'的蒙古王公和有影响力的哲布尊巴丹在原则上坚持决定与中国分离成为独立的联盟国家,同时希望在俄国的保护与支持下完成这一变革,避免流血事件的发生。"③同时达赖喇嘛还考虑到:"如果俄国拒绝,那么他也不会改变把西藏从中国分离出去的决心,会在其他强国的保护下完成这一变革,甚至是求助于英国,因为其曾向达赖喇嘛建议过,会对此事提供帮助。"最终俄国仍旧没能帮助达赖实现独立的"愿望"。因为俄国外交部认识到,一旦西藏独立,那么英国会立刻利用有利的地理位置及在西藏已有的优势,将它纳入英国的势力范围。西藏仍旧是中国的一部分,那么在英

---

① Россия и тибет. Сборник русских архивных документов 1900—1914. M. Восточная литература,2005. c. 97—98.

② Россия и тибет. Сборник русских архивных документов 1900—1914. M. Восточная литература,2005. c. 109.

③ Россия и тибет. Сборник русских архивных документов 1900—1914. M. Восточная литература,2005. c. 109.

俄中间还有中国政府进行回旋。因此,防止英国侵占西藏,拒绝西藏独立,符合俄国政府目前的外交利益。

在达赖喇嘛试图依靠俄国的帮助寻求西藏独立的计划失败后,他在俄国的"亲信"德尔智又策划一场蒙藏"和平演变"的空想计划。德尔智在圣彼得堡极力促进和加强俄国与西藏及俄国与蒙古的联系。德尔智认为日本在蒙古、英国在西藏"联合与俄国作对"。[①] 俄国应该加强蒙古与西藏的联系,"完成对这两个国家文化、经济上的和平征服",[②]德尔智建议"俄国必须让自己的注意力转移到亚洲大陆的政治上来,必须考虑新的关系变化,在蒙古和西藏培养自己需要的人员,俄国应该在这些国家完成文化、经济上的和平转变。"他认为:"俄国将会没有任何困难地完成这种经济、文化上的征服。"他简单地认为:"中俄边界上有共同的民族风俗、物质经济、宗教文化,这些像一个中间环节将二者联系起来"。认为俄、蒙、藏三方能够在这些共同的基础上达成联盟与合作,俄国能够成为蒙藏两地的领导者与支持者,进而达到蒙藏两地独立的目的。为了达到"和平征服"的目的,建议俄国政府必须要利用信奉佛教的蒙古、西藏、布里亚特等代理人。在德尔智的计划中,"和平征服"应该分成两步,一个是"在蒙古和西藏发展俄国的贸易和工业",另一个是"在蒙古、西藏人民中培养健康的文化和教育,不破坏他们的传统、宗教和生活习惯",而"俄国应该在一切方面成为蒙藏人民心目中善良、坚定的朋友、老师、保护者,保护他们免受中国、日本、英国的侵略。"[③]

德尔智的"和平演变"计划是达赖喇嘛分离主义思想的延续,但他的计划过于理想,虽然计划中的某些内容符合老沙皇的贪婪胃口,但他所提出的俄藏联合是不可能实现的。英俄 1907 年协定的签订,规定俄国在西藏的活动只有与英国商议后才可以进行,加上俄国政府此时正在紧急策划分裂中国蒙古的阴谋活动,当时还考虑不到把西藏一起囊括进这一计划中来,如果把西藏加入,那么会打乱俄国政府的

① Белов Е. А. Россия и Китай в начале XX века. : росско-китайские противоречияв 1911 – 1919. Москва : ИВ РАН, 1997. с. 230.

② Россия и тибет. Сборник русских архивных документов 1900—1914. М. Восточная литература, 2005. с. 118.

③ Россия и тибет. Сборник русских архивных документов 1900—1914. М. Восточная литература, 2005. с. 118.

全盘计划,而且俄国亦不想让西藏独立于中国,因为这变相地为英国插手西藏事务提供了便利。在国内外新形势的变化下,俄国权衡当时利益,决定在处理英俄关系时以"谨慎"为上策,因此俄国不可能帮助德尔智实现这一转变。

(5)俄国为十三世达赖喇嘛提供贷款以保持在西藏的政治影响力

十三世达赖喇嘛作为喇嘛教世界中的最高领袖,为了彰显自己在佛教界的地位,会给广大寺院及僧徒发放一定的布施。达赖喇嘛也喜欢赠送贵重礼物以显示自己的崇高地位,如有一次他赠送给尼古拉二世等人的礼物单上有如下礼品:"镀金的释迦牟尼像一尊、三节西藏黄金(一共 15 两)、写在丝织品上的感谢信等礼物。"①达赖喇嘛在出逃的时候带走了一批亲信,到达蒙古后,这批人员展开了一系列的非法活动,特别是德尔智的活动较为频繁,数次来往于俄中之间,他们这些人员的花费也十分可观。因此,尽管达赖喇嘛在途中收到信徒们所赠送的大量金银财宝,甚至利用这笔钱在库伦开设了一家银行,②但他仍感到在财政上有困难。

达赖喇嘛在赴京前期,就请求沙俄政府能够为他提供贷款,用于支付赴京途中的花费,1908 年 8 月 10 号"帝国外交部会议决定支付给达赖喇嘛 11 万两白银。"③达赖喇嘛自塔尔寺起程,直到次年的八月初方到北京城,中间颠簸时间较久,每到一处达赖喇嘛必要讲经说法,给沿途的众多寺庙发放布施,花费较大,为此沙俄政府八月份的贷款对于达赖喇嘛来说仅仅解了燃眉之急。达赖喇嘛在离京返藏时,从俄国所贷的 11 万两白银已经用完,尽管清政府许诺每年赏赐给达赖"廪饩银"一万两,但这笔钱款由四川藩库按时拨付。④ 在达赖喇嘛离京时这笔拨款没有到手,为此达赖喇嘛再次请求俄国提供贷款。最后在沙俄外交部与财政部的交涉下,沙俄政府同意,以俄国政府的名义,由俄胜道银行给达赖喇嘛贷款 4 万两白银。

俄国政府同意两次贷款给达赖喇嘛,更多的是出于政治利益上的考虑。俄国政府清楚地知道,目前他们手里唯一的一张王牌是达赖喇嘛依然保持着"亲俄"倾

---

① Россия и тибет. Сборник русских архивных документов 1900—1914. М. Восточная литература,2005. c. 106.

② 王远大:《近代俄国与中国西藏》,北京:三联书店,1993 年版,第 194 页。

③ Россия и тибет. Сборник русских архивных документов 1900—1914. М. Восточная литература,2005. c. 123.

④ 牙含章:《达赖喇嘛传》,北京:华文出版社,2000 年版,第 234 页。

向,控制住达赖喇嘛的心理是非常重要的,因此,虽然俄国政府的财政拮据,但仍旧同意了给达赖喇嘛两次的贷款,最终的目的是继续保持其在西藏的政治影响力。

3. 沙俄西藏政策助推了西藏局势动荡及分裂倾向

19 世纪末 20 世纪初俄国插手中国西藏事务,利用"西藏问题"与英国进行政治博弈以达到二者在中亚利益的平衡,沙俄在西藏上层培养的一部分亲俄势力对西藏局势的动荡及分裂倾向起到了不良作用,这同时从另一方面刺激英帝国主义加紧分裂中国西藏的步伐,妄图否认中国对西藏的主权。对此侵略中国西藏的现象我们应该予以反对和澄清,"西藏问题"只是俄英帝国主义相互勾结,强加给中国的一个历史错误,我们要还历史一个公正合理的真相。中国中央政府一直坚持对西藏地方行使主权,任何分裂西藏的阴谋活动必然失败,西藏属于中国领土的一部分,这一铁的事实是不会改变的。

(东北师范大学历史文化学院:刘小影)

苏俄与中国西藏关系的
历史与现实

历史上,沙俄政府较早染指西藏,19 世纪末 20 世纪初,沙俄为维护其亚洲利益对西藏政策经历了由争夺到放弃的转变过程;苏维埃政权建立后,苏俄努力恢复与西藏的联系;新中国成立、冷战开始及其发展使得苏俄与西藏的关系经历着历史的不断演变。

1. 沙俄政府运用多种手段向西藏渗透

俄国图谋侵略我国西藏的历史,最早可以追溯到 18 世纪初彼得一世时期。1700—1721 年间,俄国与瑞典进行了北方战争。长期的战争消耗需持续的作战经费,彼得一世经常为解决财政困难而绞尽脑汁。正在此时,彼得大帝听闻中国西藏地区盛产黄金,便要求无论路途如何艰险,都要查明进藏路线,并且要"加以占领"①。自此,"累年以来,俄人入藏者肩背相望,查勘矿产,测量地势,举动至为叵测"。②

---

① 《1649 年以来俄罗斯国家诏令大全》,俄罗斯帝国秘书厅刊本,第 6 卷,1830 年,第 313 页,第 3716 号诏令。转引自:张广达:《沙俄侵藏考略》《中央民族学院学报》,1978 年第 1 期。
② 清《新民丛报》,1903 年 6 月 9 日。转引自:卢秀璋主编,《明末清初藏事资料选编(1877—1919)》,北京:中国藏学出版社,2005 年版,第 414 页。

随着帝国主义争夺的深入,西藏特殊的战略地位逐渐显现,沙俄对其的觊觎也逐渐超越"掘金"的目的。在对西藏长期的侵略过程中,沙俄采用了多种手段:一方面不断以考察为名,刺探军事、政治情报,为直接军事进攻西藏做准备;另一方面,又以宗教、收买、欺骗、渗透等手段,拉拢西藏内部上层,煽动民族分裂情绪,挑动叛乱。

从1870年到1909年,沙俄地理学会①共派遣了13支考察队赴藏进行"科学考察",曾经到达中国新疆、青海、西藏地区,最远到达离拉萨仅有320千米的那曲地区,但没有一支考察队能够进入拉萨②。考察队一贯奉行普尔热瓦尔斯基的"高超的射击本领是进入中国最好的护照"的方针,制造了骇人听闻的唐古拉山口血案、扎陵湖血案、阿尼玛卿血案和琐图血案,所到之处激起民愤。因此,考察队受到当地居民的奋起反抗,只能活动于外围地区。为了打入西藏统治集团内部,沙俄政府想方设法利用布里亚特蒙古人、卡尔梅克蒙古人,他们信仰黄派喇嘛教,历年入藏朝佛、进香、学经、修行,享有自由出入西藏各大寺、各圣堂的便利。其中最具代表性的是布里亚特蒙古人阿旺·德尔智,他在宗教活动的掩饰下,向西藏上层大肆宣扬、美化俄国,使得"达赖喇嘛堕其术中,亲俄而拒英"③。德尔智作为达赖喇嘛的代表曾七次奔走于彼得堡和拉萨之间,多次受到沙皇及其大臣的接见,一度将沙俄与西藏的关系推向了顶点。④

沙俄侵略西藏的高潮,也是俄英争夺西藏的顶点。19世纪末20世纪初,英国北进,俄国南下,互不相让,在西藏地方的角逐日趋激烈。英俄两国,"一欲取西藏以御俄,一欲占西藏以制英,可谓针锋相对。"⑤1905年,沙俄对日战争失败,俄国国内爆发全国性工人总罢工和武装起义,国内外局势急剧变化。沙俄政府慎重估量了这种局势,对其外交政策作出了重大修订:在西藏问题上,与英国妥协,从同英国

① 沙俄地理学会自成立之日起,一切重要活动均与沙俄外交部、总参谋部、海军部等沙俄政府机关密切相关,沙皇亲自担任其"保护人"。

② 周伟洲等主编,《英国、俄国与中国西藏》,北京:中国藏学出版社,2000年7月,第167页。

③ 胡岩,《西藏问题中的苏联因素》,《西藏大学学报》,2006年第3期。

④ 王远大,《沙俄派在西藏的秘密政治使者德尔智七次赴俄》,《藏族史论文集》,四川民族出版社,1998年1月。

⑤ 石楠,《关于英俄争夺西藏的矛盾与冲突》,《近代史研究》,1987年第2期。

争夺西藏转而以西藏为筹码同英国进行政治交易。1905 年 5 月 3 日,俄国外交大臣拉姆兹多夫给璞科第下达了指令:"帝国政府对达赖喇嘛不承担任何义务。"①由此,西藏政府幻想的"联俄抗英"和倚靠俄国的"西藏独立"梦想均告失败。

2. 苏维埃俄国努力与西藏恢复联系

1917 年俄国革命、苏维埃政权建立,苏维埃政府两次对华宣言,摒弃沙俄政府传统侵华政策。但对中国西藏,苏维埃政府并没有放弃。"早在 1918 年,苏俄政府就尝试与西藏地方恢复联系"②。1920 年,苏俄设立了蒙藏事务部,其目的在于使俄国革命对蒙古、西藏的政治、经济产生影响。该部具体承担三个方面的职责:(1)鼓动——唤醒蒙古和西藏人民的政治自治意识;(2)组织——在被指导的人民中建立政治和革命组织;(3)出版传播——与独裁和图书审查制度做斗争,传播革命和社会文学。③

鉴于英国恶意宣传苏俄是"一个只剩下沙漠和痞棍的国家",将苏维埃政府描绘成"残酷迫害佛教的政府"④,1920 年 9—10 月,苏俄外交人民委员会仔细讨论了赴西藏考察问题,认为苏俄"与西藏建立联系是重要的,也是必要的",因为苏俄缺少"近三四年西藏内外状况的资料",而且"西藏问题与远东其他问题具有连续性","为了最终弄清楚并解决西藏问题,需要进入西藏进行秘密的侦查"。为了这次入藏侦查,外交人民委员会提供了大量的物资,包括 6200 金卢布、200 匹锦缎(作为送给达赖喇嘛和西藏贵族的礼物)、自卫用的几件武器(4 挺卡宾枪和 1 把自动手枪),⑤以及送给达赖喇嘛的无线电台。⑥ 此次苏俄西藏考察的目的可以概括

---

① 拉姆兹多夫给璞科第指令(1905 年 5 月 3 日),转引自波波夫:《俄国与西藏》,载(苏)《新东方》,第 20、21 期合刊,第 42 页。转引自《藏族史论文集》,成都:四川民族出版社,1988 年版,第 365 页。

② 邱熠华,《〈苏俄与西藏:秘密外交的失败(1918—1930s)〉简介》,《西藏民族学院学报(哲学社会科学版)》,2012.1

③ Андреев. А. И. ,Тибет в политике царской,советской и постсоветской России, – СПБ. :Изд – во С. – Петерб. Ун – та;Изд – во А. Терентьева《Нартанг》,2006. –464 c. 232

④ 沈志华等:《苏联历史档案选编》第 7 卷,社会科学文献出版社,2002 年版,第 230 页。

⑤ Андреев. А. И. ,Тибет в политике царской,советской и постсоветской России, – СПБ. :Изд – во С. – Петерб. Ун – та;Изд – во А. Терентьева《Нартанг》,2006. –464 c. 229 – 231

⑥ 沈志华等:《苏联历史档案选编》第 7 卷,社会科学文献出版社,2002 年版,第 230 页。

为：弄清楚西藏的内部状况，确切地说是弄清楚与西藏有联系国家的状况，特别是英国；弄清楚英国及其他国家在西藏地外交阴谋。① 考察团于 1921 年秋天派出，1922 年初到达拉萨②，在西藏逗留了三个星期左右的时间。

1921 年，十三世达赖喇嘛派遣侍读大堪布阿旺·德尔智率队前往苏俄，德尔智在俄期间受到了列宁和加里宁的接见。列宁对德尔智关于布里亚特和卡尔梅克民族建设、宗教问题，以及蒙古和西藏的佛教联系等问题非常感兴趣。列宁详细询问了组织布里亚特和卡尔梅克朝圣者到西藏了解当前形势、达赖喇嘛及其周围人的近况、英国及中国人在西藏的作用、西藏和印度关系等情况。考虑到德尔智是英国针对的主要对象，列宁为德尔智单身赴藏表示担忧。加里宁和德尔智之间的谈话内容主要涉及布里亚特民族建设以及宗教在布里亚特民族中的作用等问题。③ 1922 年，达赖喇嘛又分别两次派秘书洛桑沙拉德金和群则·罗桑协饶赴俄，进行政治试探和政治行动。

1922 年 11 月，苏俄外交人民委员部外交人民委员加拉罕致信达赖喇嘛，向达赖喇嘛通报洛桑沙拉德金已平安抵达，感谢达赖喇嘛带来的哈达和礼品，表示由于英国"出于自私意图"向西藏政府和人民封锁苏维埃俄国的情况和国际生活中的重大事件和消息，因此，苏俄决定派遣一个经达赖喇嘛的代表阿旺·德尔智同意，"并由他参加组织的人数不多的科学代表团前往拉萨"，以进一步巩固双方的"友好关系"，④即通常所说的第二次考察。苏俄外交部人民委员部部长契切林指出，此次西藏考察的主要任务是"和西藏政府建立经常性的友好联系"，次要任务是"反对英国的扩张"。其实质是"揭露英国的阴谋，促使达赖喇嘛禁止英国军队入藏"。契切林强调这项工作应该"仅仅是口传的、小心谨慎的"。⑤ 此次官方使团于 1924 年派出，在拉萨逗留了近 3 个月，于 1925 年 3 月返回莫斯科。之后，拉萨发生

① Андреев. А. И. , Тибет в политике царской, советской и постсоветской России, – СПБ. : Изд – во С. – Петерб. Ун – та；Изд – во А. Терентьева《Нартанг》，2006. –464 с. 236
② 沈志华等：《苏联历史档案选编》第 7 卷，社会科学文献出版社，2002 年版，第 230 页。
③ Андреев. А. И. , Тибет в политике царской, советской и постсоветской России, – СПБ. : Изд – во С. – Петерб. Ун – та；Изд – во А. Терентьева《Нартанг》，2006. –464 с. 238
④ 薛衔天等，《中苏国家关系史资料汇编(1917—1924 年)》，中国社会科学出版社，第 685 – 686 页。
⑤ Андреев. А. И. , Тибет в политике царской, советской и постсоветской России, – СПБ. : Изд – во С. – Петерб. Ун – та；Изд – во А. Терентьева《Нартанг》，2006. –464 с. 253

了一件让英印政府震惊的事情:达赖喇嘛突然大肆镇压了一批涉嫌散播反政府言论的亲英军官。作为呼应,1925年8月中旬,《消息报》发表了契切林撰写的标题为《东方的新业绩》的文章,描述了西藏民族解放的"进发"和亲英主义集团被摧毁。①

　　1924年2月中旬,达赖喇嘛派出1名西藏地方官员带领4名留学生到达库伦,赴列宁格勒学习。② 1925年8月28日,阿旺·德尔智作为西藏代表以学者身份到达列宁格勒,受到俄科学院的热烈欢迎。③ 1927年和1928年,苏联的蒙古人两次访问拉萨,受到达赖喇嘛接见,他们带去了苏联政府给西藏地方当局的信件。④ 随后几年里,苏俄政府进行了一系列与西藏保持联系的努力,除1928年苏俄政治局批准派遣佛教代表团去西藏外⑤,还有科兹洛夫试图利用飞机或汽艇前往拉萨,植物学家瓦维洛夫提议与西藏交换种子等尝试。⑥

　　1933年12月17日,十三世达赖喇嘛圆寂。苏联政府密切关注西藏局势变化,其国内报纸转载了中国和英国的媒体关于西藏政府把其最高权力交给了班禅喇嘛的消息。⑦ 1934年1月12日,蒋介石命黄慕松进藏,"任务有三:(1)举行追赠达赖册封典礼;(2)代表政府致祭达赖;(3)解决中藏问题"⑧。这在一定程度上消除了外国势力对西藏的影响。1939年第二次世界大战爆发,西藏内部逐渐形成亲英美的势力,与苏联的社会主义制度渐行渐远。而苏联也忙于战争,无暇顾及遥远的西

---

① Андреев. А. И. ,Тибет в политике царской, советской и постсоветской России, – СПБ. : Изд – во С. – Петерб. Ун – та;Изд – во А. Терентьева《Нартанг》,2006. –464 с. 273 – 274

② 邱熠华,《〈苏俄与西藏:秘密外交的失败(1918—1930s)〉简介》,《西藏民族学院学报(哲学社会科学版)》,2012.1

③ Приезд представителя Тибет. Известия. 29. августа. 1925г.

④ 胡岩,《西藏问题中的苏联因素》,《西藏大学学报》,2006年第3期。

⑤ Там же. Ф. 17, оп. 3, д. 696. Протокол № 34 заседания Политбюро ЦК от 19 июля 1928. 转引自:Андреев. А. И. ,Тибет в политике царской, советской и постсоветской России, – СПБ. : Изд – во С. – Петерб. Ун – та;Изд – во А. Терентьева《Нартанг》,2006. –464 с. 310

⑥ 邱熠华,《〈苏俄与西藏:秘密外交的失败(1918—1930s)〉简介》,《西藏民族学院学报(哲学社会科学版)》,2012.第1期。

⑦ Андреев. А. И. ,Тибет в политике царской, советской и постсоветской России, – СПБ. : Изд – во А. Терентьева《Нартанг》,2006. –464 с. 320

⑧ 张羽新、张双志编,蒙藏委员会为藏方主张先议中藏问题待有结果再行册封典礼事致行政院呈(1934年9月22日),民国藏事史料汇编(第5册),北京:学苑出版社,2005:第431页。

藏。苏联学者认为:"到 1940 年末,西藏是事实上的独立国家,莫斯科在这些年没有表现出大的兴趣,因为那里没有现实利益"①。而对于西藏的状态在 1946 年苏联大百科全书上是这样描述的:"根据中国宪法,西藏是中国的一部分……现阶段西藏在名义上是中国统治而实际上是英国影响下的国内自治状态"②。

3. 斯大林支持中国解放西藏

1949 年新中国成立,中共中央实行了向苏联"一边倒"的外交策略。在冷战国际局势下,斯大林反对帝国主义支持的"西藏独立"活动,因为"西藏问题在一定意义上对于当时社会主义与资本主义两大阵营的斗争具有了某种影响,假如刚刚诞生的新中国能够顺利解决西藏问题,对于以苏联为首的社会主义国家同西方的斗争也具有积极意义。"③正是出于这样的考虑,苏联在中国共产党和平解放西藏过程中给予了充分的支持。与国家立场一致,苏联《真理报》和《消息报》1950 年 1 月 3 日转发了《中国共产党中央委员会新年贺词》重申"1950 年,中国军队面临的任务是解放台湾、海南岛和西藏,消灭蒋介石的残余部队,不允许美帝国主义侵略我们的每一寸领土"④。

1952 年 8 月 17 日,周恩来总理率政府代表团访问苏联。8 月 20 日,周恩来与斯大林举行会谈,当谈及"西藏问题"时,斯大林表示:"西藏是中国的一部分。中国军队应当驻扎西藏。"苏联能够提供中国中央政府与西藏保持联系所需要的飞机。可以"先提供 10 架,随后再提供 10 架。"他认为"必须修筑通往西藏的路",因为"道路不通很难保持西藏应有的秩序。美国人也好,英国人也好,印度人也好,谁出的钱多,西藏喇嘛就投靠谁。"⑤在 9 月 3 日举行的午餐会上,周恩来发表了中国关于东南亚国家及西藏政策的讲话,强调中国坚持不派军队的和平方针,以和平的

---

① Андреев. А. И., Тибет в политике царской, советской и постсоветской России, – СПБ.: Изд – во С. – Петерб. Ун – та; Изд – во А. Терентьева《Нартанг》,2006. –464 с. 332

② Тибет // БСЭ (1 – е изд.). 1946. Т. Столб. 228. 转引自:Андреев. А. И., Тибет в политике царской, советской и постсоветской России, – СПБ.: Изд – во С. – Петерб. Ун – та; Изд – во А. Терентьева《Нартанг》,2006. –464 с. 334

③ 胡岩,《西藏问题中的苏联因素》,《西藏大学学报》,2006 年第 3 期。

④ Новогоднее послание ЦК Китайской компартии китайской армии и народу. Правда. 3 января 1950г.

⑤ 陈春华:《1952 年 8 至 9 月斯大林与周恩来会谈经过》,《中共党史研究》,1997 年第 5 期。

方式对待这些地方。斯大林表示不同意周恩来的观点,他认为:西藏是中国的一部分。西藏应该驻扎中国军队。①

苏联积极帮助中国完全控制西藏,符合冷战早期苏联在亚洲的战略利益。20世纪50代初期,苏美冷战升级,西藏再次引起苏联参谋本部和军事情报部的重视。莫斯科在外交和军事方面给予中国帮助,用以对抗美国对西藏的支持。1950年初,苏联的军事顾问随同中国军队来到西藏。随后(约为1952年)拉萨来了一小组苏联工程师,为西藏建设第一个飞机场选择地址。当机场(基本是按照苏联的方案)建成后,苏联的飞行员进行了两次飞行实验。1954年夏天,一个大型的检查顾问团和中国人民解放军兰州指挥部一起来到西藏,顾问们从北到南参观了整个西藏,包括拉萨。②

1954年10月1日,达赖喇嘛和班禅喇嘛受毛泽东邀请到北京参加中华人民共和国成立五周年庆祝大会。在招待会上,达赖喇嘛第一次见到苏联领导人赫鲁晓夫和布哈林。达赖喇嘛在自己的回忆录中写道:在宴席上与他们坐在一起,苏联驻中国大使非常关心他对社会主义的印象。苏联大使邀请他访问苏联,更多地了解社会主义制度。1955年,第一批苏联记者受中华人民共和国国务院邀请来到西藏,同时受邀的还有英国、美国、意大利、法国等国家的记者。他们乘坐苏联的汽车穿越了西藏的东南地区,沿途经过昌都——拉萨——日喀则。记者们受到了西藏两大佛教领袖——达赖喇嘛和班禅喇嘛的接见,两位活佛赞美了中国和平解放之后西藏的改变。记者们在旅行报告中描绘了一幅具有崭新光明未来的自由西藏的美好图景。③

4. 赫鲁晓夫对中国西藏政策不满

1953年3月5日,斯大林去世。随后,中苏两党在涉及国际共产主义运动的一

---

① Андреев. А. И. ,Тибет в политике царской, советской и постсоветской России, – СПБ. :Изд – во С. – Петерб. Ун – та;Изд – во А. Терентьева 《Нартанг》,2006. –464 с. 352

② Андреев. А. И. ,Тибет в политике царской, советской и постсоветской России, – СПБ. :Изд – во С. – Петерб. Ун – та;Изд – во А. Терентьева 《Нартанг》,2006. –464 с. 353

③ Андреев. А. И. ,Тибет в политике царской, советской и постсоветской России, – СПБ. :Изд – во С. – Петерб. Ун – та;Изд – во А. Терентьева 《Нартанг》,2006. –464 с. 357

系列重大问题上发生分歧,逐渐影响到两国之间的关系。

1959 年 3 月,西藏发生叛乱,达赖喇嘛叛逃。4 月 5 日,《真理报》以《帝国主义在西藏的挑衅失败》为题发表声明,体现了苏联领导人的立场:西藏地方政府——西藏反动上层应对叛乱承担全部罪责,他们与帝国主义集团和蒋介石串通……公开背叛祖国。①

1959 年 4 月末,苏联外交部给驻外外交使团分发了"指示",阐明了苏联对待西藏事件的立场,明确指出:美国及其他资本主义国家的帝国主义集团利用西藏的反动叛乱,通过广泛宣传,破坏中华人民共和国、波及亚洲及整个社会主义阵营。要求苏联外交官对待这一敌对运动应遵循以下原则:

(1)西藏事件属于中华人民共和国内政,不得以任何借口干涉西藏事务。苏联完全支持中国朋友消除叛乱、在西藏实行民主改革措施;

(2)必要时给予敌对分子及其叛乱以反击,阐明西藏事件的真正性质;

(3)此项工作的进行应该与所在国驻中华人民共和国代表保持密切联系;

(4)苏联驻联合国代表反对以任何形式将"西藏问题"提交联合国,因为这是对中国内务的干涉;

(5)必须关注所在国与西藏事件相关的政治、社会和宗教状况,防止反动力量的阴谋活动及试图利用民族、国际组织从事分裂中国的运动。②

随着中苏两党及两国领导人意识形态的分歧及中苏关系的恶化,赫鲁晓夫对中国共产党解决"西藏问题"日益不满。

1959 年 10 月初,苏联代表团到北京参加中华人民共和国成立 10 周年庆典,期间,赫鲁晓夫和毛泽东之间发生了争吵。赫鲁晓夫倡导戴维营精神,放弃对资本主义阵营的斗争和对抗,主张苏美缓和,共同称霸世界。赫鲁晓夫在会谈中指出:"达赖跑到印度,是中国的过错,是中国共产党犯了错误"③。他认为,达赖喇嘛逃亡印度后果严重:"达赖喇嘛在印度随时能逃往美国,继而给社会主义国家带来损失"。

---

① Правал империалистической провакации в Тибете. правда. 5. апреля1959г.

② Андреев. А. И. ,Тибет в политике царской,советской и постсоветской России, – СПБ. :Изд – во С. – Петерб. Ун – та;Изд – во А. Терентьева《Нартанг》,2006. – 464 с. 364

③ 唐家璇主编:《中国外交辞典》,北京:世界知识出版社,2000 年 1 月,第 96 页。

毛泽东认为："中国不可能阻止达赖喇嘛逃往印度,因为中印边界很长,他可以从任何一个地点逃走"。赫鲁晓夫偏袒印度说："你们在西藏是统治者,你们在那里应该有自己的情报机关,应该清楚达赖喇嘛的计划和打算"①。之后,西藏这个话题在几次用餐过程中被提及。赫鲁晓夫批评中国在西藏进行毫无限制的激进式改革。而他同情、理解尼赫鲁在"西藏问题"上的立场是出于维护印度的国家安全考虑。关于这一问题,赫鲁晓夫在自己的回忆录里是这样写的:"印度处于反华和亲藏的立场。印度虽然没有直接的,但是很明显地表达了对西藏人的同情。我对中国同志说,应该以宽容和理解的态度来对待这一事实。要知道,中国很难在西藏问题上取得尼赫鲁的支持。应该牢记,西藏与印度相邻,一个独立的、弱小的西藏不能对印度构成任何威胁,对其更为有利。中国的西藏在印度面前是令其厌烦的"。②

1959 年 10 月 21 日,联合国大会通过了所谓"西藏人权"的决议。之后,联合国大会又在 1960 年、1961 年和 1965 年三次把所谓"西藏问题"列入大会议程。其中有两次通过了所谓"西藏问题"的决议。③ 对于联合国大会三次将所谓"西藏问题"列入大会议程,苏联代表两次投反对票,反复重申不允许干涉中华人民共和国内部事务的准则。苏联代表在 1961 年会议上特别强调:西藏是中国的一部分,在联合国大会讨论西藏问题是对中华人民共和国主权的侵害。④

至此,虽然由于达赖喇嘛拉萨叛乱及逃亡印度,莫斯科对中国的西藏政策开始表现出不满,但苏联对于西藏地位的立场始终没有改变——克里姆林宫继续承认西藏是中国不可分割的一部分,在国际社会继续支持中华人民共和国。

---

① 李其庆主编:《马克思、恩格斯、列宁、斯大林研究(总第 22 辑)》,北京:中央编译局,1996 年。

② Зубок В. М. Переговоры Н. С. Хрущева с Мао Цзэдуном 31 июля – 3 августа 1958 г. И 2 октября 1959 г.//Новая и новейшая история. 2001. № 1. С. 99,100. 转引自:Андреев. А. И., Тибет в политике царской, советской и постсоветской России, – СПБ.: Изд – во С. – Петерб. Ун – та; Изд – во А. Терентьева 《Нартанг》,2006. –464 С. 369

③ 毕华:《所谓"西藏人权问题"的实质是企图分裂中国》,《中国藏学》,1992 年第 2 期。

④ Клинов А. С. Политический статус Тибета и позиция держав(1914 г. – конец XX в.). Майкоп, 2002. С. 341

转引自:Андреев. А. И., Тибет в политике царской, советской и постсоветской России, – СПБ.: Изд – во С. – Петерб. Ун – та;Изд – во А. Терентьева《Нартанг》,2006. –464 С. 373

5. 中苏关系非正常化期间苏联与西藏保持联系

20 世纪 60 年代中苏关系的持续恶化促使莫斯科重新审视自己对待"西藏问题"的态度。1966 年 5 月,中国开始"文化大革命",苏联出现了一系列定期出版的图书和文章,其内容充满了对毛泽东领导集体的少数民族政策极其尖锐的批评(例如《毛泽东和他的领导集体》),首当其冲的是对蒙古、新疆和西藏政策的批评。1966 年 8 月西藏开始"文化大革命",苏联毛泽东主义批评家指责:喇嘛们被要求读《毛泽东选集》代替佛教文本,西藏文字开始被汉字所替代,这是对西藏民族传统和佛教文化的攻击。[①]

1976 年 2 月 24 日,苏共中央总书记勃列日涅夫在苏联共产党第二十五次代表大会上发表《苏联共产党中央委员会总结报告和当前党的对内对外政策任务》的讲话,指出:"对待中国也像对待其他国家一样,我们坚定地奉行平等、尊重主权和领土完整、互不干涉内政和不使用武力的原则。""愿意在和平共处基础上同中国关系正常化"。[②] 然而,20 世纪 80 年代初,莫斯科又重新开始批评北京,而且增加了新的批评内容——中华人民共和国民族地区军事化,包括对新疆和西藏地区军事化的批评。

1979 年夏天达赖喇嘛访问苏联,这是俄藏关系 300 年历史上的首次访问。达赖喇嘛是去乌兰巴托参加"亚洲佛教徒争取和平会议"途中访问苏联几个中亚共和国的佛教组织的。尽管这一接触是宗教性质的,但是在中苏两国对抗的背景下自然具有政治含义。5 月 20 日的《印度教徒报》评论认为:"苏联现在企图拉拢达赖,其目的是竭尽一切努力阻挠达赖回西藏"。奥地利报纸《上奥地利新闻》也认为"达赖喇嘛不回中国却去苏联,其政治意义是明摆着的"。[③] 1982 年 9 月达赖喇嘛受苏联佛教宗教管理局的邀请再次访问苏联,此次访问恢复了 30 年代苏俄与西藏之间的宗教和文化联系。"莫斯科和全俄罗斯大总主教皮缅公然称赞达赖喇嘛

---

① Андреев. А. И. ,Тибет в политике царской,советской и постсоветской России, - СПБ. :Изд - во С. - Петерб. Ун - та;Изд - во А. Терентьева《Нартанг》,2006. -464 С. 378

② 辛华编译:《苏联共产党第二十五次代表大会主要文件汇编》,北京:生活·读书·新知三联书店出版,1977 年 5 月,第 21 页。

③ 《苏联阴谋利用达赖反华》,《人民日报》,1979 年 5 月 28 日,第 6 版。

的活动是为人民之间建立和平和正义关系所进行的活动"。而中国的观察家则认为,"由苏联宗教界出面把达赖这种人物弄到苏联来活动,而且苏联政府机关正式加以接待,人们不能不考虑其政治意图是什么。"①1986 年 9 月,达赖喇嘛第三次访问苏联。他的这次访问与前两次一样,都是秘密进行的。值得注意的是,达赖喇嘛此次访问实现了他长久以来的愿望——去列宁格勒参观佛教寺庙。②

1981 年苏联宗教管理局和"西藏流亡政府"的宗教和文化部门签订了派遣西藏大学生以小班的形式到苏联大学学习的协议。一年后,"西藏流亡政府"从印度派出了三个藏人到苏联学习。1982—1983 年间,他们在基辅国立学校预科部学习俄语,而后其中的两个人被留在该校国际关系和国际法专业学习,另外一人到斯塔夫罗波尔大学外国史专业学习。20 世纪 90 年代,三个人分别成为达赖喇嘛在俄罗斯联邦、独联体国家和蒙古的代表。③

1987 年 9 月 21 日,达赖喇嘛应美国国会人权党团会议的邀请,在国会上发表演说,提出解决西藏问题的五点建议。④ 达赖喇嘛这一建议发布的同时戈尔巴乔夫新书《改革与新思维》在苏联出版,二者的许多思想都异常吻合。⑤

1989 年 5 月,戈尔巴乔夫访问中国。克里姆林宫为了缓和与中国的关系,不得不放弃自己原来的立场,在"西藏问题"上站在北京一方。戈尔巴乔夫访华期间,苏联外交官对待西藏的态度发生了 180 度的大转弯——强烈批评西藏分裂分子纪念拉萨起义 30 周年的大规模反中国言论。⑥ 这种批评是要北京明白,莫斯科不支持西藏分离主义分子关于西藏独立的努力。

---

① 《苏联当局打算干什么?竟"邀请"达赖去苏活动》,《人民日报》,1982 年 9 月 15 日,第 6 版。

② Андреев. А. И. , Тибет в политике царской, советской и постсоветской России, – СПБ. : Изд – во С. – Петерб. Ун – та; Изд – во А. Терентьева 《Нартанг》,2006. –464 С. 389

③ Н. Рабгьял находился в этой должноси в 1993 – 1997 гг., Н. Гелек – в 1997 – 2002 гг., Таши – с декабря 2002 г. Вплоть до наст. Времени(июль 2005). 转引自:Андреев. А. И. , Тибет в политике царской, советской и постсоветской России, – СПБ. : Изд – во С. – Петерб. Ун – та; Изд – во А. Терентьева 《Нартанг》,2006. –464 С. 382

④ 程早霞:《美国插手西藏问题的来龙去脉》,《长春师范学院学报》,2007 年第 1 期。

⑤ 戈尔巴乔夫 1987 年由苏联政治书籍出版社出版了《改革与新思维》一书。

⑥ См:Известия. 1989. 7,8 марта; Правда. 1989. 8 марта. 转引自:Андреев. А. И. , Тибет в политике царской, советской и постсоветской России, – СПБ. : Изд – во С. – Петерб. Ун – та; Изд – во А. Терентьева 《Нартанг》,2006. –464 С. 385

1990 年 6 月 30 日,达赖喇嘛答应俄罗斯地方佛教社区的请求,担任列宁格勒佛教寺庙的精神领袖。[1] 他在给苏联的佛教徒致辞时说:"我向你们致以最温暖的问候。苏联和蒙古的佛教徒都是我们的兄弟。你们永远是我们最亲近的人,永远处于我的灵魂深处。"[2]1991 年夏天,达赖喇嘛再次访问俄罗斯。此次访问官方的理由是俄罗斯正式承认佛教 250 周年纪念日。

20 世纪 90 年代苏联的西藏政策遵循两条主线:正式外交上承认中国对西藏的主权,与西藏问题保持距离。非正式外交方面利用佛教徒及其组织努力加紧在宗教和文化上与西藏上层、特别是达赖喇嘛保持联系。[3]

审视俄罗斯今天的西藏政策,其官方承认西藏是中国不可分割的一部分,同时,继续通过布里亚特、卡尔梅克和图瓦的藏传佛教信众与达赖喇嘛保持"纯粹宗教联系"。[4] "西藏问题"在一段时间内依然是国际关系中的热点问题。

(哈尔滨工程大学人文社会科学学院:曲晓丽　程早霞)

① См.:Терентьев А. Учитель ушел из храма //Буддизм России. 1996(осень). № 26. С. 21 – 22. 转引自:Андреев. А. И.,Тибет в политике царской,советской и постсоветской России, – СПБ.:Изд – во С. – Петерб. Ун – та;Изд – во А. Терентьева《Нартанг》,2006. –464 С. 391

② Андреев А. И. Храм Будды в Северной столице. С. 180 – 181. 转引自:Андреев. А. И.,Тибет в политике царской,советской и постсоветской России, – СПБ.:Изд – во С. – Петерб. Ун – та;Изд – во А. Терентьева《Нартанг》,2006. –464 С. 391

③ Андреев. А. И.,Тибет в политике царской,советской и постсоветской России, – СПБ.:Изд – во С. – Петерб. Ун – та;Изд – во А. Терентьева《Нартанг》,2006. –464 С. 393

④ 邱熠华:《〈苏俄与西藏:秘密外交的失败(1918—1930s)〉简介》,《西藏民族学院学报(哲学社会科学版)》,2012.1

美国总统会见达赖喇嘛问题研究
(1991—2007)

冷战结束以来,十四世达赖喇嘛已经成为一些西方国家反华的忠实工具。美国无疑是达赖最重要的国外支持力量。美国总统是美国对外政策的决策者,美国总统会见达赖的政策变化,反映了美国政府对达赖"藏独"势力的支持程度。

1. 乔治·布什总统首开会见达赖喇嘛的先例

20 世纪 80 年代中后期,国际局势发生了巨大的变化。美苏关系总体趋于缓和,美国在冷战中处于优势地位。中国的不断发展,使美国不再将中国看作盟友而是将中国视为潜在的敌人。20 世纪 70 年代,美国出于自身的战略利益,放弃了对达赖集团的支持。达赖的"藏独"活动曾经一度沉寂,成为被遗弃的"冷战孤儿"。①但从 80 年代起,美国不断加强对达赖集团的支持,加上达赖集团大肆进行"藏独"活动,严重侵犯了中国的核心利益。

尽管美国国内支持达赖集团的活动频繁,但在里根总统主政时期,涉藏问题一直没有成为影响中美关系的核心问题。倒是同中国渊源颇深的乔治·布什

① 此处使用"冷战孤儿"一词是借用肯尼斯·克瑙斯所写的《冷战孤儿》的书名,这本书的英文名称和出版信息如下:John Kenneth Knaus, *Orphans of The Cold War : American and the Tibetan Struggle for Survival*, New York : Public Affairs, 1999.

（George Bush）总统，把达赖集团推到了反华前线。

1989 年 7 月 23 日，美国犹太教教士中央会议（CCAR）执行副主席约瑟夫·B.格拉泽（Joseph B. Glaser）致信老布什总统，希望老布什总统在白宫会见达赖。[①] 8 月 13 日，国务院越南、老挝和柬埔寨办公室主任查尔斯·H.特文宁（Charles H. Twining）给约瑟夫·B.格拉泽回信，信中说："您关于白宫会见今年后半年访美的达赖的建议，由于来访的临近已经得到认真考虑。毫无疑问像以往一样，我们的政府将尊敬神圣的达赖并视之为一位宗教领袖。我们不希望将这种敬意误解为承认西藏独立，我们也不希望为继续实施暴力提供任何鼓励，这将会严重损害和解的前景。和其他政府一样，美国认为西藏是中国的一部分。我们不承认达赖作为流亡政府的领袖。"[②]老布什总统通过国务院委婉地拒绝了达赖的会见请求，说明此时老布什政府在对待达赖的态度上还是比较审慎的。

达赖集团并未因老布什总统的拒绝而放弃寻求会见的努力，1990 年 9 月 12 日，到访美国的达赖在纽约宣布将 1991 年确定为"国际西藏年"，达赖将在 1991 年访问包括美国在内的 28 个国家并举办"西藏艺术展览"。[③] 1991 年，以冷战"胜利者"自居的老布什总统开始调整对华政策，在处理同达赖之间的关系时也由原来的温和谨慎变得大胆露骨。1991 年 4 月 16 日，老布什总统在白宫的私人住所会见了达赖[④]，这次会面并未出现在老布什总统的公开日程表中，但是白宫新闻秘书马琳·菲兹沃特（Marlin Fitzwater）证实了这一事情。虽然老布什总统以"私人身份"会见达赖，整个会见过程没有任何记者在现场，白宫甚至没有公布会见的照片，美国政府也没有公布此次会见的相关报告。[⑤] 但从达赖写给老布什总统的信中可以看到会见的基本情况。[⑥] 这封信的原文如下：

① Category：C0081，Case Number：162129，George Bush Presidential Library and Museum.

② Category：C0081，Case Number：162129，George Bush Presidential Library and Museum.

③ Susan Heller Anderson，"Chronicle：The Dalai Lama and the Year of Tibet Gary Kasparov and the island of Martha's Vineyard a Roy Goodman and the National Arts Club"．*The New York Times*．New York：Sep 13，1990，pg. B24.

④ Mary McGrory，*Reminders of Bush's Blinders. The Washington Post*．Washington，D. C. ：Apr 18，1991，pg. A2.

⑤ Valerie Strauss，*Bush Meets With Tibet's Dalai Lama*；*Exiled Leader Calls U. S. Policy Unfair. The Washington Post*．Washington，D. C. ：Apr 17，1991. pg. A3.

⑥ Category：GI002，Case Number：238060，George Bush Presidential Library and Museum.

达赖喇嘛

1991 年 4 月 17 日

尊敬的阁下：

非常感谢您昨天能给我机会与您在白宫会面，特别让我感动的是这种可能性变成了现实，尽管受到一些方面的反对。

美国是当今最强大的国家。我希望您的国家把这种力量用于提高世界的人权和民主。我的信念是，人类的核心品质是谦和与慈悲。您是一位承担了巨大责任和负担的领袖，而我却被您的热心和谦和所打动。

西藏的形势很悲惨，我希望我们所有人都应该为有效地结束藏人的悲惨遭遇和拯救西藏文化做一些事情。或许我可以向您和您的政府通报任何与此事有关的进展。

很高兴在我进行简短陈述时斯考克罗夫特将军(Gen. Scowcroft)陪在一旁。

最后，由于布什夫人的热情好客，请转达我对她的温馨祝愿，请将这本书转交给著名的米莉(Millie)。

致以我的祈祷和最美好的祝愿。

真诚的：达赖喇嘛

从这封信中可以看出，在老布什总统会见达赖的过程中，老布什总统的夫人和国家安全事务助理布伦特·斯考克罗夫特(Brent Scowcroft)两人也在场。达赖在故意歪曲西藏的历史和现实并希望获得老布什总统的同情和帮助。

1991 年 4 月 17 日和 18 日《华盛顿邮报》的两篇报道，1991 年 4 月 19 日和 21 日《纽约时报》的三篇报道，对这次会见进行报道。但是，这些报道全都倾向于达赖集团，甚至帮助达赖集团来污蔑中国，根本无视中国政府的抗议和愤怒。例如，《华盛顿邮报》4 月 17 日的报道称，达赖说，"如果布什总统显示出他对西藏或中国的兴趣，我很愿意告诉他美国应清晰地说出中国做错的事情……美国人并不清楚他们对中国的影响力,因为中国更需要美国。"①这次会见之后,达赖说他的确对布什总统讲述了西藏的形势。当有人问及达赖,布什总统是否对他说了些什么,达赖说总统对他说的话比他要求的还好。②《华盛顿邮报》4 月 18 日的报道称,"最大的胜利莫过于达赖去了白宫,因为布什总统曾经是北京政府的老朋友。"③《纽约时报》也在 4 月 19 日的报道中称,"在总统的家庭寓所,布什总统和夫人倾听着达赖绅士般的谈话。在中国占领下的西藏有一百多万人死于屠杀、驱逐和饥饿。接着布什和达赖两人离开了,私下里谈了十五分钟。双方都意识到了会面的政治影响,六百万西藏幸存者将会欢欣鼓舞并点燃新的希望,北京将会受到致命的一击。"④老布什总统会见达赖的消息经过美国媒体大肆渲染后,提高了达赖集团在美国乃至在国际上的影响力,助长了达赖集团"藏独"活动的嚣张气焰。

　　老布什总统会见达赖给中美关系造成了极大的伤害。中国政府的立场鲜明,"中国坚决反对达赖喇嘛代表西藏政府访问美国,并且向美国政府表示强烈抗议。任何国家的政府官员以任何形式接见达赖喇嘛或其代表都是中国政府所不能接受的。"⑤"老布什政府却无视中国政府和中国人民的愤怒。"白宫发言人马林·菲兹沃特说,虽然总统会见达赖导致抗议,但白宫表示并不后悔作出这个决定。老布什政府在涉藏问题上的立场变得越来越强硬,涉藏问题已经成为一个损害中美关系健康发展的敏感问题。⑥

　　1991 年 5 月 20 日,康巴人福利协会副主席理塘多杰(Lithang Dorje)给老布什总统写信,"请求老布什总统在人权和其他方面继续对西藏"流亡藏人"进行帮助,并要求美国在 1991 年的联合国大会上提出西藏地位问题的提案。"⑦1991 年 7 月 25 日,美国国务院中国、蒙古事务办公室主任肯特·M. 魏德曼(Kent M

---

① Valerie Strauss, *Bush Meets With Tibet's Dalai Lama*; *Exiled Leader Calls U. S. Policy Unfair*, *The Washington Post*, Apr 17, 1991. pg. A3.

② Valerie Strauss, *Bush Meets With Tibet's Dalai Lama*; *Exiled Leader Calls U. S. Policy Unfair. The Washington Post*, Apr 17, 1991. pg. A3, 1 pgs.

③ Mary McGrory, *Reminders of Bush's Blinders*, *The Washington Post*, Apr, 18, 1991. pg. A2, 1 pgs.

④ A. M. Rosenthal, *Beijing Heart Attack*, *The New York Times*, Apr 19, 1991. pg. A27, 1 pg.

⑤ Gwen Ifill, *Lawmakers Cheer Tibetan in Capitol Rotunda*, *The New York Times*, Apr 19, 1991. pg. A1.

⑥ Gwen Ifill, *Lawmakers Cheer Tibetan in Capitol Rotunda*, *The New York Times*, Apr 19, 1991. pg. A1.

⑦ Category: C0156, Case Number: 266297, George Bush Presidential Library and Museum.

美国总统会见达赖喇嘛问题研究（1991—2007）

Wiedemann)给理塘多杰(Lithang Dorje)写了回信,美国政府对达赖集团的支持可见一斑。魏德曼在信中说,"4月16日,总统以'私人身份'会见达赖是经过仔细考虑的。表现出总统非常尊重这位宗教领袖,也充分说明了总统对西藏人权的尊重。美国政府不断地向中国政府提出西藏人权问题,美国国务院仔细考虑将来在合适的国际论坛上提出西藏人权问题,支持非政府组织向联合国人权委员会和联合国的其他机构提出西藏人权问题。"①

1991年11月12日,达赖的特别代表甲日·洛迪(Lodi G. Gyari)写信给美国国家安全事务助理布伦特·斯考克罗夫特(General Brent Scowcroft)将军,希望他能够会见1991年12月2日至6日到华盛顿访问的嘉乐顿珠。② 在信中提到甲日·洛迪同时给国家安全委员会亚洲事务主任包道格(Douglas H. Paal)写信,希望包道格也能会见嘉乐顿珠。甲日·洛迪在阐述会见的理由时说,"嘉乐顿珠是达赖的二哥,也是"西藏流亡政府"噶厦的首席噶伦。他经过很多困难的年代并在许多场合同中国领导人打交道,他同美国政府也有广泛的接触。"③很显然,嘉乐顿珠的特殊身份决定了他与布伦特·斯考克罗夫特和包道格之间的会面是不寻常的,既是达赖与美国政府的联系,也体现了"西藏流亡政府"同美国政府之间的联系。

1992年6月22日,达赖给老布什总统写信,向老布什总统通报了他的哥哥嘉乐顿珠去北京与中国政府进行会谈的消息。"此刻他正在中国,我将会通知您关于他的努力所取得的任何成果。"并在信中感谢老布什总统,"我非常感谢您去年将国会通过的'西藏是一个被侵占的国家'的决议签署成为法律,您的行为对于提高各地西藏人的士气具有重要意义。"④对此,老布什总统于7月21日给达赖写了回信,"感谢您最近的来信通报了您的哥哥与中国政府在北京恢复对话的消息,我和您具有同样的希望,北京已经采取积极措施恢复对话来'探索发展前途'。我敦促您和您的同伴应尽一切所能去增强对话的活力。我希望您知道我们同样敦促中国进行建设性对话来缓和紧张关系,并向着和平的结果努力。正如您所知道的那样,

---

① Category:C0156,Case Number:266297,George Bush Presidential Library and Museum.

② Category:Fg006－06,Case Number:309129,George Bush Presidential Library and Museum.

③ Category:Fg006－06. Case Number:309129. George Bush Presidential Library and Museum.

④ Category:C0156. Case Number:338126SS. George Bush Presidential Library and Museum.

美国仍然承诺尊重人权的普遍标准适用于全世界。"①老布什总统对于嘉乐顿珠在北京的会谈情况一清二楚,希望美国政府操纵谈判并控制谈判进程。老布什总统将美国的人权外交政策应用在涉藏问题中,人权不但是美国政府干涉中国内政的常用借口,也是老布什总统与达赖之间最具默契的话题。

1991 年和 1992 年美国国务院有关西藏的文件几乎都提及了"西藏人权问题",污蔑中国政府如何践踏西藏人权并要求中国政府改善西藏人权。从达赖及他的特别代表甲日·洛迪与老布什总统和美国政府其他高层人员的通信中可以看出,老布什政府已经成为达赖集团最主要的靠山。②

2. 克林顿总统会见达赖成为"惯例"

老布什总统首开会见达赖的先例之后,克林顿总统以多种"非正式"的形式会见达赖,俨然如美国官方所说已经成为"惯例"。

克林顿政府最先利用涉藏问题向中国发难,1993 年 4 月 27 日,克林顿第一次在白宫以顺路经过的方式会见了达赖。据白宫发言人称,克林顿总统说:"达赖是一位在国际上很受尊敬的精神和道德领袖,作为诺贝尔和平奖获得者,他承诺宣扬非暴力变革来解决争端。我对于能够听到达赖关于中国形势的观点深表感激,也包括对于西藏的观点。美国政府将继续敦促恢复北京同达赖之间的对话,继续对中国在西藏践踏人权的行为施压。"③克林顿总统的言论和行为很明显干涉了中国内政,利用会见达赖来遏制中国。1993 年 4 月 27 日下午白宫发表例行新闻简报,乔治·斯蒂芬·欧普罗斯(George Stephan Opoulos)称,这次会见之所以没有出现

---

① Category:C0156. Case Number:338126SS. George Bush Presidential Library and Museum.

② 笔者从美国国家数字化安全档案数据库(DNSA)和老布什总统图书馆网站中检索到了 16 份与"西藏人权"相关的美国官方文件,且都集中在 1991 年和 1992 年。包括美国总统乔治·布什、美国国务卿贝克、国家安全事务助理布伦特·斯考克罗夫特、国家安全委员会亚洲事务部主任包道格在内的美国政府高级官员在文件中提出"西藏人权问题"。达赖喇嘛及其特别代表在与这些官员通信时,尤其是与老布什总统通信时,每次都会提及"西藏人权问题"。(DNSA)网址:http://bert.lib.indiana.edu:3487/home.do;老布什图书馆网址:http://bushlibrary.tamu.edu/research/china/

③ Statement By the Press Secretary,President Meets with His Holiness the Dalailama Praises RenownedSpiritual and Moral Leader,The White House,April 27,1993. 网址:http://clinton6.nara.gov/1993/04/1993 – 04 – 27-president-meets-with-his-holiness-the-dalai-lama.html – 1.2KB – Publications

在总统的日程表中,是因为这次简短的会面只是总统回来路过(brief stop-by)时发生的,这实际上在副总统的日程表中已经公布了。克林顿总统路过副总统办公室并进去同达赖打招呼,他们仅仅谈了 5 分钟。达赖感谢总统在中国人权问题上对他的支持,并感谢刚才总统对他的问候。①《纽约时报》对这次会见分析十分明了:"克林顿先生期望会见达赖,无论他们彼此说什么,这次会见所产生的重要作用已经远远超过了白宫所做的解释。"②克林顿总统在入主白宫的前三个月内就会见了达赖,并在人权和贸易等方面向中国施压,其傲慢与强硬的对华政策可见一斑。这样的行为不但刺激了达赖集团的分裂野心,更是给中美关系投下了巨大阴影。

第二次,1994 年 4 月 28 日克林顿总统再次以顺便路过的方式会见了达赖。③白宫表示,"克林顿总统在星期四(4 月 28 日)告诉达赖,他支持这位西藏宗教领袖,提议中国高级官员会见达赖。并说这些问题与美国政府有关,特别是与恢复中国的最惠国地位的审查条件有关。"④

第三次,1995 年 9 月 13 日,试图显示对西藏的关注而不重新点燃同中国的紧张关系,克林顿总统顺便简短地会见了达赖,此时达赖正在会见副总统戈尔。⑤白宫官员称,达赖担心由于中国政府限制西藏的宗教和文化将会使西藏文化灭亡,中国提倡汉语和汉族文化并促动大量汉人向西藏移民。听完达赖的话后,克林顿先生表达了他对保护西藏宗教和文化的关注。⑥一位出席会见达赖的政府官员告诉克林顿总统,要保证西藏精神和西藏文化保存下来,西藏人需要某种程度上的自

---

① Press Briefing By George Stephanopoulos,The White House,Office of the Press Secretary,April 27,1993. 网址:http://clinton6. nara. gov/1993/04/1993 – 04 – 27-press-briefing-by-george-stephanopoulos. html – 51. 0KB – Publications

② A. M. Rosenthal, *Guide for Cleansers. The New York Times*. New York,N. Y. :Apr 27,1993. pg. A21.

③ 1994 Public Papers of the Presidents, Vol. 1, Appendix C—Checklist of White House Press Releases. Size:46987,Score:1000,HTML,PDF
美国总统公开文件网址:http://www. gpoaccess. gov/pubpapers/search. html

④ *Clinton Backs Offer By the Dalai Lama. New York Times*. New York,N. Y. :Apr 30,1994. pg. 7.

⑤ Steven Greenhouse, *Clinton, Wary of Riling China, Sees Dalai Lama Only Briefly. The New York Times*. New York,N. Y. :Sep 14,1995. pg. A8.

⑥ Steven Greenhouse, *Clinton, Wary of Riling China, Sees Dalai Lama Only Briefly. The New York Times*. New York,N. Y. :Sep 14,1995. pg. A8.

治。达赖反复要求美国向中国施压,与他开始进行关于给予西藏更大自治权对话。① 克林顿总统连续三年会见达赖的行为表明美国对西藏的强硬立场,人权、民主、宗教等意识形态因素在克林顿总统的第一任期内体现得非常明显。但这种强硬而无理的对华政策也遭到中国的强烈抗议,因此在其第一任期的最后一年里进行调整,逐渐放缓了利用人权问题遏制中国的脚步。1995 年 12 月,美国国务院新闻办公室发布了一篇"中国人权进步"的报告,用 26 页的篇幅来赞扬了 1991 年以来中华人民共和国在人权方面取得的进步,这样的报告在历届美国政府中都是少有的。②

第四次,1997 年 1 月 20 日克林顿连任后,在其第二任期内又开始了支持达赖的活动。1997 年 4 月 23 日,克林顿总统再次以顺便路过的方式简短地出席了副总统与达赖之间的会见。③《纽约时报》对此次会见作了详细的报道:"克林顿总统坐下来并与达赖会谈了约 20 分钟。希拉里·黛安·罗德姆·克林顿(Hillary Diane Rodham Clinton)也在她的住所会见了达赖,大约会见了 45 分钟。两年前希拉里在北京召开的世界妇女大会上作出过非常强硬的演讲。"④白宫发表声明,"美国继续敦促中国政府与达赖或达赖的代表进行高层对话,以解决相互之间的分歧。克林顿总统表示他将继续关注对西藏宗教和文化的保护。"⑤

第五次,1998 年 11 月 10 日下午,克林顿总统在白宫地图室(Map Room)会见了达赖。⑥《纽约时报》于第二天报道了这次会见:"白宫冒着惹怒北京的风险同意会见达赖 30 分钟。据后来说,克林顿和达赖都认为中国政府和他之间进行直接对

---

① Steven Greenhouse, *Clinton, Wary of Riling China, Sees Dalai Lama Only Briefly. The New York Times*. New York, N. Y.: Sep 14, 1995. pg. A8.

② Document Number: CH01927, *The Progress of Human Rights in China*. Information Office of the State Council of the People's Republic of China Non-Classified, Article, December 1995.

③ 1997 Public Papers of the Presidents—Vol. 1, Appendix A—Digest of Other White House Announcements. Size: 56448, Score: 894, HTML, PDF.

④ Alison Mitchell, *Clinton Visits Dalai Lama, Informally, The New York Times*, New York, N. Y.: Apr 24, 1997. pg. A3.

⑤ Alison Mitchell, *Clinton Visits Dalai Lama, Informally. The New York Times*. New York, N. Y.: Apr 24, 1997. pg. A3s.

⑥ 1998 Public Papers of the Presidents—Vol. 2, Appendix A—Digest of Other White House Announcements. Size: 69614, Score: 71, HTML, PDF.

话是有必要的。这位西藏领导者被他的崇拜者尊称为神王。"① 达赖此行还会见了美国副总统戈尔(Albert Arnold Gore Jr)、总统夫人希拉里·克林顿(Hillary Diane Rodham Clinton)和国务卿玛德琳·奥尔布赖特(Madeleine Korbel Albright)。

第六次,2000 年 6 月 20 日下午,克林顿总统在国家安全事务顾问办公室会见达赖并讨论了涉藏问题。② 白宫新闻发言人发表声明称:"总统欢迎达赖非暴力的承诺,并宣称他强烈支持达赖坚定不移同中国政府对话的努力。总统承诺他将继续支持达赖的努力以鼓励对话,并表示他希望中国政府作出有利的回应。总统重申这一强烈的承诺,美国支持保护西藏独特的宗教、文化和语言传统并支持保护西藏人权。总统和达赖都赞同牢固的、建设性的中美关系的重要性。"③

从总体来看,克林顿总统第二任期内中美关系在不断地改善和提升,但克林顿总统及克林顿政府支持达赖集团的活动和力度也在不断增加。克林顿总统在其执政的八年中会见达赖的次数多达六次,其频繁程度是非常罕见的。美国政府在涉藏问题上的双重立场和盛气凌人的气势,鼓动了达赖集团的"藏独"活动。

3. 小布什总统延续会见达赖的"惯例"

2001 年 1 月 20 日,乔治·W. 布什(George W. Bush)就任美国总统。乔治·W. 布什(即小布什)政府基本上沿用了克林顿时代对达赖集团的支持方式和原则,在其八年的任期中会见了四次达赖。

第一次,2001 年 5 月 23 日,小布什总统在白宫官邸椭圆形办公室会见了达赖。④ 小布什总统上任后首次会见达赖的日期是有特殊政治意义的,因为这一天中国各地都在庆祝和平解放西藏 50 周年,因此会见很明显是在丑化中国的国际形

---

① Philip Shenon,*Dalai Lama Tells Clinton of Chinese Balkiness*,*The New York Times*,Nov 11,1998. pg. A6.

② 2000 Public Papers of the Presidents—Vol. 1,Appendix A—Digest of Other White House Announcements . Size:70765,Score:796,HTML,PDF.

③ Statement By the Press Secretary Meeting with the Dalai Lama,The White House Office of the PresSecretary June 20,2000 网址:http://clinton6. nara. gov/2000/06/2000 – 06 – 20 – statement – by – press – secretary – on – meeting – with – the – dalai – lama. html

④ 2001 Public Papers of the Presidents—Vol. 1,Appendix A—Digest of Other White House Announcements. Size:106519,Score:667,HTML,PDF.

象。"小布什总统还和达赖一起抗议北京在努力削弱西藏民族的特性。"①布什总统的新闻官弗莱舍(Ari Fleischer)发表声明,总统说他将设法鼓励对话并希望中国政府能作出良好的回应。发言人还说,"总统同时重申美国强烈地承诺要支持保护西"藏独"特的宗教、文化和语言特征并且要保护所有西藏人的人权。"②

第二次,2003 年 9 月 10 日上午,小布什总统再次在白宫会见达赖并讨论了所谓的西藏与中国的关系问题。③

第三次,2005 年 11 月 9 日下午,小布什总统在白宫私人寓所会见了达赖。④据美国总统公开文件的记录:"我(指小布什总统)与达赖进行了会谈。我认为邀请达赖才是中国政府明智的举动,这样他就能够将前些天在白宫对我讲的话准确地告诉他们,那就是他没有使西藏独立的愿望。我谈到了天主教会,这届政府需要邀请梵蒂冈领导人来并且讨论了中国的宗教自由。因此我们讨论了彼此关注的很多领域,如持不同政见者和人民想要表达自己意愿的状况。"⑤

第四次,2007 年 10 月 17 日,美国国会向达赖授予了最高荣誉奖——国会金质奖章(the Congressional Golden Medal)。小布什总统和国会授予金质奖章的达赖进行了简单的会见,称达赖是"一个拥有信念、真诚和宁静的人(a man of faith and sincerity an peace)"⑥尽管中国政府事先就警告并谴责国会为达赖颁奖以及布什会见达赖,但美国国会和小布什总统根本没有理睬中国,坚持为达赖颁奖并会见了达赖。小布什更是在 10 月 16 日在白宫椭圆形办公室会见了达赖,并同达赖会谈了

① Davide. Sanger, *The Dalai Lama Tells Bush That Independence Is Not a Goal. The New York Times.* New York, N. Y. : May 24, 2001. pg. A1, 2 pgs.

② Davide. Sanger, *The Dalai Lama Tells Bush That Independence Is Not a Goal. The New York Times.* New York, N. Y. : May 24, 2001. pg. A1, 2 pgs.

③ 2003 Public Papers of the Presidents—Vol. 2, Appendix A/Administration of George W. Bush, 2003. Size: 134193, Score: 1000, HTML, PDF.

④ 2005 Public Papers of the Presidents—Vol. 2, Appendix A/Administration of George W. Bush, 2005. Size: 161575, Score: 470, HTML, PDF.

⑤ Remarks and an Exchange With Reporters in Beijing, November 20, 2005. Size: 20011, Score: 1000, Text, PDF, Summary.

⑥ Brian Knowlton, *Bush and Congress Honor Dalai Lama in Plain View. The New York Times.* New York, N. Y. : Oct 18, 2007. pg. A5, 1 pgs.

30 分钟。① 参加这次会面的还有小布什总统的夫人劳拉·布什和达赖的特别代表甲日·洛迪。在会见快要结束时甲日·洛迪说，"达赖闭眼为布什总统祈祷，然后将礼物交给总统及第一夫人劳拉·布什并亲自为总统夫妇献上哈达。"②

纵观历届美国总统对达赖的会见，我们可以看到美国总统已经把会见达赖作为遏制和削弱中国的一种手段，美国总统对达赖集团的支持严重损害中美关系的大局。下面是笔者整理的会见表格：

历届美国总统接、会见达赖喇嘛情况一览表

美国总统	会见时间	会见地点	参加人员	会见方式	会谈内容	资料来源
乔治·布什（George Bush）	1991 年 4 月 16 日	白宫私人住所	乔治·布什、芭芭拉·布什、布伦特·斯考克罗夫特；达赖喇嘛	非正式方式（会见了 30 分钟）	达赖喇嘛向老布什总统夫妇讲述有关西藏人权和保护西藏文化的情况	《华盛顿邮报》、老布什总统图书馆
比尔·克林顿（Bill Clinton）	1993 年 4 月 27 日	白宫副总统办公室	比尔·克林顿、阿尔·戈尔；达赖喇嘛	"路过"时顺道进入	继续敦促恢复北京同达赖喇嘛之间的对话，继续关注中国在西藏"滥用人权"	克林顿总统图书馆、《纽约时报》

① Sheryl Stolberg, *With One Eye on China, Bush Receives Dalai Lama. The New York Times*. New York, N. Y. ; Oct 17, 2007. pg. A12, 1 pgs.
② Sheryl Stolberg, *With One Eye on China, Bush Receives Dalai Lama. The New York Times*. New York, N. Y. ; Oct 17, 2007. pg. A12, 1 pgs.

美国总统	会见时间	会见地点	参加人员	会见方式	会谈内容	资料来源
比尔·克林顿（Bill Clinton）	1994 年 4 月 28 日	白宫副总统办公室	比尔·克林顿、阿尔·戈尔；达赖喇嘛	"路过"时顺道进入	美国政府关注中国违反人权的问题	美国总统公开文件、《纽约时报》
比尔·克林顿（Bill Clinton）	1995 年 9 月 13 日	白宫副总统办公室	比尔·克林顿、阿尔·戈尔；达赖喇嘛	"路过"时顺道进入	克林顿表达了他对保护西藏宗教和文化的关注	美国总统公开文件、《纽约时报》
比尔·克林顿（Bill Clinton）	1997 年 4 月 23 日	白宫副总统办公室	比尔·克林顿、阿尔·戈尔；达赖喇嘛	"路过"时顺道进入（会见了20分钟）	克林顿告诉达赖他将敦促中国同达赖对话，表示他将继续关注对西藏宗教和文化的保护	美国总统公开文件、《纽约时报》
比尔·克林顿（Bill Clinton）	1998 年 11 月 10 日	白宫地图室	比尔·克林顿；达赖喇嘛	非正式方式（会见了 30 分钟）	设法开启同中国政府对话，目的是给西藏人民增加一些自治的权利。	美国总统公开文件、《纽约时报》
比尔·克林顿（Bill Clinton）	2000 年 6 月 20 日	白宫国家安全事务顾问办公室	比尔·克林顿、桑迪·伯杰（Sandy Berge）；达赖喇嘛	非正式方式	总统宣称他强烈支持达赖积极同中国政府对话的努力	克林顿总统图书馆、美国总统公开文件

九

美国总统会见达赖喇嘛问题研究（1991—2007）

131

美国总统	会见时间	会见地点	参加人员	会见方式	会谈内容	资料来源
乔治·沃克·布什（George W. Bush）	2001 年 5 月 23 日	白宫总统官邸黄色椭圆形室	乔治·沃克·布什；达赖喇嘛	非正式方式	支持保护西藏宗教、文化和语言传统	《纽约时报》
乔治·沃克·布什（George W. Bush）	2003 年 9 月 10 日	白宫	乔治·沃克·布什、达赖喇嘛	非正式方式	讨论了西藏与中国的关系问题	美国总统公开文件
乔治·沃克·布什（George W. Bush）	2005 年 11 月 9 日	白宫寓所	乔治·沃克·布什、劳拉·威尔士·布什（Laura Welch Bush）；达赖	非正式方式	讨论了彼此关注的很多领域，如持不同政见者和人民想要表达自己意愿的状况	美国总统公开文件
乔治·沃克·布什（George W. Bush）	2007 年 10 月 16 日、10 月 17 日	白宫黄色椭圆形室、美国国会	乔治 W·布什、劳拉·布什（Laura Bush）；达赖喇嘛、甲日·洛迪	非正式会见（会谈进行了 30 分钟）	讨论即将授予达赖喇嘛国会金质奖章的问题，称赞达赖是一个"拥有信念、真诚和宁静"的人	《纽约时报》

4. 美国总统会见达赖是美国政府利用涉藏问题遏制中国的具体体现

通过梳理美国总统会见达赖的历史过程，我们可以发现具有以下特点：

第一，美国政府对历次总统会见达赖都作了非常周密的安排。在 11 次会见中有 7 次是非正式会见,另外 4 次是"路过"时顺道会见,很显然是经过特殊安排的。美国政府既可以通过总统会见达赖起到遏制中国的作用,又没有突破美国政府涉藏政策的外交底线。老布什总统首次"低调"会见达赖就是安排在冷战即将结束的 1991 年 4 月,1994 年克林顿总统将第二次会见达赖安排在美国政府宣布对华贸易最惠国地位的前夕。参与美国总统会见达赖的成员也是经过认真筛选的,老布什总统首次会见达赖时,总统夫人和国家安全事务助理参加了会见。克林顿总统 4 次在副总统戈尔的办公室以路过的方式会见达赖,1 次单独会见达赖,1 次在国家安全事务顾问办公室会见达赖。小布什总统采用单独方式或是和总统夫人一起会见达赖。可以看出美国总统会见达赖绝非偶然,而是经过周密安排的政府行为。

第二,美国总统会见达赖体现了美国实用主义的外交原则并在实践中采用双重标准。从美国支持达赖集团的几十年历史来看,美国政府的涉藏政策完全是实用主义的。当会见达赖不符合美国的战略利益时,美国总统便拒绝会见达赖。当需要利用达赖来遏制中国时,老布什总统、克林顿总统、小布什总统都可以不顾中国政府反对,坚持会见达赖。见与不见、何时会见、以何种方式会见达赖完全由美国总统掌控,这种实用主义的外交原则在历次会见中均有所体现。

我们不难看出美国总统会见达赖,实质上就是要利用涉藏问题来遏制、削弱和演变中国。1959 年达赖逃往印度后,一直寻求会见美国总统。但受到美国的总体战略利益和冷战时期国际环境的影响,老布什之前的历届美国总统都没有会见他,形成了美国总统拒绝会见达赖的"惯例"。冷战末期国际形势发生了巨大变化,美国调整了对华战略,又开始对涉藏问题大做文章。从 1991 年 4 月 16 日老布什总统首次会见达赖起,后任的克林顿总统和小布什总统均多次会见达赖,美国总统把会见达赖作为对华施压的"惯例"。从不会见的"惯例"转变为会见的"惯例",可以看到美国所奉行的实用主义外交原则,达赖及达赖集团只不过是美国政府手中的一张牌,需要用来遏制中国时就将达赖推到台前,不需要时就将其放在一边。尽管如此,美国总统会见达赖的举动严重损害了中美关系的健康发展,也助长了达赖集团的分裂活动。

(东北师范大学历史文化学院:王东旭)

九

美国总统会见达赖喇嘛问题研究(1991-2007)

"正义"与"政治"
——"西藏正义中心"的涉藏活动

　　随着"西藏问题"从传统国际政治舞台扩展到经济、文化等其他国际事务领域，呈现"社会化"蔓延趋势，国际援藏组织的负面作用日益凸显。作为十四世达赖喇嘛所声称的"西藏第四个祜主"，①国际援藏组织通过系统活动，使"西藏问题"成为"国际公认的重要人权、文化和政治事务"，②并帮助达赖流亡集团整合国际支持力量，厚植国际声威，向中国政府施压。在众多国际援藏组织中，总部设在美国加州奥克兰的"西藏正义中心"（Tibet Justice Center，简写为 TJC）是较为突出的一个。③该组织成立于 1989 年，是"西藏问题"国际化趋势发端的产物，由支持"藏

① 苏嘉宏：《流亡中的民主：印度"流亡藏人"的政治与社会（1959—2004）》，台北：水牛出版社，2005 年，第97 页。

② Samdhong Rinpoche, Keynote Address at the Third International Conference of TSGs held in Berlin, May 2000. 下载网址：http://tibet. net/important – issues/worldwide – tibet – movement/tsgs – conferences/third – internationa – conference – of – tsgs – berlin – 11 – 14 – may – 2000/,2013 年 3 月 10 日。

③ "西藏正义中心"成立之初以"国际西藏律师协会"（International Committee of Lawyers for Tibet）的名义活动，2000 年以后为了体现其具有更广泛的专业基础而改为现名。现任执行董事为英国人权活动家艾奥娜·利德尔（Iona Liddell），董事会成员包括波士顿大学法学教授罗伯特·斯洛恩（Robert D. Sloane）、美国司法部顾问内玛·比纳拉（Nima R. T. Binara）、旧金山律师丹尼斯·库萨克（Dennis Cusack）、美国地理学家约翰·艾索姆（John Isom）、"美国西藏协会"董事会成员、《西藏政治评论》编辑旺楚克·夏格巴（Wangchuk Shakabpa）、纽约图罗法律中心教授艾琳·考夫曼（Eileen Kaufman）、牛津大学副教授菲奥娜·麦康奈尔（Fiona McConnell）、纽约丹增汪杰律师事务所首席律师丹增汪杰（Tenzin Wangyal）。

独"势力的律师和法学家发起,以"倡议西藏人民的人权和自决权"为活动宗旨,是唯一主要致力于法律倡议的国际援藏组织。本文以"西藏正义中心"的涉藏活动为考察对象,探讨其如何以维护"正义"之名,通过向国际社会倡议"西藏自决权""人权"等涉藏议题,为"流亡藏人"提供法律援助等方式,谋求推动"西藏独立"政治之实。

1. 倡议"西藏自决权"

"西藏自决权"①是达赖流亡集团及其国际支持者推动"西藏独立"的重要法理依据和手段。早在1961年第十六届联合国大会在美国等国操纵下通过的涉藏决议中,就包含"呼吁停止剥夺西藏人民之基本人权与自由及其自决权利之行为"的内容。② 20世纪80年代末以来,随着达赖喇嘛多次声称"西藏问题"应由全体藏人共同决定,"藏独"势力的支持者如达赖集团"法律顾问"范普拉赫(Michael van Walt van Praag)等更是大力鼓吹"西藏自决",试图以此作为推动"西藏独立"的有效途径。在上述背景下,"西藏正义中心"自成立起便加入到倡议"西藏自决权"的行列中。"西藏正义中心"先后参加、召开一系列涉藏国际会议,如1991年斯特拉斯堡西藏特别会议、1993年伦敦国际律师大会,1995、1996年印度达兰萨拉国际会议,在会上发表研究报告和论文集,详细论证"西藏自决权"的合法性。"西藏正义中心"主要从以下几方面倡议"西藏自决权":

首先,强调历史上西藏政权的独立性。独立的历史是界定国际法意义上拥有自决权的"人民"的基础,因此"西藏正义中心"大力宣扬西藏自古以来的独立地位,作为倡议"西藏自决权"的逻辑起点和事实基础。在"西藏正义中心"的两位专家安德鲁·杜拉尼(Andrew G. Dulaney)和丹尼斯·库萨克(Dennis M. Cusac)与达赖流亡集团的"法律顾问"范普拉赫共同编写的《关于西藏的案例:西藏的主权和

十

『正义』与『政治』——『西藏正义中心』的涉藏活动探析

---

① 本文所涉及的"西藏自决权"或"西藏人民自决权",在其支持者的定义中,特指藏族人民的自决权,居住在西藏的非藏族居民不在其中。也就是说,这是基于民族而非地域的自决。参见 Tashi Wandi, "Self-determination and the Tibetan issue". 下载网址:http://tibet. dharmakara. net/TibBull-TibRef4. html,2014年1月16日。

② United Nations G. A. Resolution 1723(XVI)on Tibet. 下载网址:https://sites. google. com/site/legalmaterialsontibet/home,2013年12月1日。

西藏人民的自决权》报告书中，系统阐述了对西藏的历史定位，称西藏在13世纪前是一个无可争议的独立国家，"尽管在不同时期受到过外国的影响，但历史证据肯定地表明西藏一直是一个独立国家"。①"西藏正义中心"的早期领导者伊娃·赫泽尔(Eva Herzer)在《被占领的西藏》一文中称西藏有1 300多年的独立历史，唐代时西藏与中国是对等的国家；元代是西藏与中国同处蒙古征服之下，且与蒙古建立供施关系，地位高于中国；清代初期对西藏建立保护关系，但自19世纪中期开始逐渐失去了在西藏的影响力。②

在近代西藏的"独立地位"问题上，杜拉尼和库萨克指出，1913年到1950年的西藏已经是一个"独立国家"。他们从人口、领土、政府管理和国际关系四个方面论证西藏的"独立地位"，认为藏人在人口和领土构成上具有独特性，政府能够对这些人口和领土实施有效的管辖，并通过签订国际条约开展国际交往。"西藏拥有独立国家的全部属性。因此根据国际法，西藏在1950年时就是一个"独立国家"。③

其次，"西藏正义中心"系统搜集整理了包括联合国决议和报告，有关国家和组织、达赖流亡集团的重要立法、条约、声明和文件，并从中发掘有利于"西藏独立"的证据。"西藏正义中心"搜集到的材料中，包括1943年英国外相艾登致中国外交部长宋子文的备忘录，该备忘录称西藏在1911年后已经享有事实上的独立地位。④此外，"西藏正义中心"还列举了1949年7月尼泊尔政府向联合国提交的入会申请书，在该文件中尼泊尔将1856年与西藏签订的条约同其与英国、中国签订条约并列在一起，并将西藏作为与尼泊尔建立正式外交关系的国家之一。⑤"西藏正义中心"还展示了数份20世纪五六十年代加拿大政府涉藏文件，这些文件中同

① Andrew G. Dulaney, Dennis M. Cusack, "The Case Concerning Tibet: Tibet's Sovereignty and the Tibetan People's Right to Self-Determination", 1998, p. 10. 下载网址: http://www.tibetjustice.org/reports/sovereignty/index.html#contents, 2013年8月15日。(本文所涉及的全部"西藏正义中心"报告、简介、说明等材料均下载自其网站 www.tibetjustice.org, 下文注释不再予以重复说明。)
② Eva Herzer, *Occupied Tibet: The Case in International Law*, 2001.
③ Andrew G. Dulaney, Dennis M. Cusack, *The Case Concerning Tibet: Tibet's Sovereignty and the Tibetan People's Right to Self-Determination*, 1998, p. 12.
④ Memorandum of British Foreign Secretary to Chinese Foreign Minister(Eden Memorandum), 5th August 1943. 下载网址: "西藏正义中心"网站。
⑤ Nepal's UN Membership Application, July 1949. 下载网址: "西藏正义中心"网站。

样含有支持西藏"独立地位"的内容。[①]

在此基础上,"西藏正义中心"的法律专家坚称中国对西藏实施了"武力吞并",认为中国对西藏主权不具有合法性。他们认定"十七条协议"是在武力胁迫下签订,违反了联合国宪章第二条第四款"各会员国在其国际关系上不得使用威胁或武力,或以与联合国宗旨不符之任何其他方法,侵害任何会员国或国家之领土完整或政治独立"。[②] 中国政府重新将西藏纳入中央管辖之下,是一种"后联合国宪章时代的吞并行为",是"非正义"的。杜拉尼等则指出,藏人毫无疑问地享有"自决权",有权决定是否从中国独立出去、实施自治或谋求任何其他政治地位。[③]

2. 在联合国的"西藏人权"宣传

在国际社会涉藏话语体系中,"西藏人权"议题占据重要位置。特别是当达赖流亡集团采取"中间道路"、标榜放弃独立后,"西藏人权"议题更成为达赖流亡集团及其支持者谋求道义制高点、向中国政府施压的主要手段。在部分国际场合,"西藏问题"甚至被约化为"西藏人权"问题。与其他涉藏组织通常采用的"街头表演"模式不同,"西藏正义中心"侧重于在联合国和其他主要国际机构条约之间的游说倡议活动,向其提供关于西藏人权状况的口头或书面报告,进而呼吁联合国向中国政府施加压力,维护所谓的"正义"。20世纪90年代以来,"西藏正义中心"在联合国的倡议活动可以划分为两个阶段,早期以撰写"西藏人权报告"、呼吁联合国实施干预为主;[④]2000年以后则改变策略,重点在于参与国际组织对中国的人权审查,向中国政府发起人权挑战。

首先,"西藏正义中心"多次向联合国机构提交各类"西藏人权报告"、呼吁联合国实施干预。在1991年召开的联合国人权委员会"防止歧视暨保护少数族群小

① *Canada Secretly Saw Tibet as Qualified for Recognition as an Independent State*, Tibet Political Review, Jan 24, 2012.

② 参见《联合国宪章》,下载网址:http://www.un.org/zh/documents/charter/chapter1.shtml,2014年6月15日。

③ Andrew G. Dulaney and Dennis M. Cusack, *The Case Concerning Tibet: Tibet's Sovereignty and the Tibetan People's Right to Self-Determination*, 1998, p.8.

④ "西藏正义中心"撰写的各类"西藏人权报告",有些由"西藏正义中心"直接提交,有些则以"国际人权联盟""跨党派激进组织"等团体的名义提交。

组委员会"第 47 届会议上,"西藏正义中心"初显锋芒,提交"在西藏持久的人权犯罪模式"的报告,称中国在"就业、教育、语言、生育上歧视藏人,实施宗教压迫、转移人口、任意逮捕和拘禁、酷刑、侵犯儿童权利、毁灭环境",呼吁委员会承认存在"对西藏人权的持久和渐进式的侵犯模式",并进行谴责和干预。① 此后"西藏正义中心"借助有利的国际形势,加大在联合国的倡议力度。在 1993 年召开的"防止歧视暨保护少数族群小组委员会"第 49 届会议上,"西藏正义中心"异常活跃,提交多份报告。在关于跨国公司参与开发西藏自然资源"侵犯了藏人宗教和文化自由"的报告中,"西藏正义中心"呼吁联合国人权委员会审查跨国公司在西藏的经济活动。② 在关于西藏妇女儿童权益的报告中,"西藏正义中心"提请联合国人权委员会"注意中国对西藏妇女儿童产生严重影响的两个行为:计划生育政策导致的强制堕胎,以及医疗投入的严重不足对藏人特别是儿童健康的影响",并呼吁委员会对此进行谴责。③ 在关于移民问题的报告中,"西藏正义中心"认为"中国自 1949 年以来向西藏的百万移民是非法的,并导致了对西藏人民严重的、悲惨的人权侵犯",呼吁委员会采取必要的措施。④ 这些报告一举奠定了"西藏正义中心"在国际援藏组织中的地位,使其成为在联合国机构中游说活动的最重要援藏组织。

此后,"西藏正义中心"继续发布"西藏人权报告"。1998 年联合国妇女地位委员会第 42 次会议上,"西藏正义中心"撰写《考虑"北京行动纲领"的重大关切领域:妇女与武装冲突》的书面报告,称西藏妇女特别是尼姑遭到严重迫害,其根源就是"外国占领、统治、武力或其他冲突状态",并指出和平解决冲突机制和国际干预的必要性,呼吁联合国秘书长采取措施,建立观察团调查西藏妇女状况。⑤ 在 2000 年联合国人权委员会第 57 届会议上,"西藏正义中心"提交关于西藏儿童的报告,称西藏儿童正面临"肉体折磨,歧视性的教育系统,语言、文化和价值观的毁灭,以

① ICLT,"The Persistent Pattern Of Human Rights Abuses In Tibet",Prepared By The International Committee of Lawyers For Tibet,1991. 下载网址:"西藏正义中心"网站。

② ICLT,"International Trade And Human Rights",Prepared by the International Committee of Lawyers for Tibet,1993. 下载网址:"西藏正义中心"网站。

③ TJC,"Intervention on the Health of Tibetan Women and Children",1993. 下载网址:"西藏正义中心"网站。

④ TJC,"Intervention on Population Transfer in Tibet",1993. 下载网址:"西藏正义中心"网站。

⑤ TJC,"Intervention on Women and Armed Conflict",1998. 下载网址:"西藏正义中心"网站。

及缺乏最基本医疗需求"等问题,呼吁委员会敦促中国政府保护西藏儿童免遭酷刑、获得受教育的权利、自由学习母语等。①

其次,近年来"西藏正义中心"逐渐转变策略,将在联合国等国际机构的活动重心置于参与联合国机构对中国的人权审查、向中国发起人权挑战上。由于遭到中国政府的抵制,②"西藏正义中心"认识到仅靠联合国的干预力量无法在西藏催生出它预期的变化,但仍认为联合国是一个足以挑战中国并为达赖流亡集团争得更多国际支持的重要平台。③ 而中国陆续加入多项与人权相关的国际公约组织,中国的人权状况和改善人权的努力受到各主要条约机构的定期审查,这又给了"西藏正义中心"更多的活动空间。为了使"西藏问题"成为联合国机构对中国实施人权审查的核心内容,"西藏正义中心"广泛约见各个组织,提交各种详细报告。而这些报告的主旨,则无一例外都是否认中国在改善人权状况上取得的进步。

2000 年 4 月"西藏正义中心"撰写了一份关于"西藏酷刑"的报告,提交给联合国酷刑委员会。该报告认为中国仍然在西藏"普遍和系统地"违反《联合国反酷刑公约》,对于 1996 年联合国酷刑委员会提出的结论性意见中的重点关注领域,中国也没有取得任何进展。④ 在 2001 年向联合国消除种族歧视委员会提交的"中国占领下的西藏"报告中,"西藏正义中心"根据中国向委员会提交的第八次和第九次定期报告,称中国依然在违反《消除种族歧视公约》,也未按照联合国先前的意见进行整改。报告还强调"中国对西藏的歧视"与下列因素互为因果:"外国力量占领西藏""中国向西藏的移民""对西藏资源的开发利用""对藏人的文化同化和政治控制"。⑤ 在 2005 年向联合国儿童权利委员会提交的报告中,"西藏正义中心"

① TJC, "Intervention on Children's Rights",2000.下载网址:"西藏正义中心"网站。
② 2002 年 3 月 25 日,鉴于"西藏正义中心"在美国的支持下申请参加联合国可持续发展问题世界首脑会议,中国常驻联合国代表王英凡致信联合国秘书长安南,反对其与会,并最终发起动议,成功地将"西藏正义中心"拒之门外。参见:2002 年 3 月 25 日中国常驻联合国代表给秘书长的信件,下载网址:http://www.un.org/,2014 年 8 月 15 日。
③ TJC, "Advocacy on Tibet at the United Nations",未标明文件日期,下载网址:"西藏正义中心"网站。
④ TJC, "Torture in Tibet:A report submitted to the United Nations Committee Against Torture",2000.下载网址:"西藏正义中心"网站。
⑤ TJC, "Racial Discrimination in Chinese Occupied Tibet:A report submitted to the United Nations Committee on the Elimination of Racial Discrimination(CERD)",2001.下载网址:"西藏正义中心"网站。

认为中国针对西藏儿童仍然在进行歧视和犯罪,存在"任意拘留""教育歧视""医疗不公正"等现象。① 而在 2013 年的联合国人权理事会第二次"普遍定期审议"中,尽管中国代表团表示已经接受了上次审议中得到的建议,并业已取得了成就,②但"西藏正义中心"等组织仍发布报告,称"过去 60 年中国在西藏的政策未能保护藏人的基本人权"。③ 在 2014 年 3 月向联合国经济、社会和文化权利委员会提交的报告中,更是直言要"提高委员会对中国在西藏侵犯人权行为的认识"。④

除了在人权审查问题上指手画脚,2013 年 11 月,"西藏正义中心"还与其他反华组织一起,干扰、抗议中国当选联合国人权委员会成员国。"西藏正义中心"大力支持全球性宣传组织阿瓦兹(Avaaz)发动的签名抗议中国运动,并征集上百万反对意见。选举结束后,"西藏正义中心"立即发表声明,称"中国的当选损害了委员会的整体有效性"。然而具有政治投机色彩的是,"西藏正义中心"在为此"深表耻辱"的同时,又认为中国的当选给联合国成员承担起使中国为其人权记录付出代价的责任提供了机会。⑤

3. 为"流亡藏人"提供法律援助

所谓的"西藏难民"事务是"西藏正义中心"另一个主要涉藏活动领域。与其他涉藏组织通常涉足的经济、文化等层面事务不同,"西藏正义中心"在"西藏难民"问题上的介入,主要集中在司法层面,即向从中国流亡到境外的所谓"西藏难民"提供法律援助,使其在美国获得政治避难资格,最终实现移民。"西藏正义中心"的主要成员均是律师或法学家,谙熟与申请政治避难相关的一切法律程序,因而能为"流亡藏人"提供全方位的帮助、指导,维护其申请政治避难的"合法权益"。"西藏正

---

① TJC, "Violence, Discrimination, and Neglect Towards Tibetan Children: A report Submitted to the United Nations Committee on the Rights of the Child(CRC)", 2005, p. 2. 下载网址:"西藏正义中心"网站。

② 联合国新闻:人权理事会对中国人权状况进行第二轮评估审议,2013 年 10 月 22 日,下载网址:http://www.un.org/,2014 年 10 月 31 日。

③ TJC, "Joint Submission by Member Groups of the International Tibet Network to Session 17 of Universal Periodic Review: People's Republic of China", 2013, p. 3. 下载网址:"西藏正义中心"网站。

④ TJC, "TJC engages the Committee on Economic, Social and Cultural Rights for Tibet", 2014, p. 3. 下载网址:"西藏正义中心"网站。

⑤ TJC, "China on the Human Rights Council", 未标明文件日期,下载网址:"西藏正义中心"网站。

义中心"的法律援助主要包括为"流亡藏人"在美国的政治避难申请提供程序指导，帮助他们获取低价或免费律师服务，为他们的政治避难申请提供"专家证词"等。

"西藏正义中心"发布了英、藏双语版本的"在美国寻求政治避难的新入境藏人所需的一般信息"，帮助"流亡藏人"了解必要的程序、准备所需的材料与证明文件。"一般信息"主要包含以下几方面内容：

一、在美国申请政治避难所需的必要条件。这些条件包括"申请者必须能够向美国移民机构证明他或她由于其政治观点、种族、国籍、宗教或作为一个社会团体成员曾遭受迫害，或者能够对未来的迫害表现出'可信的恐惧'"；如果申请者在来美国之前曾在另一个国家停留过较长时间，那么他或她则必须要表明其没有在那个国家"正式定居"。

二、申请人需注意的一些事项。诸如申请人应当在抵达美国后的一年内提出申请；如果申请遭到拒绝，申请人可以向移民法庭提起上诉；如果申请人遭到拘捕，其避难申请也未获移民官的支持，同样可以诉诸移民法庭；申请人在任何状态下都应坚持诚实态度，不使用伪造的护照或证明材料，不从事任何犯罪行为，不在避难申请期间离开美国等；尽可能寻找一位代理律师；申请政治避难要提供所需的必要文件如护照、I94 入境申请表、出生证明、婚姻证明、机票等。[①]

由于申请政治避难程序复杂、过程通常较为曲折，因此"西藏正义中心"强烈建议"流亡藏人"寻求律师的帮助，由律师代为填写各类表格、陪同面见移民官员。[②] 为了使经济状况不佳的"西藏难民"能获得必要的法律援助，"西藏正义中心"整理了美国提供政治避难和移民服务、且价格相对较低的律师或法律机构清单，供美国各地的"流亡藏人"选择。这些法律机构都与"西藏正义中心"有密切的往来，能够为"流亡藏人"提供适当的服务。"西藏正义中心"提供的律师或法律机构分布在旧金山、纽约、巴尔的摩、波士顿、华盛顿特区、洛杉矶、明尼阿波利斯、芝加哥、菲尼克斯、西雅图、圣达菲等十一个地区，每个地区都有若干可供"流亡藏

① TJC，"Applying For Asylum In The United States General Information For Newly-Arrived Tibetans"，pp. 1－2，未标明文件日期，下载网址："西藏正义中心"网站。

② TJC，"Refugee Protection"，未标明文件日期，下载网址："西藏正义中心"网站。

人"挑选的律师或法律机构,总数达到四十二个。① 如果提出申请的"流亡藏人"不在上述地区,那么还可以直接与"西藏正义中心"联系,由后者提供免费或优惠的律师服务。

即使提出政治避难申请的"流亡藏人"在其他律师或法律机构找到了合适的代理律师,也不意味着可以完全脱离"西藏正义中心"的帮助。因为律师需要向移民官员或移民法庭证明申请人曾遭到迫害或对未来可能遭受的迫害具有"可信的恐惧"。而"西藏正义中心"可以出具在移民当局看来较为权威的"专家证词",证明申请人符合美国的政治避难要求。"西藏正义中心"提供的专家基本上就是其董事会成员,如罗伯特·斯隆等。他们自称"熟知西藏内部的国别情况,以及在印度、尼泊尔的"流亡藏人"状况,都是多年从事难民庇护事务的专家,也是联合国各个委员会、小组委员会及其他国际组织的成员"。他们的证词,"表明了寻求政治避难的个体藏人所遭受的各种虐待,与西藏民族整体遭受的对待和犯罪是一致的",因此对"流亡藏人"的政治避难申请有极大的助益。② 一般情况下,"西藏正义中心"提供"专家证词"的费用为每个案例 500 美元。这笔费用名义上作为"专家费"付给证词的起草人,实际则捐献给"西藏正义中心",以确保其能够继续从事"不可或缺的代表西藏人民的工作"。③ 如果某位"流亡藏人"的代理律师同样经济条件不佳,为了防止其将这笔费用转嫁给申请人,"西藏正义中心"也可能会减少或干脆免除这笔费用,在时间和精力允许的前提下,提供无偿服务。

为了提供"流亡藏人"的背景信息,"西藏正义中心"在印度、尼泊尔进行了田野调查,发布《西藏的无国籍公民:在尼泊尔的西藏难民》以及《西藏的无国籍公民Ⅱ:在印度的西藏难民》两份调查报告,来阐释居住在(或过境)印度、尼泊尔的"西藏难民"的法律地位和生活环境问题。"西藏正义中心"认为在尼泊尔的"流亡藏人"不应该被视为"正式定居",因为他们在尼泊尔的法律地位和权利都受到很大制约,因此不应受到美国政治避难法律关于"在第三国正式定居则不能申请政治

---

① TJC, "Organizations that Assist with Political Asylum and Immigration Matters", 未标明文件日期, 下载网址: "西藏正义中心"网站。

② TJC, "Asylum&Immigration:Expert Affidavit Policy", 未标明文件日期, 下载网址: "西藏正义中心"网站。

③ TJC, "Asylum&Immigration:Expert Affidavit Policy", 未标明文件日期, 下载网址: "西藏正义中心"网站。

避难"的限制。① 而在印度的大多数未登记的"流亡藏人"同样不应受到限制,他们也属于无国籍公民。因为无论是按照国际法还是国内法,印度政府都不承认他们的难民身份,他们在印度同样无法享有充分的社会权利。② 这些报告以及其他涉藏组织发布的与印度、尼泊尔"流亡藏人"相关的调查研究报告一起,组成"流亡藏人"在美国申请政治避难的重要根据,在数起案例中都发挥了关键性作用。

4. "正义"与"政治"

"西藏正义中心"的涉藏活动不仅仅局限于上述领域,有关"环境保护问题""西藏妇女儿童权益"等事务也是其重点关注内容。③ "西藏正义中心"在这两个领域的活动与其他活动具有相同的逻辑内核,即倡议"流亡藏人"的各项"合法权益",维护"正义"。"西藏正义中心"涉藏活动的这一特点,与近年来"西藏问题"国际化发展中呈现的"社会化"趋势是一脉相承的。"西藏问题"的国际化进程,就是国际援藏势力为达赖流亡集团图谋的权益不断扩展和延伸的过程,从早期单纯的政治权益,逐渐发展到今日几乎在社会、经济、文化等各个领域内的权益伸张。只是与达赖集团和其他援藏组织较为直白的政治独立诉求相比,"西藏正义中心"标榜"维护西藏人民的各项权益",更具有道义上的自欺性与理论上的欺骗性。

然而,"西藏正义中心"的涉藏活动名为"正义",实为"政治",诉求的实质是谋求西藏独立。姑且不论"西藏正义中心"在倡议"西藏自决权"时出于政治目的而错用现代主权理论曲解中国历史,在宣传"西藏人权"时故意忽略成就而夸大问题,就其行为性质而言,分享权利或影响权利分配的努力本身就是政治,"西藏正义

① TJC, "Tibet's Stateless Nationals: Tibetan Refugees in Nepal", 2002, p. 126. 下载网址:"西藏正义中心"网站。

② TJC, "Tibet's Stateless Nationals II: Tibetan Refugees in India", 2011, p. 173. 下载网址:"西藏正义中心"网站。

③ 为了强调西藏的经济发展对环境带来重要影响、进而损害"西藏人权","西藏正义中心"发布了大量研究报告,如: Megoe Tso: The Damming of Tibet's Sacred Lake; Policy Implications of Current Dam Projects on Drichu: the Upper Yangtze River; Sustainable Management and Protection of Asia's Major River Systems; 关于西藏妇女儿童权益的报告主要有: Violence Against Tibetan Women; The Role of Tibetan Women in the Independence Movement; Beijing Women's Conference: The Tibetan Perspective. 下载网址:"西藏正义中心"网站。

中心"种种维护"西藏人民各项权益"努力的背后,隐藏的是追求西藏独立的政治图谋。"西藏正义中心"倡议"西藏自决权"的根本原因,就在于其蛊惑人心,先入为主地认定西藏自古以来的独立性,谋求"西藏独立"是其最终目的,维护"自决权"、"人权"以及保护环境等是手段。而对"流亡藏人"提供法律援助,帮助其申请政治避难,更是直接扩大了海外"藏独"势力的人力资源。正如2002年中国常驻联合国代表王英凡在致联合国秘书长的信中指出,"西藏正义中心"不仅否认西藏是中国不可分割的一部分,还主张"西藏是合法的独立国家",妄言"中华人民共和国不是西藏人民的合法政府",侵犯了中国的主权和领土完整,也违反了《联合国宪章》的宗旨和原则。①

实际上,"西藏正义中心"以"正义"之名,从事的政治活动所造成的负面影响,不仅仅是表现在对中国领土主权核心利益的危害上,更表现在对达赖流亡集团的大力支持中。"西藏正义中心"与"国际声援西藏运动"(ICT)等援藏组织以及其他反华势力建立广泛合作,构架国际援藏组织网络,协调对达赖流亡集团的支持努力,并接受美国民主基金会(NED)的资金援助,用以支持达赖流亡集团的"藏独"活动。② 对达赖流亡集团进行的所谓"民主化改造",是"西藏正义中心"的重要任务。2000年前后,"西藏正义中心"支持达赖集团实施一系列政治建设举措,如协助修改"流亡宪法";为流亡集团提供立法培训;帮助流亡集团借鉴英美法系来改造"流亡藏人"的民事和刑事犯罪管理;为流亡集团培训教师和官员。总之,"西藏正义中心"试图在"流亡藏人"中建立民主制度,培养民主文化。因此,"西藏正义中心"的涉藏活动,不仅仅是以"正义"之名图"西藏独立"的政治之实,更直接参与到达赖流亡集团"藏独"活动的政治构建中,为其打上西方政治价值观的烙印。这不仅仅是谋求"藏独"的"政治"对"正义"的劫持,更反映了西方式的"正义"价值观对"藏独"的"政治渗透"和"美化",更为中国政府应对"藏独"活动的努力带来了挑战。

(河海大学马克思主义学院:董大亮)

---

① 2002年3月25日中国常驻联合国代表给秘书长的信件。

② Michael Barker, "Democratic Imperialism:Tibet, China, and the National Endowment for Democracy", *Global Research*, August 13,2007. 下载网址:http://www.globalresearch.ca。2014年5月30日。

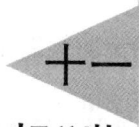

"国际声援西藏运动"发起"世界银行运动"探析

"国际声援西藏运动"(International Campaign for Tibet,ICT)是"西藏青年大会"创始人詹东·丹增朗杰(Tenzin N. Tethong)[①]为便于在美国国会开展游说活动于 1988 年 3 月 15 日在华盛顿建立的以推动"西藏独立"为目标的"藏独"组织。"国际声援西藏运动"最初以游说美国国会为主要活动方式,随着该组织的发展成熟,其活动范围已经扩大至欧洲议会、联合国、世界银行等国际政治、经济组织。1999 年 6 月至 2000 年 7 月间,"国际声援西藏运动"联合其他国际"藏独"组织对受世界银行资助的中国西部扶贫项目中的青海都兰扶贫移民子项目进行无中生有的攻击和破坏,污蔑青海都兰扶贫项目"破坏当地自然资源与生态环境、稀释藏族人口、毁灭西藏文化",并与美国国会中支持达赖集团的议员相互配合共同向世界银行施加压力,企图迫使世界银行撤销此项贷款,为中国政府开发、建设西部藏区设置障碍。"国际声援西藏运动"发起的这场名为"世界银行运动"的游说活动对

① 詹东·丹增朗杰是"西藏流亡政府"政治人物,1967 年至 1968 年任"西藏流亡政府"教育部翻译官,1970 年 10 月 7 日与甲日·洛迪等人共同创立以暴力方式实现西藏独立的组织——西藏青年大会。1973 年至 1986 年出任"西藏流亡政府"驻纽约办事处代表。其间于 20 世纪 80 年代表达赖喇嘛率领"三人真相调查团"赴中国西藏及内地其他地区考察。1987 年至 1990 年,丹增朗杰担任达赖喇嘛驻华盛顿特别代表。任职期间于 1987 年 3 月建立"国际声援西藏运动"。

中国的国际形象产生了严重的负面影响,直接损害了中国的核心利益。本文以世界银行相关文献资料为据,考察"国际声援西藏运动"对该项目贷款的干预过程,深入分析该组织的国际游说活动,揭示"国际声援西藏运动"的真正属性及其涉藏活动的危害性。

1. 达赖集团策划阻挠中国西藏经济发展与开发建设

由于环境保护问题日益引起国际社会的关注,达赖集团一直策划利用西藏的环境与原住民权利问题来攻击中国政府治理西藏的政策,阻挠中国西藏经济发展与开发建设。1990 年 3 月 8 日至 9 日,"西藏流亡政府"信息与国际关系部在印度达兰萨拉策划召开第一届国际援藏组织大会,会议通过的"行动纲领"(Action Plan)提出"加强在联合国和其他非政府组织的游说活动……在联合国和其他组织机构进行充分展示中国政府在西藏设置的军事设施、监狱,倾倒的核废料、森林砍伐和矿产资源破坏等信息"。① 1996 年 6 月 14 日至 17 日在德国波恩召开的第二届国际援藏组织大会通过的"行动纲领"进一步明确提出:"在西藏计划中的与正在执行的任何经济或开发项目都必须从这些项目使西藏人民受益或受害等方面进行评估,特别是涉及中国移民政策的影响。为了加强对这些项目的监控和反馈,'国际援藏组织'应当在各国政府、欧盟、国际机构和非政府组织的支持下寻求并分析关于项目的信息……在恰当的时机应当组织发起相关运动。"② "西藏流亡政府"召开"国际援藏组织大会"的目的是总结前一阶段涉藏活动经验教训、相互交流涉藏活动心得体会,商讨下一阶段行动计划,协调涉藏活动步骤,制定涉藏活动策略,对各国援藏组织未来的"藏独"活动进行统筹规划和指导,使分散在各国的援藏组织在从事涉藏活动时形成合力。因此,当"国际援藏组织大会"制订上述计划之后,以"国际声援西藏运动"为代表的援藏组织便积极予以配合并执行。当中

---

① First International Conference of TSGs, Dharamshala, 8 – 9 March 1990, Summary of Discussions http://tibet. net/important-issues/worldwide-tibet-movement/tsgs-conferences/first-international-conference-of-tsgs-dharamshala-8-9-march-1990/

② Second International Conference of TSGs, Bonn, 14 – 17 June 1996, Action Plan. http://tibet. net/important-issues/worldwide-tibet-movement/tsgs-conferences/second-international-conference-of-tsgs-bonn-14-17-june-1996/

国政府提出"青海扶贫项目"时,达赖集团及"援藏组织"认为这个"恰当"的时机终于到来了。

　　青海省东北部地区(又称海东地区)由于自然灾害频繁、人均耕地面积小、交通不便等原因,当地无法通过就地开发来解决贫困人口的温饱问题。根据青海省实际情况,青海省委提出"兴海西之利,济海东之贫"的异地扶贫政策。[1] 1996 年,青海省人民政府向国家计委正式提出了《青海省异地开发扶贫工程建议书》。"青海扶贫项目"是中国在青海省实施'八七'扶贫计划的一部分,旨在通过实施自愿移民计划,将青海省东部 6 县部分贫困人口从自然条件恶劣的无法进行就地开发的地区迁到自然条件相对较好的青海省西部海西蒙古族藏族自治州都兰县[2],以帮助这些地区的各族群众,包括藏族群众摆脱贫困,提高当地的经济和社会发展水平。"[3]

　　实行上述目标需要大笔资金,除中国政府的拨款外,其余资金需要向世界银行贷款。作为世界上最大的发展中国家,从世界银行得到优惠的资金和贷款是中国政府的合法权利。经过研究,1997 年 2 月国家计委、财政部和国务院扶贫办决定将该项目列入第三期世界银行扶贫项目,即"中国西部世界银行扶贫项目"予以重点支持。[4] "国际声援西藏运动"一直自我标榜"监督并报道西藏的人权、环境与社会经济状况",[5]当得知中国政府提出"青海扶贫项目"之后,便策划发动所谓"世界银行运动",阻挠世界银行向该项目提供贷款。

---

[1]　中央电视台中国报道栏目组,《好事为什么有人反对:世界银行青海都兰扶贫项目始末》,《中国西藏》(中文版),1999 年,第 5 期,第 9—12 页。

[2]　都兰县位于该自治州东南部,都兰为蒙古语,意为"温暖"。都兰县总面积 4.527 万平方千米,总人口 7.41万人,以汉族为主,还有藏、蒙古、回、土等少数民族。都兰县下辖 4 个镇、4 个乡,分别为察汗乌苏镇、香日德镇、夏日哈镇、宗加镇、热水乡、香加乡、沟里乡、巴隆乡。移民安置即是指将移民重新安置在香日德镇和巴隆乡两个地区。

[3]　外交部发言人发表评论"西方媒体和西藏流亡分裂组织对中国某世行贷款项目的攻击'别有用心'",《人民日报》,1999 年 6 月 16 日,第 4 版。

[4]　中央电视台中国报道栏目组,好事为什么有人反对:世界银行青海都兰扶贫项目始末,《中国西藏》(中文版),1999 年,第 5 期,第 9—12 页。

[5]　International campaign for Tibet,Our Mission. http://www.savetibet.org/about-ict/our-mission.

2. "国际声援西藏运动"向世界银行申诉及其影响

1999 年 6 月,就在中国政府将"青海扶贫项目"提交世行执委会批准前夕,这项能够使当地贫困农民受益的计划却遭到了"国际声援西藏运动"等国际"藏独"组织的阻挠与破坏。

6 月 17 日,"国际声援西藏运动"联合"美国西藏委员会"①(The US Tibet Committee)、"自由西藏学生运动"②(Students for a free Tibet) 等"藏独"组织以及国际环境法中心③(The Center for International Environmental Law)、银行信息中心④(The Bank Information Center)等国际非营利组织与世界银行负责东亚与太平洋地区的副行长让·米切尔·塞韦里诺(Jean-Michel Severino)举行会议。"国际声援西藏运动"极力抵制世界银行向青海扶贫项目提供贷款。由于塞韦里诺坚持青海扶贫项目的合理性,以"国际声援西藏运动"为代表的"藏独"组织只得向世界银行继续展开游说活动。⑤

6 月 18 日,"国际声援西藏运动"主席约翰·阿克利(John Ackerly)和理事布琼次仁(Bhuchung Tsering)联名向世界银行提交了题为《请求调查中国西部扶贫项目》(Request for Inspection China Western Poverty Reduction Project)的报告。

报告主要涉及三方面的内容。第一,强调青海扶贫项目自身存在的问题。"国

---

① 美国西藏委员会是 20 世纪 70 年代中期由旅美"流亡藏人"和一些支持西藏独立的美国人在纽约建立的"藏独"组织,是 70 年代在美国存在的为数不多的"藏独"组织之一,是当时旅美"流亡藏人"的主要领导机构,该组织致力于普通"流亡藏人"的教育工作。

② 20 世纪 90 年代初期,"国际声援西藏运动"在美国高校中发展势力,遂聚集一批"藏独"分子和有"藏独"倾向的青年学生于 1994 年在纽约成立"自由西藏学生运动"。该组织声称是一个以教育、游说等非暴力为手段,以谋求西藏独立为目标的组织。"自由西藏学生运动"最初在美国高校中举办各种以西藏为主题的活动以吸引青年学生对西藏问题的关注。经过近 20 年的发展,"自由西藏学生运动"现已在 100 多个国家中的大学、中学、社区建有 650 余个分支机构,发展成为一个国际性"藏独"组织。

③ 国际环境法中心是 1989 年成立于美国的旨在全球范围加强环境法律与政策制定与执行力度的非营利组织,在华盛顿和日内瓦均设有办事机构。该组织主要在生物多样化、气候变化、人权、可持续发展等领域提供法律咨询、政策游说与研究等服务。

④ 银行信息中心是一个在经济公平、生态可持续发展、决策透明化等领域对世界银行、地区性开发银行以及其他国际金融组织进行监督游说的非营利组织。

⑤ International Campaign for Tibet, Request for Inspection China Western Poverty Reduction Project. http://www. ciel. org/Intl_Financial_Inst/tibetclaim. html

际声援西藏运动"在报告中以都兰地区藏族群众利益代言人自居,将项目中的土地改良、修建水坝、铺设公路、鼓励劳动力流动等推动边疆少数民族地区现代化进程的措施污蔑为改变当地居民传统的生活方式,消灭西藏的民族特性,将会引发民族之间的紧张关系甚至冲突;攻击项目中移民扶贫方案将降低藏族人在青海省的人口比例,对藏区进行"汉化",严重威胁藏族人以及藏族文化的生存;将中央政府支援西藏现代化建设污蔑为"掠夺西藏资源""加强对西藏的控制"。①

第二,强调中国政府在申请世界银行贷款的过程中,世界银行的工作人员破坏了自身制定的信息公开、环境评估分类、原住民权利保障、虫害管理、非自愿重新安置、追溯融资、投资贷款等一系列规定原则和政策。"由于世界银行的工作人员没有考虑以上原则与政策,中国政府西部扶贫项目对西藏和内蒙古少数民族地区构成了严重的危害","这与世界银行的原则相违背,将来会威胁到当地居民的权利和利益"。②

第三,呼吁世界银行派出独立监察小组(Independent Inspection Panel)③对该子项目进行调查以解决上述问题,"请求派出监察小组是我们最后的诉求"。④

从这份申诉报告可以看出,"国际声援西藏运动"一直在处心积虑为青海扶贫项目设置障碍。

首先,"国际声援西藏运动"利用世界银行制定的监察制度与规则,提交申请报告,借独立监察小组调查取证之机大造舆论,既向世界银行施加压力,又拖延时间,阻挠青海扶贫项目从世界银行获得贷款。⑤

---

① International Campaign for Tibet, Request for Inspection China Western Poverty Reduction Project. http://www.ciel.org/Intl_Financial_Inst/tibetclaim.html

② International Campaign for Tibet, Request for Inspection China Western Poverty Reduction Project. http://www.ciel.org/Intl_Financial_Inst/tibetclaim.html

③ 独立监察小组是世行执委会在1993年成立的由三名成员组成的调查机构,目的是为那些认为由于世界银行在设计、评估或实施项目时未能遵循自己的政策和程序因而使得他们的权益受到或可能受到直接损害的公民个人提供一个论坛。受影响的人可以通过提出监察申请,提请监察小组注意到他们的忧虑。

④ International Campaign for Tibet, Request for Inspection China Western Poverty Reduction Project. http://www.ciel.org/Intl_Financial_Inst/tibetclaim.html

⑤ World Bank, World Bank Approves China Western Poverty Reduction Project. http://web.worldbank.org/WBSITE/EXTERNAL/PROJECTS/0,, contentMDK: 20016088 ~ menuPK: 64282137 ~ pagePK:41367 ~ piPK:279616 ~ theSitePK:40941,00.html

其次,在申诉的理由方面,"国际声援西藏运动"也颇费苦心。它一方面捏造事实,攻击青海扶贫项目破坏生态环境和当地藏民传统生活方式,另一方面将矛头对准世界银行,指出世界银行工作人员在审批项目的过程中存在程序错误的问题,请求独立监察小组给予调查。此项审查理由明显经过"国际声援西藏运动"领导层深思熟虑。如果世界银行工作人员在审批过程中确实存在失误,那么即使中国青海扶贫项目不存在任何问题,按照世界银行的工作原则,贷款也将被追回。

由此可见,"国际声援西藏运动"正面攻击与外围施压双管齐下,对青海扶贫项目的干扰与破坏非常讲究策略与技巧。

"国际声援西藏运动"的游说很快产生效果。按照自身的运行机制,世界银行对"国际声援西藏运动"的申诉做出了回应。独立监察小组主席吉姆·麦克尼尔(Jim McNeill)在给"国际声援西藏运动"主席约翰·阿克利的回信中称,根据世界银行成立独立监察小组决议的第18条,世界银行的管理部门将遵循相关的政策与程序,不迟于1999年7月20日派出独立监察小组。

6月24日,在批准中国西部扶贫项目的同时,作为一项不同寻常的举动,世行执委会就贷款额占4 000万美元的青海子项目达成协议,先由独立的监察小组对该子项目进行检查,再由世行执委会根据检查结果作出决定,青海子项目是否符合世界银行确立的环境与重新安置的标准。在此之前不得实施和支付贷款资金。① 舆论普遍认为,"这样一笔小额的世界银行贷款,特别是援助世界上最贫困农民的贷款,还从未引起如此大的争议。"②世行执委会针对小额贷款派出独立监察小组的行动并不多见。这说明"国际声援西藏运动"的干扰破坏活动产生效果。

3.独立监察小组派出后"国际声援西藏运动"的干扰活动

"国际声援西藏运动"并未因独立监察小组的派出而停止其干扰破坏活动,而是利用各种手段,不断煽动国际舆论关注青海扶贫项目,为贷款的获得设置

---

① World Bank. , World Bank Approves China Western Poverty Reduction Project.
http://web. worldbank. org/WBSITE/EXTERNAL/PROJECTS/0,, contentMDK:20016088 ~ menuPK:64282137 ~ pagePK:41367 ~ piPK:279616 ~ theSitePK:40941,00. html.

② D. Sanger, *China to Get World Bank Loan Despite U. S. Objections*, *The New York Times*, June 6 ,1999.

障碍。

第一，"国际声援西藏运动"与美国国会、欧洲议会一道向中国政府施加压力，要求释放秘密收集藏区情报的境外可疑分子。1999年8月，澳大利亚环境政策专家加布里埃尔·拉斐特（Gabriel Lafitte）和美国作者、"藏独"分子麦斯顿（Daja Meston）、藏族翻译多吉次仁（Tsering Dorjee），在没有任何许可情况下，擅自进入禁区，进行非法拍照和其他信息采集活动。三人于8月15日被中国当地警方拘捕。三人被拘禁期间，以"国际声援西藏运动"为代表的国际"藏独"组织在美国国会、欧洲议会的支持下向中国政府施加压力，要求释放三人。

第二，"国际声援西藏运动"寻求途径，积极与世界银行独立监察小组成员建立联系，施加影响。当时的独立监察小组是由加拿大人吉姆·麦克尼尔领导。① 另外两位成员是加纳的爱德华·亚苏（Edward Ayensu）和荷兰的玛杰·范普顿（Maartje van Putten）。范普顿自1999年开始在监察小组任职，之前曾在欧洲议会中担任议员，并在发展与合作委员会中任职长达10年。"国际声援西藏运动"很快便寻找机会与范普顿建立起联系。1999年10月，"国际声援西藏运动"在荷兰的阿姆斯特丹设立办公室，正式建立了"国际声援西藏运动"欧洲分部（ICT-E，以下称欧洲分部），强巴次仁（Jampa Tsering）就任执行理事。欧洲分部的建立表明"国际声援西藏运动"正逐步走出地区性"藏独"组织的发展阶段，正着力将其活动范围扩展至欧洲，向国际性"藏独"组织发展。欧洲分部建立之后，强巴次仁利用地缘上的优势条件立即与范普顿进行接触。

第三，"国际声援西藏运动"的主要领导人频繁出席美国第106届国会参众两院各小组委员会召开的听证会，并在听证会的证词中诬蔑青海扶贫项目，攻击中国人权状况，为国会出台涉藏法案提供主要资料与信息来源。

美国国会一直对中国政府的西部地区扶贫开发采取敌视的态度。早在1999年中期，美国国会在讨论2000年财政年度预算时，就明确表示不愿增资多边开发银行（Multilateral Development Banks，MDB）。如前文所述，世界银行向中国青海扶

---

① 麦克尼尔自1997年开始领导独立监察小组，此外他还担任其他环保组织的高级职务，如经济合作与开发环境组织（Environment for the Organization for Economic Cooperation and Development，OECD）理事和环境与开发世界委员会（the World Commission on the Environment and Development）秘书长。

贫项目的贷款,在给国际开发协会的拨款中,参议院预计削减 840 万美元,众议院预计削减 800 万美元,以表示美国对世界银行批准向中国青海扶贫项目贷款一事的不满。这大约正是美国在国际开发协会中支持该项目的基金份额。

9 月 29 日,以众议院国际关系委员会主席本杰明·吉尔曼(Benjamin A. Gilman)、众议员克里斯托弗·考克斯(Christopher Cox)、约翰·爱德华(John Edward Porter)、约翰·里维斯(John Lewis)为首的 35 名议员提出了一项旨在限制美国政府为那些破坏环境和原住民权利的世界银行项目提供资金的法案,即《生态系统与原住民族保护法》(The Ecosystem and Indigenous Peoples Protection Act, H. R. 2969)。第三部分为该法案的核心,明确提出今后禁止美国政府向破坏环境的世界银行项目提出资金支持。"美国的财政部长应指令世界银行集团中每一个机构中的美国执行理事,利用美国的投票权与影响力:(1)反对任何对环境有重大负面影响、违反世界银行环境或社会政策的项目或行动;(2)如果世界银行等金融组织没有将……所有和项目有关的环境审查文件向公众和美国执行理事公开的话,那么美国反对该项目的财政援助。"①

"国际声援西藏运动"特别重视国会的舆论倾向,尤其注意国会中各委员会主席的态度,因为他们对国家的立法和法案的通过起着决定性的作用。在觉察到美国国会对青海扶贫项目的敌视态度之后,"国际声援西藏运动"进一步加紧在国会的游说活动。在 1999 年 12 月 8 日众议院国际关系委员会召开的以"中国、世界贸易组织与人权"为主题的听证会上,"国际声援西藏运动"政府关系部主任玛丽·贝斯·马基无视青海扶贫项目是一个综合治理项目的事实,将青海扶贫项目简单归结为移民项目,称"受到世界银行贷款资助的此项目如果实施的话,将会严重地威胁到高海拔地区脆弱的生态系统,并进一步稀释藏族人口和文化。从一开始,世界银行便认定该项目政治上的问题不在世界银行的责任范围内;也就是中国政府的项目规划人员和世界银行的工作人员都不会考虑大量汉族农业人口迁徙至传统

---

① Congressional Record, H. R. 2969, The Ecosystem and Indigenous Peoples Protection Act, House, September 23, 1999, 106th Congress 1st Session, pp. 7 – 13.

藏区,加速藏区汉化的问题"。① "国际声援西藏运动"主席约翰·阿克利在2000年6月13日参议院对外关系委员会东亚和太平洋事务小组委员会召开的主题为"西藏的近期发展"听证会上明确表示,"国际声援西藏运动"要运用大众传媒的力量来影响世界银行的决策。"信息透明应当意味着决策者用来制定政策的信息应与人民分享,而不是有意地把人民与信息隔绝开来。"②此时,独立监察小组已将青海扶贫项目的调查报告提交给世界银行,但世界银行尚未公布。约翰·阿克利表示,要利用各种途径迫使世界银行管理部门尽快公布调查报告,并通过"美国之音"(Voice of America)、"自由亚洲广播"(Radio Free Asia)等美国媒体加以宣传报道,使偏远闭塞地区的藏人也能够及时地了解到这个项目的"危害性"。

"国际声援西藏运动"对美国国会的游说取得了显著成效,美国国会议员很快采取行动干预中国青海扶贫项目。2000年6月,国会58名议员联名致信世界银行,信中指责世界银行管理部门阻挠向全社会公开发布独立监察小组的调查报告,为公众讨论中国青海扶贫项目带来的危害设置障碍,进而限制调查报告在公众中间产生的影响。同年10月,美国国会在讨论《2001年对外行动拨款法》(2001 Foreign Operations Appropriations Act)时在该法案中增加了一项与中国青海扶贫项目有关的条款。在该法案的第801款,国会为美国政府参与世界银行资助的项目,免除贫困国家债务列举了一系列的条件。这些条件包括,世界银行应采取措施减少非自愿迁徙安置移民和有害于当地文化的项目。③

美国国会通过的法案为"国际声援西藏运动"干预中国西部扶贫项目提供了法律和政策上的依据,激励了国际援藏组织采取切实有效的行动阻挠西部扶贫项目的实施。同时也可以看出,"国际声援西藏运动"表面上宣称是关注人权的"非政府组织",但实际上与美国国会的立法声息相通、步调一致,通过它们的活动具体

① The Committee on Foreign Relations, China, The WTO, And Human Rights, Hearing Before The Subcommittee on International Operations And Human Rights of The Committee on International Relations, House of Representatives, 106th Congress 1st Session, Washington: GPO, 2000, p. 22.

② The Committee on Foreign Relations, S. HRG. 106 – 869, Recent Developments in Tibet: One Step Forward Three Steps Back, Hearing Before the Subcommittee on East Asian And Pacific Affairs of The Committee on Foreign Relations, United States Senate, 106th Congress 2nd Session, Washington: GPO, 2001, p18.

③ Sanford, J. Chang, M. CRS, Report for Congress, World Bank Lending: Issues Raised by China's Qinghai Resettlement Project, Washington: The library of Congress, 2001.

执行美国国会法案的意志,扩大美国国会法案在国际社会中的影响。

4."世界银行运动"的结果与影响

综合"世界银行运动"的结果与影响,主要体现在以下几个方面:

(1)迫使中国宣布不再就青海扶贫项目向世界银行寻求贷款。2000 年 4 月 28 日,世界银行独立监察小组发布调查报告。报告认为世界银行在向中国西部扶贫项目青海子项目提供贷款的过程中明显破坏了环境评估、原住民权利保障、非自愿重新安置、投资借贷、信息公开等原则政策。①

独立监察小组发布调查报告之后,世界银行管理部门有 6 周的时间来考虑调查报告中提出的问题与建议。在这段时间里,恰逢"西藏流亡政府"信息与国际关系部于 5 月 11 日至 14 日在德国柏林召开第三届"国际援藏组织大会",会议通过的"柏林宣言"提出"发起国际性的运动,干涉或阻止给藏人带来负面影响的开发项目,阻止直接或间接的外国投资进入西藏。"②在这次会议的推动之下,"国际声援西藏运动"、银行信息中心(The Bank Information Center,BIC)、国际环境法中心(The Center for International Environmental Law)等组织进一步采取行动劝说世界银行的官员停止向中国西部扶贫项目贷款。他们首先会见了世界银行东亚与太平洋地区新任副主席阿米尔·坎苏(Ameel Kassum)。"国际声援西藏运动"在会见中表示,"对于他们来说,唯一可以接受的结果是取消青海扶贫项目"。其次,"国际声援西藏运动"还与其他"援藏组织"合作发起宣传运动吸引公众对中国西部扶贫项目的关注。在这场宣传运动中,"国际声援西藏运动"调动该组织的全部人力资源鼓动公众向世行执董会发送传真、电子邮件、写信,一时间世行执董会办公室充斥着关于中国项目的各类信息。

7 月 6 日至 7 日,在经过执董会的投票之后,在重重压力之下中国政府决定不再就青海子项目向世界银行贷款。

---

① The Inspection Panel Annual Report,August 1,1999 to July 31,2000,p.30.

② Action Plan,Third International Conference of TSGs,Berlin,11 - 14 May 2000,http://tibet. net/important-issues/worldwide-tibet-movement/tsgs-conferences/third-international-conference-of tsgs-berlin-11 - 14 - may - 2000/

（2）在成功地阻止世界银行向青海扶贫项目提供贷款之后，"国际声援西藏运动"继续肆无忌惮、变本加厉地以"保护西藏生态环境"、"保护藏民传统生活方式"为话语，攻击中国政府进行的"西部大开发"。"国际声援西藏运动"一直密切关注世界银行的政策走向。2004 年 2 月，"国际声援西藏运动"联合其他来自 72 个国家的 300 余个人权、环境保护、可持续发展、少数族裔权利非政府组织、团体共同发布题为《采矿业评估》(The Extractive Industries Review) 的报告。报告呼吁世界银行改变其对石油、煤炭等采矿业的支持政策，"世界银行应当逐步淘汰对这些传统能源开采的支持政策，应当将资金更多地用于可再生能源的开发利用。"

在成功地干预了世界银行资助中国青海都兰项目之后，"国际声援西藏运动"又发起了旨在阻挠英国石油公司与中国石油天然气股份有限公司（以下简称中石油）在资金方面进行合作，铺设西藏地区石油、天然气管道的"遏制中国石油"运动。2002 年 2 月，"国际声援西藏运动"还积极申请于当年 8 月在南非约翰内斯堡召开的联合国可持续发展世界峰会 (UN World Summit on Sustainable Development)，企图借本次会议讨论中国政府对西藏地区的开发建设。尽管未能获得与会资格，但"国际声援西藏运动"、"西藏正义中心"和"西藏人权与民主中心"等"援藏组织"申请参加联合国可持续发展会议的游说活动对联合国的官员产生了效果。2002 年 6 月 25 日至 26 日在北京召开的在"西藏自治区的国际合作：通过不断增强的合作与交流推动共同发展" (International Cooperation in Tibet Autonomous Region Promoting Common Development through Increased Cooperation and Exchanges) 为主题的研讨会上，与会的联合国开发项目常驻中国代表 (The UN Development Program Resident Representative in China) 科斯汀·雷特纳 (Kerstin Leitner) 向中国政府强调，将藏人纳入西藏自治区的开发建设项目的决策过程是十分必要的。"没有藏人的积极参与和合作，任何开发项目都不会根植于藏人社会，只会产生有限的影响。"联合国教科文组织的官员木卡拉 (Ngouemo Moukala) 甚至称"国际社会对于保护西藏文化遗产有着浓厚的兴趣，但是中国为我们在这一地区工作设置了很多障碍。"①

---

① ICT Report, *UN Asks China to Involve Tibetans in Development Projects in Tibet*, June 27, 2002.

"国际声援西藏运动"将"世界银行运动"与"遏制中国石油运动"合称为"环境权利运动",尽管该组织一再声称,"'国际声援西藏运动'对于西藏经济发展的立场是所有在西藏地区开展项目的政府、非政府组织与个人都应当意识到他们的项目应使藏人直接受益,而非破坏藏族的民族特性。"①但是,其实质是以保护西藏地区环境为名干预阻挠中国西部地区发展建设。"国际声援西藏运动"在发动"环境权利运动"方面可谓不遗余力,2003 年至 2005 年,该组织分别划拨资金 64 901 美元、17 508 美元、20 282 美元,②2006 年"国际声援西藏运动"更是投入 108 668 美元作为"环境权利运动"的经费。③

伴随着改革开放的进行,党中央和西藏自治区各族人民坚定了尽快摆脱落后面貌,迅速走向现代化的决心,实现西藏社会的进步与发展更是西藏自治区各族人民的强烈愿望。从"国际声援西藏运动"策划的"环境权利运动"来看,我们应当清醒地意识到,西藏自治区的现代化进程在一段时期内将伴随着同达赖集团和国际"藏独"组织的长期斗争。"国际声援西藏运动"对青海扶贫项目的破坏,其实质是打着关心西藏生态环境保护的幌子,大肆从事反华分裂活动,妄图阻碍西藏的社会进步与现代化发展,充分暴露了一些国际敌对势力妄图利用所谓"西藏问题"破坏中国稳定,分裂中国领土,遏制中国发展、强大、崛起的阴暗心理。

2001 年 3 月 5 日,朱镕基总理在第九届全国人民代表大会第四次会议上做政府报告时为开发西部地区做了长远的规划。在报告中,他强调了中央政府为西部地区发展科学技术的重要性。朱镕基进一步强调中央政府在开发西部地区的同时保护当地自然环境的强烈愿望。"着重加强基础设施和生态环境建设……要集中力量建设西气东输、西电东送、青藏铁路等一批具有战略意义的重大项目。把水资源的保护、节约和开发放在突出位置,加强规划,合理配置,努力提高水的利用效率。有步骤而因地制宜推进天然林保护、退耕还林还草以及防沙治沙、草原保护等重要工程的建设,注意发挥生态的自我修复能力,逐步建成我国西部牢固的绿色生态屏障。"在经历国际声援西藏运动发起的"环境权利运动"之后,中国政府没有受

---

① ICT Director Testifies before Congress,*Tibet Press Watch*,Volume. X,Issue 4,July 2002,p. 7.

② 根据 2003 年至 2005 年国际声援西藏运动年度财政报告整理。

③ Form 990,Return of Organization Exempt From Income Tax,OMB No. 1545 – 0047,2006,p. 25.

到任何影响,相反更加坚定了加快西部落后地区开发建设,同时又保护自然资源环境的决心。

（哈尔滨商业大学马克思主义学院:韩磊）

国际法学家委员会涉藏活动研究
(1959—1965)

　　"国际法学家委员会"(International Commission of Jurists,简称 ICJ)于 1952 年 7 月成立于瑞士日内瓦,是一个由 50 多个国家的法官、律师和法学家组成的世界上最早的国际人权非政府组织之一。自成立以来,该组织虽为推动世界部分地区的人权与法治做出了一定的贡献,然而在冷战背景下,受西方文化、价值观及冷战思维的影响,法学家委员会一度成为美国等西方国家的反华御用工具。在其成立之初,该机构的主要决策者曾以多种渠道秘密接收美国中央情报局的资金援助,从事各种反苏、反共活动,大打"人权"与"法治"旗号,甚至提供不实证据为西方国家所标榜的民主、法治摇旗呐喊。1959 年春,紧随美国等西方国家的步伐,委员会将活动重点由欧洲转移到亚洲,积极介入中国的"西藏问题",向联合国大会提供了所谓"中国侵犯西藏人权"的证据,最终促使联合国大会三次通过关于"西藏问题"的反华决议,在国际社会上引起轩然大波。

1. 西藏法律调查委员会的成立与涉藏调查活动

　　1959 年 3 月 10 日,西藏上层反动集团为维持其在西藏的统治,在美国的暗中支持下,公然撕毁和平解放西藏的协议,发动武装叛乱,妄图将西藏从中国分裂出去。尽管中国政府与西藏叛乱分子进行了"有理""有利""有节"的斗争,但国际法学家委员会不仅不顾中国政府的反对，介入"西藏问题"，甚至歪曲中共平叛的事实真相，一度使中国陷入不利的境地。

西藏发生叛乱后，"国际法学家委员会"迅速成立了法律调查委员会，由印度最高法院高级律师普尔肖坦·特里卡姆达斯（Purshottam Trikamdas）①担任主席，重点调查中国政府在西藏是否违反人权。为此，他组织了一个专家小组收集证据。1959 年 5 月，他和小组完成了初步调查，并以个人名义将调查结果提交给法学家委员会。调查委员会自称此次调查收集了大量证据，并采访了可靠的目击证人，同时对新闻界和广播报道的事件也进行了认真研究。基于他们收集的材料，法学家委员会做出如下决定，大体包括：出版一份初步报告，将其提交分发给联合国及相关国际组织与机构、各法庭、法律协会和法学院并请求他们发起适当行动。组成西藏法律调查委员会，继续展开先前的调查，为准备最终报告收集、核实证据，一旦证据确凿，即刻采取行动等。②

随后，特里卡姆达斯又在日内瓦的新闻发布会上污蔑中国在西藏实行种族灭绝，并公布了所谓 65 000 名藏人遇害的证据。③ 7 月，委员会秘书处公开发表了名为《西藏问题与法治》（The Question of Tibet and the Rule of Law）的调查报告，并出版成册。该报告大体分为四部分：

第一，介绍中国"入侵西藏"的证据，指控中国政府无视在 1951 年《中央人民政府和西藏地方政府关于和平解放西藏办法的协议》（即《十七条协议》）中做出的承诺，侵犯了藏民的基本权利和自由。一些法学家认为，中国破坏藏民的宗教信仰，违背了《十七条协议》，西藏政府可完全解除对中央履行的义务。

第二，就"种族灭绝问题"进行"探讨"。他们以《防止及惩治灭绝种族罪公约》中关于"种族灭绝"的条款为据，认定中国在西藏搞种族灭绝。

---

① ICJ 成员之一，曾任印度法学家委员会秘书长、联合国大会代表以及民主社会党领袖，反共意识强烈。其支持的民主社会党与美国中情局资助的一些反共国际团体（如文化自由大会）都建立了联系。

② Lucian G. Weeramantry, *The International Commission of Jurists：the Pioneering Years*, Hague：Kluwer Law International, 2000, p. 62.

③ *Genocide Is Laid to Reds in Tibet：Jurists Group Says Inquiry Shows Chinese Have Slain* 65 000, *New York Times*, June 6, 1959, p. 4, Cited in Howard Tolley, *The International Commission of Jurists：Global Advocates for Human Rights*, Philadelphia：University of Pennsylvania Press, 1994, p. 89.

第三,阐述西藏在国际法中的地位。报告指出,"尽管西藏有独特的历史与条件,一时很难鉴定它的国际地位,但西藏一直是一个独立国家并且享有很大程度上的主权,这一点是明确的"①,"《十七条协议》是西藏地方政府在中共威胁下被迫签订的,因此,西藏官员在法律上完全有权取消《十七条协议》,争取西藏独立。"②

第四,列出证明西藏国际地位的条约:达赖喇嘛、尼赫鲁和中国政府发言人关于"西藏人民起义"的声明以及"藏独"领导人发表的关于西藏事件的宣言和备忘录。

8月,法学家委员会再次成立西藏法律调查委员会,对西藏叛乱展开进一步调查。11月,委员会派出行政秘书爱德华·科泽拉(Edward Kozera)和曼彻斯特大学法学讲师唐纳德·汤普森(Donald Thompson)前往穆索里会见达赖及噶厦成员,继续收集单方面证明,并对达赖喇嘛和"流亡藏人"进行采访。根据《防止及惩治灭绝种族罪公约》第2条③,法律调查委员会断定中国在西藏实行种族灭绝,并控告中国政府禁止藏民信奉佛教,意图逐步消灭藏区内藏人的宗教信仰;残害宗教人士,阻止藏族儿童接受宗教教育,并将其强制迁移到没有宗教影响的中国其他地区。④

此外,委员会还对中国政府"违反人权"的证据进行审查,认定中共在西藏违反了如下16项人权:侵犯藏民的生存、自由和安全权;残忍、非人道地虐待藏民;肆意拘禁藏民;侵犯家庭生活隐私权;侵犯藏区内藏人的活动自由;违反婚姻自愿;剥夺私人财产的所有权;违背思想道德观念,干涉宗教自由;违背言论自由;违背自由集会与结社权;否认建立民主政府的权利;侵犯西藏自由发展必不可少的经济、社

---

① International Commission of Jurists,"The Question of Tibet and the Rule of Law",Geneva. Available at:http://www. icj. org/default. asp? nodeID = 349&sessID = &langage = 1&myPage = Legal_Documentation&id = 23464, 2011. 07.

② International Commission of Jurists,"The Question of Tibet and the Rule of Law",Geneva,1959. Available at: http://www. icj. org/default. asp? nodeID = 349&sessID = &langage = 1&myPage = Legal_Documentation&id = 23464,2011. 07.

③ 在当前公约中,种族灭绝意味着有如下任意一种意在完全或部分破坏国家、民族、种族或宗教群体的行为:a. 屠杀群体成员;b. 对群体成员造成严重身心伤害;c. 故意将能导致整个或部分身体损伤的生活条件强加给该群体;d. 群体内实行绝育;e. 强制将群体内儿童迁移到另一群体。

④ The International Commission of Jurists,Tibet and the Chinese People's Republic:a report to the International Commission of Jurists,Geneva,1960,p. 3.

会和文化权利；侵犯藏民享受合理工作条件的权利；以牺牲当地经济为代价满足汉人定居西藏的需要，降低了藏人的生活标准；否认藏族父母自由教育子女的权利；破坏藏民的文化生活等。①

1960 年 4 月，在法律调查委员会报告的准备过程中，特里卡姆达斯参加了旨在分裂中国的关于西藏和反对亚洲殖民主义的亚非会议，并在会上公然发表反华演说。② 8 月，委员会公开发表了长达 345 页的最终报告，主体分为四章：

第一，列出调查委员会收集的关于中国在西藏实施种族灭绝的证据(绝大部分来自"藏独"分子)，诸如破坏藏民宗教信仰、屠杀宗教群体、破坏藏民身心健康、绝育、强制迁移，等等，指责中国政府的上述行为违反了国际法惯例。③

第二，指出中国与西藏(流亡政府)对"人权"的态度，并指控中国政府违反《世界人权宣言》中规定的 16 项权利与自由。

第三，"探讨"西藏的地位，声称西藏在 1912 年至 1950 年间是一个事实上独立的国家。

第四，附有《十七条协议》的全部内容，并对所谓的中共违反该协议进行谴责。

在报告书最后收录的 15 篇文献中，有 8 份是达赖及其分裂势力发表的单方面声明，5 份为历届中国政府从未承认过的"拉萨条约""西姆拉条约"及"1914 年英藏通商章程"等文件。而来自中国方面的文件仅有两份，即毛泽东主席与中国驻印度大使之间的来往信函。④ 该报告成为美国等西方国家阻止中国恢复联合国合法席位的重要根据。

1964 年 12 月，委员会公布了第三份关于"西藏人权"的报告，即《在西藏持续侵犯人权》(Continued Violations of Human Rights in Tibet)。该报告主要根据逃往印度的西藏难民的叙述，污蔑中国政府通过使用酷刑、责打、饥饿及强制劳动等极

---

① The International Commission of Jurists, Tibet and the Chinese People's Republic: a report to the International Commission of Jurists, Geneva, 1960, pp. 4 – 5.

② ［加］谭·戈伦夫：《现代西藏的诞生》，伍昆明、王宝玉，译，中国藏学出版社，1990 年版，第 216 页。

③ The International Commission of Jurists, Tibet and the Chinese People's Republic: a report to the International Commission of Jurists, Geneva, 1960, pp. 10 – 63.

④ The International Commission of Jurists, Tibet and the Chinese People's Republic: a report to the International Commission of Jurists, Geneva, 1960, pp. 221 – 345. 李晔：《美国策动"西藏问题"国际化的历史考察(1951—1968)》，《东北师大学报》(哲学社会科学版)2008 年第 5 期，第 50 页。

十二

国际法学家委员会『涉藏』活动研究(1959—1965)

161

端手段,继续虐待西藏僧侣、喇嘛和其他宗教名人,致使多人死亡。①

虽然,法学家委员会自诩上述三份报告是经审慎挑选材料、客观公正调查所得的成果,但事实上,他们的涉藏调查活动具有强烈的反共反华导向。究其原因有三:

首先,由于东西方文化差异,西方在人权观念上与中国有很大的不同。西方人权观在形成的过程中融入了大量的自然法思想,强调"天赋人权"。尽管这种思想在反封建、反神权、促进资本主义发展方面起了巨大的进步作用,但这种人权观主要依据的是人的自然本性,并在此基础上抽象地谈论人人应享有的与生俱来的权利,具有很强的唯心色彩。因此,在西方的人权概念中,主导内容之一便是西方个人主义传统价值观,这里只包含公民及政治权利等个人人权,甚至认为民族自决权和发展权也只是个人的权利,不属于政府和国家的权力。

其次,从委员会的人员构成来讲,他们大都来自以美国为首的西方国家。这些西方人继承了传统的个人主义价值观,并与"西方中心论"相融合,从而再次激化了东西方之间的矛盾。他们认为,人权无国界,并主张向世人推广西方式的人权保护模式。从本质上说,西方国家向别国推广和扩张西方人权观念的过程,同时也是向别国渗透西方文化和政治影响的过程。法学家委员会借助"西藏人权"问题攻击中国的背后,暗含了西方国家颠覆社会主义、演变中国的阴谋。

再次,就当时的国际环境而言,第二次世界大战摧毁了20世纪30年代的旧秩序,美国崛起,实力空前强大,而其盟国及战败的轴心国却遭受了严重的削弱。随着西方国家传统政治经济帝国与霸权体系的解体,世界范围内逐渐形成一种反军国主义的伦理观,而传统的军事权力工具已经不足以解决所有的霸权问题。为此,西方人将目光转移到了"软权力"上。这种权力往往出自国家内部文化与意识形态的吸引力以及一些国际机制的规则制度等,在建立维持国际秩序方面,它可以起到与硬权力同等的作用,并且还能掩盖某些西方大国的霸权心态与目的,使其看起来更文明、更隐讳。因而属于"软权力"范畴的人权价值观作为西方文化输出的重

---

① UN General Assembly Resolutions. Available at:http://www.savetibet.org/policy-center/un-general-assembly-resolutions

要一环,在冷战背景下,从属于以美国为首的西方各国的国际战略,逐渐成为它们在世界范围内推行霸权的工具。

由此可见,这个所谓的调查委员会在展开调查之前,很可能已经有了他们预设的调查结果。三份涉藏报告出版后,委员会不仅将其分发给与该机构保持联系的法学家及相关媒体,甚至还提交给联合国,公开宣传支持"西藏独立",散发数量至少达 60000 份①。这不但鼓舞了达赖集团向联合国寻求支援,试图通过联合国的干预,达到"西藏独立"的目标,而且还为那些利用"西藏问题"攻击中国的反华势力提供了所谓依据。

2. 委员会所谓的涉藏报告与联大通过谴责中国"西藏问题"的决议

法学家委员会在第一份调查报告公布后不久,便将该报告分发给联合国各代表团,准备提交联合国大会审议。② 此间,美国驻印度大使馆曾建议达赖喇嘛"以西藏人民的人权遭到否决和破坏为由,要比指控中共侵略更容易获得联合国的支持"③。在美国的怂恿与法学家委员会的推动下,1959 年 9 月 9 日,达赖向联合国秘书长达格·哈马舍尔德(Dag Hammarskjold)发出了一封呼吁书,主要内容包括:西藏是一个独立国,1950 年中共进军西藏是非常残暴的侵略行为;西藏地方政府签署《十七条协议》是被迫的、无效的;人民会议对《十七条协议》的背叛是合理的;认可"国际法学家委员会"的涉藏报告;在西藏存在着汉人对藏人的种族灭绝与宗教迫害;吁求联合国调查事实,制止中国对西藏人民违反人道的罪行。④

1959 年 9 月 15 日,第 14 届联合国大会在纽约召开,由 6 个委员会⑤及一个特

① Vivian Bose,The Role of the International Commission of Jurists in the Promotion of World Peace,*World Affairs*,Vol. 127,No. 3(October,November,December 1964),p. 157.

② Memorandum from the Assistant Secretary of State for Far Eastern Affairs and the Acting Assistant Secretary for International Organization Affairs to Secretary of State Herter,August 5,1959,*FRUS*,1958 – 1960,Vol. XIX,China,p. 776.

③ John Kenneth Knaus,*Orphans of the Cold War:America and the Tibetan Struggle for Survival*,New York:Public Affairs,1999,p. 195.

④ 张植荣:《国际关系与西藏问题》,旅游教育出版社,1994 年版,第 292 页。

⑤ 政治及安全委员会,经济及财政委员会,社会、人道及文化委员会,托管委员会,行政及预算委员会,法律委员会。

设政治委员会对相关议题展开讨论,其中"西藏问题"被列为第 73 项。在联大会上,美国代表团团长、国务卿赫脱(Christian Archibald Herter)发言污蔑中国政府残酷压制藏民的基本人权,推行殖民主义政策,称其平定西藏叛乱的目的在于消灭西藏种族。随后,在美国的授意下,马来亚和爱尔兰代表于 9 月 28 日致信联合国秘书长,指出有初步证据表明中国政府无视《世界人权宣言》中规定的人权与基本自由,破坏了藏民传统的生活方式及其长期以来公认特有的宗教文化。两国认为联大在道义上有责权讨论西藏局势,同时也有责任呼吁恢复西藏人民的个人与宗教自由。① 10 月 12 日,联大第 826 次全体会议以 43 票赞成,11 票反对,25 票弃权通过了马来亚、爱尔兰提案,决定"将本项目列入议程由大会自行审议"。② 同日,马、爱两国提交了一份关于"西藏问题"的联合草案,呼吁"与会的 82 个国家尊重西藏人民的基本人权及其独特的文化与宗教生活"③,并坚持认为在当前形势下,他们的决议草案内容已经反映了国际道义的最低标准。

上述草案得到了澳大利亚、台湾当局、荷兰、西班牙、英国、美国等国家和地区的支持。他们认为"达赖喇嘛的声明已经清楚地证明了藏民的基本人权遭到破坏,他的控告为国际法学家委员会的报告提供了有力的证据",他们还认为联大如果不介入"西藏问题"就是一种失职行为。④ 而苏联、保加利亚、匈牙利、波兰、乌克兰等国则认为上述国家对中国破坏藏民宗教文化自由的控告完全缺少根据,同时还坚持认为,"西藏是中华人民共和国的一部分,如果联大通过了任何一个关于所谓西藏问题的决议,那就完全违背了《联合国宪章》第 2 条关于反对干涉国家内政的内容。国际法学家委员会的所谓报告代表了某一部分人的特定利益,它是为冷战服

---

① Year Book of Unite Nation of 1959, Office of Public Information United Nation, New York, p. 67. Available at: http://unyearbook. un. org/unyearbook. html? name = 1959index. html,2012.05.

② 联合国大会第十四届会所通过的决议案(1959 年 9 月 15 日至 12 月 13 日):正式记录补编第十六号(A/4354),纽约,1960 年,第 10 页。Available at:http://www. un. org/zh/documents/view_doc. asp? symbol = A/4354,2011.09.

③ Lindesay Parrott, U. N. Urged to Back Tibetans on Rights, The New York Times, Oct 14,1959, p. 1,3.

④ Year Book of Unite Nation of 1959, Office of Public Information United Nation, New York, p. 68. Available at: http://unyearbook. un. org/unyearbook. html? name = 1959index. html,2012.05.

务的,并不可信。"①台湾当局、古巴、美国及委内瑞拉等国家和地区的部分代表依然坚持要求联合国介入"西藏问题"。他们指出,依据宪章第 55 条,联合国有权对人权和基本自由问题进行关注,并且之前有过类似的行动,因此联合国可以就西藏发生的严重违反人权的事件表达自己的意见。英国则以《联合国宪章》第 2 条为据,提出联合国可以审理"西藏问题"但不该形成决议。埃塞俄比亚代表质疑联合国处理"西藏问题"的能力,并补充说明收集到的有关西藏的信息不仅仅是单方面的,而且是矛盾的。除此之外,芬兰、印度、印度尼西亚、尼泊尔等国也对讨论"西藏问题"是否有利于改善国际关系表示质疑。尼泊尔和芬兰代表认为,在中华人民共和国代表缺席的情况下讨论"西藏问题"违背了《联合国宪章》精神,这种讨论实际上是单方的。②

然而在美国的操纵下,联合国大会于 10 月 21 日以 45 票赞成、9 票反对、26 票弃权最终通过了谴责中国"西藏问题"的第 1353 号决议。该决议从《联合国宪章》和《世界人权宣言》中确立的基本人权与自由原则出发,以达赖喇嘛及其"流亡政府"向联合国大会提供的所谓正式声明、国际法学家委员会的所谓调查报告及其他新闻报道为依据,认定"西藏人民的基本人权和自由已被强行剥夺",中国政府平息西藏叛乱"加剧了国际紧张局势""恶化了人民之间的关系",最后呼吁各国要"尊重西藏人民的基本人权及其特殊的文化和宗教生活"。③

继 14 届联大第一次通过关于"西藏问题"的决议后,美国又操纵第 16 届和第 20 届联合国大会,先后通过了两个有关"西藏问题"的决议,即 1723 号决议和 2079 号决议。

在第 15 届联大会期间的美国国务院会议上,美国国务院官员不但对法学家委员会指责中国政府搞种族灭绝、侵犯人权的 1960 年报告表示认可,同时还期望"本届联大能沿着去年的路线,采纳另一个关注中共暴行的决议",必要时他们会"尽

---

① Year Book of Unite Nation of 1959, Office of Public Information United Nation, New York, p. 68. Available at: http://unyearbook. un. org/unyearbook. html? name = 1959index. html,2012. 05.

② Year Book of Unite Nation of 1959, Office of Public Information United Nation, New York, p. 69. Available at: http://unyearbook. un. org/unyearbook. html? name = 1959index. html,2012. 05.

③ Question of Tibet: Resolutions adopted by the General Assembly at its 14th session. Available at: http://www. un. org/depts/dhl/resguide/r14. htm,2011. 07.

每一份力来鼓励亚非国家支持该决议"。① 在美国的鼓动下,马来亚、泰国在第15届联合国大会上提议将"西藏问题"再次列入议事日程,但该提议并没有在这届联大会上得到他们期望的回应。而随后在1961年9月25日的第16届联大第1014次会议上,上述国家提出的议案却得以投票通过,"西藏问题"再次被置于联大的议事日程中。②

1961年12月12日,萨尔瓦多、马来亚联邦、爱尔兰和泰国在美国授意下又联合提出关于"西藏问题"的草案。该草案要求联合国大会:重申尊重《联合国宪章》及《世界人权宣言》的原则,在法治基础上构建一个和平的世界秩序;郑重要求中国政府停止剥夺西藏人民基本人权与自由(包括自决权)的行动;联合国成员国尽一切适当努力达到当前现有决议的目标。③

支持上述草案的代表指出,"自联合国大会通过1959年第1353号决议后,西藏局势不仅没有得到改善,西藏人民反而受到了更加残酷的压迫。至少有45 000名藏民流亡到印度、尼泊尔、锡金和不丹。"④同时他们还坚持认为,联大讨论"西藏问题"是绝对正当的。尽管有国家以国内管辖权为理由提出反对,但联大仍然多次成功地讨论了类似问题,因此讨论"西藏问题"势在必行。

12月14日,联大宣称,西藏人民的基本人权仍然遭到了践踏。苏联、阿尔巴尼亚、保加利亚等国坚持,西藏始终是中华人民共和国的一部分,讨论"西藏问题"干涉了中国内政,违背了《联合国宪章》。他们还指出,"1959年西藏封建反动势力的崩溃,有赖于大多数西藏人民的全力支持,却也引起了部分国家与西藏封建势力的不满。为了反对中国,他们得到了一个所谓的'国际法学家调查委员会'的支持,并希望西藏的封建反动分子能重返西藏。然而在1959年平定西藏反动分子叛乱

---

① CK3100231649,Selected Major Issues Expected to Confront the United States at the 15th UN General Assembly, October 6,DDRS.

② 联合国大会第十六届会所通过的决议案(1961年9月19日至1962年2月23日):正式记录补编第十七号(A/5100),纽约,1962年,第9页。available at:http://www. un. org/zh/documents/view_doc. asp? symbol=A/5100,2011.07.

③ Year Book of Unite Nation of 1961,Office of Public Information United Nation,New York,p. 138. available at: http://unyearbook. un. org/unyearbook. html? name=1961index. html,2012.05.

④ Year Book of Unite Nation of 1961,Office of Public Information United Nation,New York,p. 138. available at: http://unyearbook. un. org/unyearbook. html? name=1961index. html,2012.05.

之后,在当地开启的民主化进程是不能终止的。这些年来,西藏人民已经取得了巨大进步:恢复了民权与民主自由;铲除了封建剥削阶级;西藏经济的各方面都有所发展;文盲的数量不断减少,实现了宗教上的完全自由。"①

1961年12月19日至20日,与会国对上述草案进行投票,结果以56票赞成、11票反对、29票弃权通过了上述四国提出的联合草案。联大做出决定如下:

"联合国大会,回顾1959年10月21日关于西藏问题的1353号决议案,密切关注在西藏继续发生的事件,包括侵犯西藏人民的基本人权,禁止他们在传统上享有独特的文化与宗教生活,察悉有大批的西藏难民出逃邻邦,足见这些事件已经使西藏人民受到了极大的痛苦,联合国对此深感焦虑,鉴于这些事件违反了《联合国宪章》及《世界人权宣言》中所规定的基本人权及自由,包括民族自决原则,并且还加剧了国际紧张,加深了民族仇恨。一、重申坚信对《联合国宪章》及《世界人权宣言》原则的尊重对于发展以法治为基础的和平世界秩序是十分必要的;二、再次郑重呼吁停止剥夺西藏人民的基本人权与自由及其自决权利的行为;三、希望各会员国做出一切适当的努力来达到本决议案的目的。

1961年12月20日

第1085次全体会议。"②

该决议除了对中国政府"侵犯西藏人权"表示继续关注之外,还首次提出了民族自决问题,将"西藏问题"列入自决权范围。这意味着联合国不但支持达赖集团解决"西藏人权问题",而且还要帮助他们实现"民族自决"。同时法学家委员会1960年8月的涉藏报告作为指责中国共产党侵犯西藏人权的依据和西藏当前基本状况的基础最后被联合国列入16届联大关于"西藏问题"的最终报告中。③

① Year Book of Unite Nation of 1961, Office of Public Information United Nation, New York, p. 139. available at: http://unyearbook. un. org/unyearbook. html? name = 1961index. html, 2012. 05.

② Question of Tibet: Resolutions adopted by the General Assembly at its 16th session, available at: http://www. un. org/depts/dhl/resguide/r16. htm, 2011. 07.

③ Year Book of Unite Nation of 1959, Office of Public Information United Nation. Available at: http://unyearbook. un. org/unyearbook. html? name = 1959index. html, 2012. 05.

1965 年 6 月 7 日,菲律宾提出要再次将"西藏问题"置于联大议程,并借用 1964 年 10 月 30 日萨尔瓦多、尼加拉瓜、菲律宾等国在第 19 届联大上提交的有关建议联大讨论"西藏问题"信件的相关内容,指责中国政府不顾联大的呼吁,破坏西藏的人权,压制西藏人民的宗教与个人自由。

在 1965 年 9 月 22 日的第 20 届联大会上,总务委员会提议在联大会上继续讨论"西藏问题"。在这一问题上持反对意见的苏联、匈牙利、波兰等国坚持认为西藏是中华人民共和国的一部分,联大讨论"西藏问题"违背了《联合国宪章》第 2 条第 7 款中的规定。他们还进一步指出,之前联大对"西藏问题"的两次讨论都带有政治动机,在本届联大会上讨论恢复中华人民共和国在联合国的合法权利问题已经在国际社会上制造了紧张氛围,不应该再对"西藏问题"进行讨论。而支持讨论"西藏问题"的美国、台湾当局、危地马拉、马来西亚等国家和地区则认为它涉及了人权问题,而且联大已有处理类似问题的先例,援引宪章第 2 条第 7 款反对无效。马来西亚代表认为在人权问题上并没有诽谤中国。9 月 24 日,这一问题由萨尔瓦多、爱尔兰、菲律宾、泰国等国再次提出并正式列入议程①。

在讨论过程中,美国、台湾当局、危地马拉等国家和地区代表认为之前在"西藏问题"上通过的决议目标仍然没有实现。菲律宾代表指出,"在历史上有与种族隔离作斗争传统的联大不能无视西藏人民的呼吁……只有施加联合国道义上的压力才能使中国重新考虑他的政策"。② 印度政府由于之前与中国发生边界冲突,一改在"西藏问题"上的中立立场。印度代表指出,"由于中华人民共和国之前曾保证要用和平手段解决争端,因此在 1950 年的联大会上印度提出反对将西藏问题列入联大议程。然而,在目睹了身在印度的达赖喇嘛及其 50 000 名西藏难民的悲惨境遇之后,印度认为目前不该对中国抱有希望。"同时他还认为所谓的中藏双方签订的《十七条协议》中有关西藏自治的条款是一纸空文,西藏自治一项在事实上已经

---

① 联合国大会第二十届会所通过的决议案(1965 年 9 月 21 日至 12 月 22 日):正式记录补编第十四号(A/6014),纽约,1966 年,第 11 页。Available at:
http://www.un.org/zh/documents/view_doc.asp? symbol = A/6014,2011.07.

② Year Book of Unite Nation of 1965,Office of Public Information United Nation,New York,p.192.
Available at:http://unyearbook.un.org/unyearbook.html? name = 1965index.html,2012.05.

被破坏。① 台湾当局代表表示,中国政府应该尊重西藏人民的传统与自决权。美国则认为用来阐明所谓中藏关系的"自治"一词毫无意义,因为藏民没有得到行动上的自由,也不能反对北京方面的"指示",更无力反抗中国军队的武装侵略。②

持反对意见的苏联、阿尔及利亚、保加利亚、古巴等国坚持主张西藏是中华人民共和国的一部分,讨论"西藏问题"违反了宪章条款,同时指出上述支持讨论"西藏问题"的国家和地区意在推迟恢复中国在联合国的合法席位。除此之外,他们还强调"西藏的社会经济取得了巨大的进步,尤其是教育、交通运输方面。人权问题仅仅是美国了为了转移其侵略越南和多米尼加共和国视线的一种虚伪托词。支持1959 年西藏叛乱的国家希望西藏能从中国分裂出去,以便利用其作为侵略别国的战略基地"③。1965 年 12 月 18 日,大会最终仍以 43 票赞成、26 票反对、22 票弃权通过了有关"西藏问题"的第三个决议。就内容而言,只是重申了 1959 年和 1961 年决议。

联大三个涉藏决议都将矛头直指中国政府,攻击中国侵犯西藏人民的基本人权与民族自决权,其通过是冷战时期以美国为首的西方国家反共、反华的产物,是有偏见的、非法的。

其一,在联合国大会对"西藏问题"的讨论过程中,与会代表大都以法学家委员会的调查报告作为攻击、审判中国的重要证据。然而,三份报告的所得结论都只是达赖集团的一面之词,是对中国政府的污蔑。因此,这些报告本身就不具有真实性与客观性,更不具备作为证据所应有的法律价值,联大通过的三个涉藏决议是非法的,对中国政府的指控是不成立的。

其二,当时中国在联合国的合法席位为台湾国民党当局所占据,台湾当局虽然反对西藏独立,却主张支持藏民反共,制造动乱,以图借此反攻大陆,重掌中国政权。美国则希望通过支持"西藏独立"遏制中国,进而瓦解共产主义阵营的力量,

① Year Book of Unite Nation of 1965, Office of Public Information United Nation, New York, p. 192. Available at:http://unyearbook. un. org/unyearbook. html? name = 1965index. html, 2012. 05.

② Year Book of Unite Nation of 1965, Office of Public Information United Nation, New York, p. 193. Available at:http://unyearbook. un. org/unyearbook. html? name = 1965index. html, 2012. 05.

③ Year Book of Unite Nation of 1965, Office of Public Information United Nation, New York, p. 193. Available at:http://unyearbook. un. org/unyearbook. html? name = 1965index. html, 2012. 05.

最终确立美国领导世界的战略地位。由此可见,美台双方互有所图,为达到各自的目的势必会走向联合,共同抵制中国政府重返联合国。因此,三个涉藏决议的讨论与表决都是在北京政府缺席的情况下进行的,中国政府没有任何机会为自己申辩、澄清事实,上述行为是对中国的无理宣判。

最后,三个决议内容中都强调要尊重《联合国宪章》规定的关于基本人权和自由的原则,但在其产生过程中都忽视了《联合国宪章》中有关不应干涉主权国家内部事务的最基本规定。《联合国宪章》第1章第2条第4款明确规定:"禁止各会员国在处理本国国际关系上使用威胁或武力,禁止采用与联合国规定不相符的任何其他方法,侵害任何会员国或国家的政治独立或领土完整。"①同时《公民及政治权利国际公约》的第20条也明确做出了"任何鼓吹民族、种族和宗教仇视,最后构成煽动歧视、敌视或强暴行为的主张,都应该从法律上加以禁止"②的规定。事实上,从1959年的西藏叛乱,到法学家委员会的专门"调查",再到联合国三个有关"西藏人权"问题决议的"出炉",其中每一环节都有美国等西方国家的参与或暗中策划。"西藏问题"本是中国的内政问题,而联合国三个涉藏决议的通过与公布,是西方反华势力践踏中国主权的表现,它将所谓的"西藏地位""西藏人权"及"西藏民族自决"等问题扩大到联合国范围,并为"西藏问题"国际化进程的加速提供了平台和所谓依据。

3. "国际法学家委员会"涉藏报告的谬说与影响

国际法学家委员会关于"西藏人权"问题的调查报告自公布起便引起了国际社会的广泛关注,并受到西方反华势力与西藏上层分裂势力的欢迎与赞赏。而事实上,委员会涉藏报告的核心内容纯属谬说,其目的在于通过恶意诋毁中国,对国际社会上不明真相的人进行哄骗,为西方反共势力及西藏流亡集团分裂进而演变中国制造借口。

---

① Charter of the United Nations, available at: http://www. un. org/en/documents/charter/chapter1. shtml, 2011. 08.

② International Covenant on Civil and Political Rights, available at: http://www. un. org/Docs/asp/ws. asp? m = A/RES/2200(XXI), 2011. 09.

就所谓中共"侵犯西藏人权"而言,法学家委员会的三份报告,都对中国"侵犯西藏人权"进行指控,尤其是 1960 年 8 月的报告,更是列出中共 16 项侵权罪责来证明委员会的指控有理有据。既然委员会在国际社会上如此积极提倡尊重人权,然而在该报告中,委员会却又否定了中共提出的"西藏无地农民需要反对那些违背他们基本权利的封建统治者"①的主张。这只能表明,西方国家并非真心关注藏民的生活状况与现实需要,而是意图以制造"西藏人权"问题为跳板进而攻击中国。实际上,中国政府平定西藏叛乱是维护中国主权完整、维持社会稳定的需要;在西藏进行民主改革、废除封建制度符合广大西藏人民的根本利益,是促进西藏社会进步的需要。在平叛过程中出现难以避免的人员伤亡、文物破坏和由于改革急躁冒进导致的一些不安定因素与侵犯人权完全是两个不同的概念。还需要指出的是,当时北京方面并没有签署《世界人权宣言》,这也就意味着该宣言内的条款对中国政府没有任何约束力,再加之所谓的法学家委员会报告中所提供的证据多有不足,因此我们可以得出结论,这些西方大国仅依据对中国没有约束力的条款和有违客观公正的报告便对中国政府横加指责是不合常理的,甚至是非法的。

就所谓"种族灭绝"问题而言,尽管委员会在调查过程中援引了联合国关于《防止及惩治灭绝种族罪公约》适用范围的内容,确保了法律依据的权威性和适用性,但在西方学者格林(L. C. Green)看来,"关于种族灭绝的论断基于一个完全错误的前提"②。在 1960 年 8 月的涉藏报告中,调查委员会列举了中国在西藏"试图消除宗教信仰""意图毁灭宗教群体""严重破坏藏民身心健康""将易导致疾病的生活条件强加给藏民""采取绝育措施""强制迁移儿童"③等 6 项实行种族灭绝的证据并加以论证。仅就"绝育"来说,所提供的证据有些含糊其词。报告引述了达赖喇嘛的控诉:"绝育是从 1957 年开始的,后来便大规模地实行,有两三个村庄的村民都做了绝育手术""共产党中国以防止某种流行病为借口,采取了这些措施。

---

① Howard Tolley, *The International Commission of Jurists: Global Advocates for Human Rights*, Philadelphia: University of Pennsylvania Press, 1994, p. 90.

② L. C. Green, *Book Review: Tibet and the Chinese People's Republic: a report to the International Commission of Jurists by its Legal Inquiry Committee on Tibet*, The China Quarterly, Vol. 5, No. , 1961, p. 159.

③ The International Commission of Jurists, *Tibet and the Chinese People's Republic: a report to the International Commission of Jurists*, Geneva, 1960, pp. 23 −58.

他们对男人和女人进行了某种注射,使他们的生殖器官软弱无力。他们还强行给予这些男女某些医学方面的处理,使他们的生殖器官失去了生殖能力。"①除了达赖喇嘛的控诉之外,只有一对无名夫妇提供了相应的证词。对此,委员会还组织了专门的医疗小组,对那些声称已做过绝育手术的西藏人进行了临床调查,但没有证据说明他们做了绝育手术。然而,仅凭上述片面的陈述,专门的医疗证据就得出结论:"前面提到的处理没有遵照任何已知的绝育方法进行。"②委员会也根据这唯一的投诉开始对中国政府进行指责。就所谓的西藏"国际法地位"而言,法学家委员会对"西藏是否为独立国"这一问题进行调查,除了对美国有潜在的战略意义外,达赖并没有获得实质性的收获。在这一点上,范普拉赫(Michael C. Van Praag)③也不得不承认,"在国际舞台上,达赖喇嘛并没有取得什么成功,自1959年事件发生后,国际社会极为同情达赖,但没有一个政府敢于承认"西藏流亡政府""尼赫鲁也不敢承认他的流亡政府"。④ 法学家委员会的报告自称采用了近期的官方声明文件以及学者的最新的研究成果,认为1913—1950年西藏的外交关系是由西藏政府与外国政府直接进行的,⑤这些外国政府仅仅根据中国近代的"拉萨条约""西姆拉条约"等非法条约便视西藏为独立国家,把中国人民解放军解放西藏视为侵略行为,完全无视了历代中央政府对西藏主权统辖的史料。

总而言之,"国际法学家委员会"1959年、1960年和1964年的三个调查报告对中国的控诉不仅缺乏充足的证据,在论证过程中自相矛盾,甚至故意歪曲事实,对中国进行恶意诋毁。其广泛散播不仅不利于澄清事实真相,并且在国际社会上产生了十分恶劣的影响。

首先,三份报告的出台与散播严重损害了中国的国际形象,进而阻碍了中国重

① The International Commission of Jurists, *Tibet and the Chinese People's Republic*: *a report to the International Commission of Jurists*, *Geneva*, 1960, p. 292, p. 300.

② The International Commission of Jurists, *Tibet and the Chinese People's Republic*: *a report to the International Commission of Jurists*, *Geneva*, 1960, p. 50.

③ 荷兰国际法学者,曾任荷兰西藏事务协调处主任,1984年起担任十四世达赖喇嘛及其流亡政府的法律顾问,并在其著作中污蔑中国,为"西藏独立"寻找法理依据。

④ Michael C. Van Praag, *Status of Tibet*, Godstone: Westview Press, 1987, p. 168.

⑤ Legal Materials on Tibet, Governmental and NGOs: ICJ Report on Tibet and China(excerpt)(1960)
Available at: http://www.tibetjustice.org/materials/govngo/govngo2.html

返联合国的进程。报告中有关"西藏独立"的论断完全是一种谬说,而对中国政府"侵犯人权"、实施"种族灭绝"的控告则纯属污蔑,然而这却使得国际社会上相当一部分不明真相的人对中国产生误解。在欧美学术界出现的大多数关于西藏人权的文章中往往暴露出一些根本不成立的逻辑观点,而这些观点主要源自国际法学家委员会报告中"中国政府入侵占领西藏""西藏人民的基本人权与自由遭到破坏"等错误论调。在这些文章的论述中,西方学者大都把西藏视为独立的国家与中国并列,并冠以"占领"(occupation)"侵略"(aggression)"控制"(control)等带有偏见的词汇来阐述西藏的地位与现状以丑化中国的形象。特别是中印两国发生冲突后,另一东方大国印度也逐渐加入了反华阵营,在《中国控制西藏及其对印度国防的启示》一文中,印度研究员桑尼(R. Sawhny)认为中国占领西藏威胁到印度的国防安全,破坏了中国提出的"和平共处"原则,甚至还荒谬地指出中国意图统治亚洲乃至世界。[①] 除此之外,报告还为那些欧美的反华政客们攻击中国提供了争论的借口。在第14届、16届和20届联合国大会上,法学家委员会的调查报告均被采纳,为讨论并通过谴责"西藏问题"报告提供了重要依据,在很大程度上实现了美国等西方大国利用"西藏人权"问题动员国际力量,阻止共产党中国恢复在联合国的合法席位,以此来打击遏制中国的目标,使这一时期的中国在内政外交上都陷入了极为困难的境地。

其次,"国际法学家委员会"的涉藏报告催化衍生出了所谓的"西藏人权"问题,从而为西方反华势力干涉中国内政制造借口,加速了"西藏问题"国际化的进程。在后来的一系列国际活动中,某些西方国家与非政府组织频频向中国政府打"西藏牌",利用"国际法学家委员会"的三个涉藏调查报告和联合国三个涉藏决议攻击中国。自1987年起,美国国会及其他西方国家议会先后多次通过关于"西藏人权"问题的议案,干涉中国内政;部分西方国家的政府首脑甚至公然会晤达赖,触犯国际关系的基本准则;国外反华势力也多次邀请达赖出访,为鼓吹"西藏独立事业"打造平台。1987年7月和1989年10月,达赖喇嘛先后获得了美国国会和挪威

---

① R. Sawhny, *China's Control of Tibet and Its Implications for India's Defence*, International Studies, Vol. 10, No. 4, October 1968, pp. 486 – 494.

诺贝尔和平奖委员会授予的沃伦伯格人权奖及诺贝尔和平奖,引发中国政府的强烈不满。西方国家借助"西藏人权"问题攻击中国,就是企图利用"藏独"分子的分裂活动挑起民族矛盾,把西藏从中国分裂出去,同时对中国施加经济和外交压力,最终导致中国实现颜色革命。

最后,"国际法学家委员会"的三个关于"西藏人权"问题的报告在很大程度上助长了达赖集团分裂中国的气焰,从而严重破坏了中国的社会安定。自第一份"国际法学家委员会"涉藏报告出台,达赖喇嘛便受到了极大的鼓舞,他连续多次致信联合国秘书长,呼吁联合国关注"西藏问题",并支持西藏的"独立事业"。除此之外,达赖还开始竭力拉拢游说西方政界知名人士及其他相关的国际组织与团体,在世界各地设立办事处,展开密集的"外访"活动,大肆歪曲中国政府的西藏政策,为其"藏独"活动积聚声势和动员力量。同时,达赖集团还致力于扶植"藏青会""藏妇会"等非法"藏独"组织及其他的基层藏人团体,制造骚乱以引发国际社会的关注。2008年3月初,在达赖集团的策动下,"藏独"分子借助北京奥运会火炬传递之机,举行各种"藏独"纪念活动和抗议示威游行,大肆渲染所谓的"西藏悲情"。3月14日,"藏独"分子在拉萨市内煽动群众制造了打砸抢烧的暴力事件,严重破坏了当地人民的生命财产安全与社会安定。

事实证明,"国际法学家委员会"在该时期上演的一幕幕丑剧完全背离了"促进人权与法治"的目标和宗旨。然而,谬说无法掩盖事实。中国的发展壮大,西藏的社会进步与民族团结,是不以西方反华势力的意志为转移的。他们企图利用"西藏问题"分裂遏制中国、阻碍中国发展繁荣的手段不会得逞。

(东北师范大学历史文化学院:金婉婷)

美国国务院"西藏问题特别协调员"涉藏活动述论

"西藏问题特别协调员"（Special Coordinator for Tibetan Issues，以下简称"协调员"）是美国国务院于克林顿政府后期设立的一个带有明显干涉中国内政色彩的职务，历任协调员对达赖喇嘛集团持支持的立场。随着《2002年西藏政策法》（Tibetan Policy Act of 2002）的签署，协调员的职责趋于规范化、制度化，其活动日渐活跃，对美国政府的涉藏政策发挥着越来越重要的影响。奥巴马执政以来，美国政府继续保留了这一职务，充分说明了美国政府在"西藏问题"上政策的一致性与连续性。本文依据美国国务院出台的一系列政府报告、美国国会听证会记录分析协调员的产生及其主要涉藏活动。

1. "西藏问题特别协调员"的设立

美国国务院中原本没有"西藏事务特别协调员"一职，这一职务缘起于将人权列为外交政策目标之一的克林顿政府时期。克林顿政府时期，美国的外交特点是将促进民主与促进人权结合起来，以"人权"为旗帜，加大对国际事务的干预。反映在"西藏问题"上，美国以关注西藏人权为借口，加强干涉中国西藏事务的力度。在此背景下，美国政府急需一位专职人员来负责西藏事务。

协调员的出现同时也是美国国会干预"西藏问题"的产物。作为官方的政策，自从中美关系正常化以来,美国政府就承认西藏是中国的一部分。但是达赖喇嘛在国会有许多支持者,这些支持达赖集团的国会议员不仅主张在法律上给予所谓"西藏流亡政府"更高的法律地位,而且经常向政府施加压力,以迫使政府做出有利于达赖喇嘛的政治让步。在国会的压力下,布什、克林顿和小布什总统在任内都会见了达赖喇嘛。

克林顿政府初期,美国国会开始考虑设立大使级别的美国西藏特使(U. S. Special Envoy for Tibet),积极推动达赖喇嘛与中国政府之间进行对话。1994 年参议员佩尔(Claiborne Pell)介绍这一职位时认为美国政府有必要更多地关注涉藏问题:

"我想起在前几届政府中,要想与中国进行一场关于西藏问题的严肃、有见解的谈判是多么困难的事情。设立西藏特使可以确保西藏问题——这一中美关系中的重要问题可以持续不断地出现在高级级别的政策谈判中。"①

在第 104 届国会上,以对外关系委员会主席赫尔姆斯(Jesse Helms)和国际关系委员会本杰明·吉尔曼(Benjamin A. Gilman)为代表的、长期关注"西藏问题"的议员提出了《1995 年美国海外利益法》(American Overseas Interests Act of 1995)H. R. 1561,Gilman and H. R. 908,(Hilms)议案。这项议案中涵盖了设立西藏特使的条款,规定西藏特使应当为大使级别,其职责是积极推动达赖喇嘛与中国政府之间的谈判。但是,1996 年 4 月 12 日,克林顿总统否决了这项议案。总统之所以否决这项立法,是因为自从 1979 年中美正式建立外交关系以来,历届美国政府都承认西藏是中国领土的一部分,而设立大使级别的西藏特使相当于承认西藏是一个独立国家,这会给中美关系带来恶劣的负面影响。② 4 月 30 日,国会试图推翻总统的否决,但是没能获得 2/3 的多数票。

主张设立西藏特使的议员并不甘心失败。1997 年 6 月 3 日,在美国第 105 届国会上,《1995 年美国海外利益法》被三个单独的法案所取代,这三项法案分别是:

---

① Kerry Dumbaugh,Congressional Research Service(CRS) Report for Congress:The Tibetan Policy Act of 2002:background and Implementation,March 17,2009,p. 3.

② Kerry Dumbaugh,Congressional Research Service(CRS) Report for Congress:The Tibetan Policy Act of 2002:background and Implementation,March 17,2009,p. 5.

H. R. 1757,授权在 1998 至 1999 财政年度为国务院拨款、H. R. 1758《欧洲安全法》（European Security Act）、H. R. 1759 对外援助授权与改革法案（aforeign aid authorization and reform bill）。其中,第一项法案包含了设立西藏特使的内容。① 国会利用手中的拨款权向国务院施加压力。面对来自国会的压力,1997 年 10 月 31 日,美国国务院做出了一个向国会妥协的举动,国务卿奥尔布赖特和参议院对外关系委员会和众议院国际关系委员会主席与高级成员之间达成一项共识:在国务院内委任大使级别的"西藏问题特别协调员"。协调员的主要任务是与""西藏流亡政府"保持联络",同时关注人权事务,促进中国领导人与达赖喇嘛的对话以及协助保护西"藏独"特的文化。②

2. "西藏问题特别协调员"的职责演变

不难看出,协调员的设立是美国国务院与国会在"西藏问题"上不同策略相互妥协之产物,这使得协调员在出现之初带有很强的过渡性与临时性,其具体的权限与职责并没有被明确下来,协调员在关注"西藏问题"的同时,经常被其他的事务牵扯精力,其活动自然受到很大的限制。

美国国务院政策研究室主任格里高利·克莱格（Gregory Craig）担任美国国务院第一任协调员。但 1998 年秋,因莱温斯基事件,国会开始启动弹劾克林顿总统的动议。为了度过政治上的困境,克林顿启用政治经验丰富的克莱格为特别顾问来应对独立检察官斯塔尔的质询,这使克莱格在长达四个月的时间里无暇关注"西藏问题"。同时,在国家安全委员会,由于一向关注"西藏问题"的杰弗里·巴德尔（Jeffrey Bader）被任命为驻纳米比亚大使,因此在这期间,美国政府对"西藏问题"的关注有限。1999 年 1 月 20 日,负责人口、难民、移民事务的助理国务卿朱丽亚·塔夫脱（Julia Taft）继任协调员。但是这一年春天 100 万阿尔巴尼亚难民涌入科索沃,由于忙于应对这场危机,塔夫脱没有投入更多的时间与精力来关注西藏问题。

这种状态在国会通过《2002 年西藏政策法》并经总统签署生效后产生变化。

① Kerry Dumbaugh,Congressional Research Service(CRS) Report for Congress:The Tibetan Policy Act of 2002: background and Implementation,March 17,2009,p. 5.

② Richard Boyd,Tak-Wing Ngo. *State Making in Asia*:*Politics in Asia Series*,London:Routledge,2012,p. 129.

克林顿政府时期,民主党众议员托马斯·兰托斯、共和党众议员马克·柯克(Mark Kirk)、美国众议院外交事务委员会前主席亨利·海德(Henry Hyde)等人与范斯坦在 2001 年 5 月 9 日联合提出一项涉藏法案。为使该法案成为法律,国会将其作为《2003 财政年度国务院对外关系授权案》(H. R. 1646)的附属内容。在国会议员和全美西藏支持者的支持之下,该法案在国会获得通过,并于 2002 年 9 月 30 日由总统小布什签署生效。美国政府认为该法案成功将切实可行的行动建议与藏人的诉求结合在一起,兼具计划性和务实性。《2002 年西藏政策法》奠定了美国对西藏政策的基础,也对"西藏问题"特别协调员的职责产生了重要影响。

　　《2002 年西藏政策法》再次明确规定,在"国务院内部应设立美国西藏问题特别协调员"。① 法案特别申明,设立特别协调员的核心目标是"促进推动中华人民共和国政府与达赖喇嘛或其代表之间进行实质性对话"。② 协调员的选择须慎重,"在委任特别协调员之前,国务卿应当向主席和国会各委员会有资历的委员进行咨询。"③法案特别明确了协调员的 6 项其他重要职责,包括"(1)协调美国政府的涉藏政策、项目、计划;(2)积极推动制定保护西"藏独"特宗教、文化、语言和民族认同的政策,促进尊重人权;(3)与藏人宗教、文化、政治领袖保持密切接触,如前往中华人民共和国藏区和印度、尼泊尔"流亡藏人"定居点定期进行考察;(4)就西藏和藏人未来与福祉问题向国会进行咨询;(5)与其他国家外交部长建立联系,为西藏问题寻求解决方法;(6)为完成特别协调员的责任与义务,采取一切适当的措施来保证充足的人力、物力资源。"④"《2002 年西藏政策法》确立了美国有关西藏人

---

① Tibetan Policy Act H. R. 1646 Foreign Relations Authorization Act, Fiscal Year 2003.
　　http://thomas. loc. gov/cgi-bin/cpquery/? &sid = cp1118FKTw&refer = &r_n = hr136. 111&db_id = 111&item
　　= &sel = TOC_95205&

② Tibetan Policy Act H. R. 1646 Foreign Relations Authorization Act, Fiscal Year 2003.
　　http://thomas. loc. gov/cgi-bin/cpquery/? &sid = cp1118FKTw&refer = &r_n = hr136. 111&db_id = 111&item
　　= &sel = TOC_95205&

③ Tibetan Policy Act H. R. 1646 Foreign Relations Authorization Act, Fiscal Year 2003.
　　http://thomas. loc. gov/cgi-bin/cpquery/? &sid = cp1118FKTw&refer = &r_n = hr136. 111&db_id = 111&item
　　= &sel = TOC_95205&

④ Tibetan Policy Act H. R. 1646 Foreign Relations Authorization Act, Fiscal Year 2003.
　　http://thomas. loc. gov/cgi-bin/cpquery/? &sid = cp1118FKTw&refer = &r_n = hr136. 111&db_id = 111&item
　　= &sel = TOC_95205&

权、宗教自由、释放政治犯、经济发展计划等一系列问题的基本原则,并以成文法的形式建立了西藏问题特别协调员制度。"①《2002 年西藏政策法》使协调员成为国务院内的永久性职务,其活动逐渐向制度化、公开化、具体化的方向发展。美国政府通过协调员在人权、经济发展等领域全面介入"西藏问题",粗暴干涉中国内政。"美国不仅在 1959 年至 1971 年支持木斯塘藏人游击队员,直到现在仍然通过《2002 年西藏政策法》和任命国务院高级官员担任协调员来把持"流亡藏人""。②

"9·11 事件"之后,出于反恐优先战略的考虑,美国一定程度上改善了同中国的关系,中美关系逐渐从"撞机事件"的阴影中摆脱出来向积极的方向发展。在中美关系缓和的背景之下,美国国会仍然通过了《2002 年西藏政策法》——这样一个旨在加强干涉中国"西藏问题"的法案,继续在人权问题上向中国施压,而且得到了总统的签署批准。这一方面体现了国会保守派议员的政治技巧,另一方面也说明国会与美国政府在战略上的不同步。

3."西藏问题特别协调员"主要涉藏活动

自从协调员这一职位诞生以来至 2009 年,美国政府共任命了 4 位协调员。除前文提到的格里高利·克莱格、朱丽亚·塔夫脱之外,副国务卿杜布里安斯基于 2001 年 5 月 17 日被国务卿鲍威尔任命为第三任协调员;2009 年 10 月,国务卿希拉里·克林顿参照布什总统任内的模式,任命负责"民主与全球事务"的副国务卿玛丽亚·奥特罗为新一任协调员。他们主要从事以下一些活动:

(1)敦促中国中央政府与达赖喇嘛及其代表对话。按照《2002 年西藏政策法》的规定,在众多任务中,协调员的核心职责是推动中国政府与达赖或其代表进行实质性的对话。杜布里安斯基说,"作为协调员,我的工作是确保西藏政策法能够彻

---

① Kerry Dumbaugh, Congressional Research Service(CRS) Report for Congress: The Tibetan Policy Act of 2002: background and Implementation, March 17,2009, p. 1.

② Steven R. David, *Catastrophic Consequences*: *Civil Wars and American Interests Catastrophic Consequences*, Baltimore: JHU Press,2008, pp. 134 – 135.

底地得到执行。"①为了实现这一目标,杜布里安斯基和奥特罗多次访问中国,与中国国家领导人举行会谈,强调对话的重要性,与此同时,频繁会见达赖喇嘛。

在杜布里安斯基和奥特罗任协调员期间,中国政府与达赖的代表在2002年9月至2010年1月,先后举行了10次谈判。但遗憾的是双方在长达8年的高层次接触商谈过程中,未能达成任何一致性的意见。

纵观协调员的活动,表面上虽然积极倡导双方进行对话,但其言行却给双方对话带来了许多负面影响。例如,杜布里安斯基宣称"达赖喇嘛已经满足了中国提出的谈判前提条件,他不鼓吹西藏独立,也没有鼓吹或从事任何分裂活动,他承认西藏是中国的一部分。"②因此"中国领导人解决西藏问题的最好方式就是与达赖喇嘛进行对话,他提出的'中间道路'主张在中国宪法框架内寻求西藏自治,反对谋求独立。达赖喇嘛是具有崇高影响力和公信力,能够劝说藏人避免使用暴力,接受真正自治来保护西藏文化和民族认同的唯一一人。"③协调员公开站在达赖喇嘛的立场上,鼓吹所谓"中间道路""真正自治"的必要性。

众所周知,所谓"中间道路"源自达赖喇嘛1987年在美国国会提出的"五点和平计划",不仅要求藏人在文化、宗教等领域实行自我治理,其核心内容是建立占中国近四分之一领土的"大藏区",而且中国的军队要撤离大藏区。这些无理要求严重伤害中国的国家主权,是不可能被接受的,阻挠双方达成共识的症结正是达赖的"中间道路"主张中所包含的隐性"藏独"的内容。达赖的代表在杜布里安斯基的支持下不断在对话过程中提出上述要求,使接触商谈陷入僵局。自2010年1月,双方举行第10次接触商谈、达赖私人代表向中央政府提交《对备忘录的阐释》之后,由于立场分歧太大,接触商谈陷入停顿状态。

(2)访问欧洲议会,企图联合欧洲议会一起就所谓"西藏人权问题"向中国施压。2004年1月,受欧洲议会的邀请,杜布里安斯基访问布鲁塞尔,与欧洲议会议

---

① Statement of The Honorable Paula J. Dobriansky, Under Secretary, Democracy And Gloral Affairs, U. S. Department of State, U. S. Congress, House of Representatives, Tibet: Status of the Sino-Tibetan Dialogue, Hearing Before the Committee on Foreign Affairs, One Hundred Tenth Congress, First Session, March, 13, 2007, Serial No. 110 – 26, Washington, D. C. : Government Printing Office, 2007, p. 9. http://www. foreignaffairs. house. gov/

② Paula J. Dobriansky, *The Way Forward in Tibet*, *Washington Post*, Monday, April 21, 2008.

③ Paula J. Dobriansky, *The Way Forward in Tibet*, *Washington Post*, Monday, April 21, 2008.

员和欧洲委员会成员讨论了在美欧关系背景下她作为协调员的角色。杜布里安斯基与欧洲议会西藏问题协调小组联系密切,多次参加该小组的会议。2010年11月2日至4日,在赴巴黎和布鲁塞尔访问期间,奥特罗还与法国政府和欧盟官员讨论了"西藏问题"。

(3)积极参与国会相关委员会的听证会,并在听证会上作证。协调员多次出席众议院外交事务委员会、众议院国际关系委员会、参议院对外关系委员会、国会与行政当局中国委员会等召开的听证会,就"西藏流亡政府"与中国政府对话的进展情况、西藏宗教信仰自由问题、中国境外藏人难民问题、"3·14"事件之后西藏局势问题、《2002年西藏政策法》的实施状况等议题发表观点。协调员的证词成为美国政府攻击中国人权状况的材料来源。美国《国际宗教自由报告》直接引用了她的证词来攻击中国的人权状况。1998年的《国际宗教自由法》要求对世界范围的宗教自由状况进行年度评估。2007年度《国际宗教自由报告》中有这样一段话,"2006年9月30号,尼姑格桑南措在尼泊尔与西藏交界的囊帕拉山口(Nangpa Pass)被中国边防武警射杀,同行的还有约70名试图穿越边境去往尼泊尔的藏民,中国政府称他们是非法越界。其中43人成功穿越边界,流亡到国外,但至少25人(包括儿童在内)被中国武警关押。"这段话直接援引自2007年3月13日美国众议院外交事务委员会召开的以"西藏:中藏对话的进展状况"(Tibet:Status of The Sino-Tibetan Dialogue)为主题的听证会上杜布里安斯基的证词。杜布里安斯基的涉藏活动对《国际宗教自由报告》的出笼产生了直接的影响。

(4)协调员在主流媒体上发表文章,详细阐释她们对西藏问题的观点。2008年4月21日,杜布里安斯基在《华盛顿邮报》上发表题为《西藏的前方之路》的文章。文章不顾达赖集团在西藏从事分裂活动的事实,将"3·14"事件的出现归结为"中国政府对西藏文化、宗教和其他自由的长期压制"。[①] 由于《华盛顿邮报》是美国的主流媒体,绝大多数的美国民众都是通过媒体的宣传来认识"西藏问题"。如此不负责任的言论对美国公众对"西藏问题"的认知产生了恶劣的负面影响。

(5)在中国政府与达赖喇嘛代表对话期间,杜布里安斯基与奥特罗还按照

① Paula J. Dobriansky, *The Way Forward in Tibet*, *Washington Post*, Monday, April 21, 2008.

《2002 年西藏政策法》的规定,自 2003 年起每年向国会提交双方的谈判报告。历年的报告分为概要、西藏政策、总统与国务卿为促进中共与西藏谈判已经采取的措施、谈判进展四个部分,全面记录了当年美国政府的涉藏活动,同时也回顾了自2002 年以来双方历次接触商谈的基本概况。此后历年的《谈判报告》内容基本类似。《谈判报告》是美国政府向中国政府施压,干涉中国内政的手段之一,发表此类报告已经成为美国对华政策的一部分,而协调员则是这一政策的具体执行人。

(6)关注西藏难民问题。早在克林顿政府时期,美国国会便拨款为在印度、尼泊尔的"流亡藏人"提供援助资金,通过藏人成立的非政府组织开展就业培训及教育活动。时任协调员朱丽亚·塔夫脱于 1999—2000 年多次前往尼泊尔对美国人道主义援助的实施情况进行评估,并会见当地的社区、学校及宗教领袖,明确这些以农业为基础的"流亡藏人"安置点的基本需求,以及如何应对新一代年轻藏人的新的诉求。

由于《2002 年西藏政策法》中明确规定,协调员应"与藏人宗教、文化、政治领袖保持密切接触,如前往中华人民共和国藏区和印度、尼泊尔"流亡藏人"定居点定期进行考察",①所以,该法案颁布后,协调员也逐渐加强了对"流亡藏人"事务的关注。

2006 年 11 月,杜布里安斯基访问达兰萨拉,会见达赖喇嘛,并访问了西藏流亡难民社区。2009 年 9 月,瓦莱丽·贾瑞特(Valerie Jarrett)和奥特罗还会见了西藏难民代表,包括高级官员和前政治犯。两人还参观了美国政府资助的项目。2011年 2 月 7 日至 14 日,奥特罗与部分美国国务院官员和美国驻印度官员,以及达赖喇嘛驻美国特使甲日·洛迪和"西藏流亡政府"经济部部长次仁顿珠一起访问西藏流亡社区最大的难民定居点——贝拉库,这是奥特罗第一次访问尼泊尔和印度南部的西藏难民定居点。奥特罗会见了藏族农民、寺院领袖和教师。在尼泊尔,奥特罗还与涉藏非政府组织和难民社区领导人进行了交流。她在访问中赞扬难民定居点在继承西藏传统文化和美德方面,发挥了重要功能,并强调了美国政府就达赖

---

① Tibetan Policy Act H. R. 1646 Foreign Relations Authorization Act, Fiscal Year 2003.
http://thomas. loc. gov/cgi - bin/cpquery/? &sid = cp1118FKTw&refer = &r _ n = hr136. 111&db _ id = 111&item = &sel = TOC_95205&

喇嘛所提出的中间道路,将会继续坚定不移地给予支持。

协调员是以《2002 年西藏政策法》为依据来干预境外的西藏难民问题。2011 年 6 月 2 日,奥特罗委托主管民主、人权与劳工事务的副助理国务卿丹尼尔·贝尔(Daniel Baer)在众议院对外事务委员会主题为《亚洲的宗教自由、民主与人权:〈2002 年西藏政策法〉实施情况》的听证会上作证时说,"我们实施该法的另一个重要途径是支持西藏境内的非政府组织,并协助该区域内的藏族难民。国务院与美国国际开发署(USAID)通过各种项目支持西藏、以藏人为主的地区以及其他国家的藏族难民社区的文化和语言保护、可持续发展及环境保护。此外,国务院的人口、难民与移民事务局(Bureau of Population,Refugees,and Migration)通过持续支持非政府组织以及联合国难民事务高级专员公署(High Commissioner for Refugee,UNHCR)对藏族难民提供长期支持。在 2010 财年为南亚的西藏难民(包括新近来自中国的难民)提供了 350 万美元,支持其接待服务、教育、医疗、用水与卫生设施。副国务卿奥特罗最近视察了我们在印度和尼泊尔的项目,我们通过这些项目协助藏族难民并努力增强其社区凝聚力。"①

同时,贝尔还预计,"美国国际开发署印度任务组(India Mission)预期在 2011 年 7 月为一个为期两年的新项目核发 200 万美元补助,用以支持印度、尼泊尔和不丹境内的藏族难民社区。该新项目将在印度、尼泊尔和不丹的一些藏民安置区开发有机农业,并为留在安置区的藏族青年提供就业培训。美国国际开发署预期该项目将会带来更多经济机会,从而鼓励青年留在安置区,加强社区纽带,保护文化和语言传统。"②

①　Statement of The Honorable Daniel B. Baer,Deputy Assistant Secretary of State,Democracy,Human Rights And Labor,U. S. Congress,House of Representatives,Religious Freedom,Democracy,Human Rights in Asia:Status of Implementation of the Tibetan Policy Act,Hearing Before the Committee on Foreign Affairs,112th Congress,1st Session,June 2,2011,Serial No. 112 - 40,Washington,D. C. :Government Printing Office,2011,p. 28.

②　Statement of The Honorable Daniel B. Baer,Deputy Assistant Secretary of State,Democracy,Human Rights And Labor,U. S. Congress,House of Representatives,Religious Freedom,Democracy,Human Rights in Asia:Status of Implementation of the Tibetan Policy Act,Hearing Before the Committee on Foreign Affairs,112thCongress,1st Session,June 2,2011,Serial No. 112 - 40,Washington,D. C. :Government Printing Office,2011,p. 28. .

4."西藏问题特别协调员"的影响及角色分析

《2002 年西藏政策法》将美国国会、总统、国务院及其他行政部门等各方面的力量协调起来,共同努力敦促中国与达赖喇嘛或其代表谈判,并由关键人物——协调员进行穿梭外交,加强了美国政府干涉"西藏问题"的力度。自《2002 年西藏政策法》签署以来,协调员的活动呈现出以下的作用及影响:

(1)在美国政府的眼中,协调员这一职位非常重要,不可或缺。2001 年 1 月 17 日,即将担任布什政府国务卿的鲍威尔在出席参议院对外关系委员会听证会作证时接受参议员托马斯关于"考虑到克林顿政府时期任命的协调员在推动中藏对话方面没有取得成功,那么在布什政府中协调员将起什么样的作用"的质询,鲍威尔回应,"在目前这样的过渡时期,这一职务将起很重要的作用,我在考虑任命何人来担任这一职务,他的角色应当是帮助国务院制定能够给藏人和中国人带来和解的政策。"①鲍威尔担任国务卿后,开始精简国务院的机构,裁撤了 55 个特使、代表、顾问职位中的 23 个,其中包括伊拉克过渡政府特别协调员、巴尔干和中东特使,但是"西藏问题特别协调员"的职务得以保留。这一方面标志着西藏问题在美国决策层心目中的重要地位,另一方面也说明国务院认为设立这一职务是有效验的。

(2)美国设立"西藏事务特别协调员"造成极为恶劣的国际影响,其他西方国家的反华势力纷纷效仿美国,利用"西藏问题"大做文章。澳大利亚参议院也于 1997 年 11 月 24 日通过一项动议,支持美国的行动,并促请澳大利亚政府效法美国设立一个主管西藏事务协调员办事处,指出其主要任务是"加强保障西藏的人权以及维护西"藏独"特的宗教、文化与语文遗产"。1998 年,一直高度关注西藏流亡运动的欧洲议会敦促欧洲理事会任命欧盟声援西藏特别代表(EU Special

---

① International Campaign for Tibet,Secretary of State-Designate Powell Expresses Importance of Tibet and Role of Special Coordinator,ICT Press Release,17 January,2001.
http://www. savetibet. org/media-center/ict-press-releases/secretary-state-designate-powell-expresses-importance-tibet-and-role-special-coordinator

Representative for Tibet.)。①

（3）克林顿政府时期的两位协调员格里高利·克莱格与朱丽亚·塔夫脱原来的职务分别是国务院政策研究室主任和助理国务卿。《2002 年西藏政策法》颁布以来，杜布里安斯基和奥特罗先后以负责民主与全球事务的副国务卿的身份兼任这一职务，是 1997 年设立这一职务以来级别最高的官员。通过对比不难发现，担任协调员的官员的职位有了明显的提升。这表明美国对达赖集团的支持不断升级，通过提升与西藏关系的地位来打压和遏制中国。

美国在"西藏问题"上的影响力正是通过以杜布里安斯和奥特罗为代表的这样的高级别国务院官员体现出来。副国务卿级别的官员在执行美国的西藏政策时有更多的选择手段与机会，如定期接触国务卿、参加高级别美国政府会议、陪同总统访问中国、会见达赖喇嘛，等等。一些美国分析家认为，由美国政府高官兼任协调员，这样的双重职务身份也能够保证美国政府有机会在与中国政府的高级别会谈中提到"西藏问题"，中国政府可能会拒绝接见低级别并且专门负责西藏事务的美国官员。②

（4）"西藏问题特别协调员"积极频繁地与达赖喇嘛及其代表进行接触。在全程参与中国政府与达赖喇嘛代表对话的过程中，杜布里安斯基与中国政府官员、达赖喇嘛及其代表甲日·洛迪均保持密切的联系。杜布里安斯基在 2004 年至少 8 次与达赖喇嘛私人代表甲日·洛迪会面，2007 年杜布里安斯基几乎全年都与甲日·洛迪保持接触。就与中国政府对话的具体事宜进行探讨，包括行前准备、对话策略、对会谈结果的看法等。此外，奥特罗还与达赖喇嘛代表接触频繁。从 2009 年 8 月至 2011 年 6 月，奥特罗 4 次会晤达赖喇嘛，7 次会见其代表甲日·洛迪广泛讨论涉藏问题。通过建立密切联系，协调员不仅对达赖喇嘛代表与中国对话内容了如指掌，而且可以说参与设计了达赖喇嘛代表与中国对话的策略、目标与谈判

① International Campaign for Tibet，European Parliament Hosts Dalai Lama：Message of Peace and Tolerance Among Nations，ICT Press Release，19 October，2001.

http://www. savetibet. org/media-center/ict-press-releases/european-parliament-hosts-dalai-lama-message-peace-and-tolerance-among-nations

② Kerry Dumbaugh，Congressional Research Service（CRS）Report for Congress：The Tibetan Policy Act of 2002：background and Implementation，March 17，2009，p. 7.

十三

美国国务院『西藏问题特别协调员』涉藏活动述论

底线。

在与中央政府进行的第 9 次谈判中,达赖喇嘛私人代表向中央政府提交了《为全体藏人获得真正自治的备忘录》。备忘录呼吁中国政府"尊重西藏民族的同一性"、了解"藏人的真正期望",并从语言文字、文化、宗教、教育、环境保护、自然资源利用、经济发展和贸易、公共卫生、公共安全、管理外来移民、对外交流等方面全方位阐述了"藏人的基本需求及自主管理"。备忘录中提到的"西藏民族在不违背中华人民共和国宪法宗旨的情况下,得到名副其实的民族自治地位,并设法通过名副其实的民族自治来解决西藏问题。"备忘录的主旨与协调员的任务完全吻合。很明显,协调员利用自身频繁接触达赖喇嘛及其代表的机会,将美国政府对西藏问题的观点、态度渗透给了达赖一方,为其设计了与中国对话的原则和立场。

(5)协调员理应处于公正的立场上,采用协商协调的方式,促进矛盾双方对话沟通,预防并化解争端。而美国国务院设立的所谓"西藏问题特别协调员"显然未能达到这样的要求。首先,既然是协调"双方"的矛盾,那么协调员的人选理应获得双方共同的认可,协调员的权责才具备合法性。而协调员是在未经中国政府同意的情况下由美国政府擅自设立的。其次,协调员站在偏袒达赖喇嘛一方的立场上,歪曲事实,对中国西藏地区的状况横加指责。杜布里安斯基 2008 年 4 月 21 日在《华盛顿邮报》发表评论文章,表达了她对达赖集团的支持,要求中国停止针对虔诚藏人的压迫措施,保存西藏人的文化身份并释放因以和平方式表达观点而被捕的西藏人。她在文章中再度呼吁中国允许所有外国媒体和外交官进入西藏。[1] 2012 年初,我国西藏自治区和其他省份藏区接连发生了藏人自焚事件,协调员立即对这一事件作出解读。奥特罗于 2012 年 1 月 24 日发表声明,污蔑中国政府采取了错误消极的政策从而导致西藏僧侣自焚。

(6)由杜布里安斯基与奥特罗两位具有移民背景的政府高官来担任协调员并非巧合。由于历史原因,冷战结束后,部分脱离苏联集团的前苏联加盟共和国和东欧国家在"西藏问题"上采取了同情"藏独"的立场。杜布里安斯基的父亲是乌克兰裔经济学家,艾森豪威尔时期反共活跃分子,曾发起过"沦陷国家周"(Captive

---

① Paula J. Dobriansky, *The Way Forward in Tibet*, *Washington Post*, Monday, April 21, 2008.

Nations Week）运动。她受父亲的影响，是国务院中的新保守派，属于对华强硬派人物。由于其乌克兰裔背景，杜布里安斯基是当时美国政府内东欧苏联问题专家。奥特罗出生于玻利维亚。政府的高度腐败和殖民统治后外国在该国强大的势力导致玻利维亚成为南美洲最贫穷落后的国家之一，达赖集团在西方国家进行政治游说时经常污蔑中国政府毁灭西"藏独"特的民族特征、破坏宗教自由、为追求经济发展破坏自然环境。这些有移民背景的议员将达赖集团虚假宣传同自身过去悲惨遭遇联系在一起，极易产生对"藏独"势力的同情。因此，这些议员关注"西藏问题"，担任协调员绝非偶然。

西藏是中国领土不可分割的一部分，中国政府对西藏享有无可争议的主权，西藏事务属于中国的内政。美国政府内部的对华强硬政客一直试图介入"西藏问题"，将"西藏问题"国际化作为打压中国、遏制中国崛起的一个重要筹码。为有效地干涉西藏事务，美国国务院设立专门负责"西藏问题"的协调员，加强了对西藏事务的干预力度，给中美关系的前景增加了更多不稳定的因素。协调员出现之后，在国会与国务院之间穿梭活动、上下其手，将各方面反华力量整合起来，以关注"西藏问题"为借口，粗暴干涉中国内政。协调员积极配合美国政府其他官员与达赖喇嘛及其代表频繁互动，在支持"藏独"、破坏奥运圣火传递、支持达赖集团破坏北京奥运会等问题上发挥了关键性作用。协调员的言行极大地伤害了中国人民的感情，更伤害了中国的核心利益。协调员已经与"国际声援西藏运动""美国国家民主基金会""美国西藏委员会"等组织共同成为美国在国际上支持达赖喇嘛集团的重要力量。

（哈尔滨商业大学马克思主义学院：韩磊　薛丹）

十三

美国国务院『西藏问题特别协调员』涉藏活动述论

美国涉藏政策背后的国家利益

自元朝以来,西藏就成为中国的一个组成部分。但是从 19 世纪末期开始,受英国等外国侵略势力的唆使,西藏统治当局上层开始逐步产生分离倾向。第二次世界大战结束后,随着印度的独立,英国控制西藏事务的兴趣逐步降低,美国逐步取代英国成为干预西藏事务最重要的外部力量。

1. 对美国涉藏政策的历史回顾

从 20 世纪初期美国与西藏建立联系到现在为止,美国的涉藏政策内容的核心问题有两个:一是是否承认中国对西藏拥有主权,二是是否支持西藏独立。依据美国在不同历史阶段在这个核心问题上的立场,我们可以将美国在这长达 100 多年时间里涉藏政策的演变划分为如下几个阶段:

(1)从 19 世纪末 20 世纪初至 20 世纪 40 年代前半期。19 世纪末至 20 世纪初,美国学者外交家柔克义(W. W. Rockhill)先后两次赴西藏探险,并与十三世达赖喇嘛建立了联系,开启了美国与西藏的正式接触。从这时起,美国就基本确定了这一历史阶段涉藏政策的基调:不挑战中国政府关于中国对西藏拥有主权的立场,不支持西藏脱离中国的统辖,但也不公开反对英国提出的"中国对西藏拥有'宗主权'而没有主权"的提法,尽量避免卷入"中国对西藏拥有'宗主权'还是'主权'"

的争论。这一政策一直延续到第二次世界大战期间。[①]

（2）从20世纪40年代中后期到80年代末期。第二次世界大战结束后不久，中国陷入内战。随着美国所支持的国民党在内战中力量不断削弱，美国估计到共产党很可能会夺取中国的政权，于是美国从40年代末期开始重新考虑其西藏政策。美国总统、国务院、美国驻印度大使馆经多次磋商，最终确定：密切美国与以达赖喇嘛为首的西藏上层统治者的联系，尽量阻止共产党控制西藏；向达赖秘密传递美国愿意帮助达赖流亡国外的意图。1951年西藏和平解放后，积极支持西藏分裂势力发动叛乱，并鼓励达赖逃亡国外，建立"西藏流亡政府"。1959年达赖叛逃到印度后，美国通过多种方式支持"流亡藏人"的分裂活动，如秘密为"流亡藏人"训练游击队，并将他们派回到西藏从事破坏活动；鼓励达赖喇嘛呼吁联合国谴责中国"入侵"西藏；明确表示支持西藏"民族自决"；操作联合国通过决议，谴责中国侵犯西藏人权[②]；允许达赖访美，等等。这些事实表明，在这四十多年的时间里，美国的涉藏政策与冷战之前相比已发生了明显的变化：在这段时间里，美国虽然没有明确否定中国对西藏拥有主权，也没有明确表示承认西藏独立，但却开始秘密或公开地支持西藏分裂势力的活动。

（3）从20世纪80年代末期至今。20世纪80年代末期以来，美国涉藏政策最显著的变化是：一方面强调美国政府承认西藏是中国的一部分，美国不支持西藏独立；另一方面却越来越公开地在事实上支持达赖集团的分裂活动。2008年7月，美国国会亚洲事务专家凯瑞·邓波在为国会撰写的研究报告《西藏：历史、前景与美国的政策》中指出，据美国国务院的说法，"美国是在1978年第一次公开承认：美国认为西藏是中国的一部分"。[③] 之后美国多次重申过这一立场。这与以往美国尽量避免在西藏地位问题上公开表态相比是个进步。但与此同时美国却越来越公开地支持达赖集团的分裂活动。1987年，美国国会人权问题核心小组邀请达赖赴美

---

① 李晔：《美国在中国西藏的"游戏"——20世纪美国对中国西藏政策研究》，东北师范大学出版社，2010年，第84页。

② 指联合国分别于1959年、1961年、1965年通过的第1353号决议、1723号决议、2079号决议。参见李晔：《美国在中国西藏的"游戏"——20世纪美国对中国西藏政策研究》，东北师范大学出版社，2010年，第214页、216页、218页。

③ Kerry Dumbaugh, Tibet: Problems, Prospects, and U. S. Policy. CRS Report for Congress, July30, 2008, p. 15.

发表演讲,公开阐述其解决"西藏问题"的五点建议。根据 1994 年国会通过的法案,美国国务院发表的年度国别人权报告中单独阐述西藏人权状况,以示西藏的独特地位,其中不乏歪曲之辞。1997 年美国国务院设立了"西藏问题特别协调员"一职,公然干涉中国内政。2006 年,美国国会通过法案,授予达赖国会金质奖章,以表彰其"通过和平方式使藏族人民在中国内部实现文化自治"的努力。此外,自 20 世纪 80 年代以来,美国国会还通过多项粗暴干涉中国内政的涉藏议案,其中部分已经总统签署成为法律。

2. 影响美国外交政策的国家利益观

美国的涉藏政策是美国对华外交政策的重要组成部分,它必然受政策制定者国家利益观的影响。为深入理解美国不同历史阶段的国家利益观与其涉藏政策之间的关系,有必要梳理一下美国国家利益观的演变过程。

对于一个国家的外交政策而言,国家利益观就是对本国外交政策应追求哪些国家利益的认识。按马克思主义的观点,国家在本质上是阶级统治的工具,国家利益不可能等同于全体国民的利益,决定外交政策的国家利益观也不可能体现全体国民的意志,而只能是统治阶级的意志。但在现实政治生活中,国家利益往往成为国家调动国民爱国热情的工具和解释外交政策合理性的依据。但由于国家利益观受个人主观因素、客观环境等多种因素影响,主导一个国家外交政策的国家利益观在不同历史阶段可能会有所不同。在美国历史发展的早期阶段,维护国家的生存和安全被视为美国最重要的国家利益。因此,从华盛顿起,美国就在外交上确立了"中立"政策,即避免卷入欧洲的政治纠纷,以保证美国自身的和平与安全。在第一次世界大战前,美国基本上奉行所谓"孤立主义"外交政策,这使得美国专注于在美洲进行领土扩张,增强经济实力。在这一时期,美国基本上没有把传播美国价值观作为外交政策追求的国家利益。但从 20 世纪初叶开始,随着美国在美洲领土扩张的完成和经济实力的壮大,美国的国家利益观开始发生变化。美国总统威尔逊在解释美国为什么要参加第一次世界大战时指出:美国参战不只是为了美国人的利益,而是"比这些更为深刻和更为基本的东西",是为了维护"人类文明的基础","不只是物质利益的问题,而是正义与自由的问题","美国参战的目的正是通过战争来结束战争,恢复欧洲的和平乃至世界的和平,"①从而保护美国的利益。这说明:第一,美国外交政策制定者已不再把美国的国家利益局限于美洲,而是扩展到欧洲乃至世界;第二,美国外交政策追求的国家利益已不再局限于生存利益、安全利益,而开始关注意识形态利益,把推广以自由、民主观念为核心的美国价值观作为美国外交政策的重要目标,为建立以美国价值观为基础的世界秩序铺平道路。1918 年威尔逊提出的"十四点建议"充分说明了这一新的国家利益观对美国国际主义外交路线的影响。正因为这一外交路线明显具有试图用美国价值观改造世界的倾向,人们常称之为"理想主义"外交政策。虽然在巴黎和会上威尔逊提出的以"十四点建议"为基础建立战后世界秩序的努力失败,但他所主张的"理想主义"外交政策对此后美国外交却产生了深远的影响。我们可以从富兰克林·罗斯福在第二次世界大战期间发表的讲话中清晰地看到威尔逊理想主义外交思想的影子。罗斯福相信,一旦集权统治下的纳粹德国统治了欧洲,美国的安全不仅将遭到威胁,美国所信奉的自由民主体制也将受到威胁。因此,"对欧洲的支持是对美国至关重要的利益的支持,是对民主制度的支持;欧洲的战争是民主与集权政治体制之间的战争。"②第二次世界大战中反法西斯同盟的胜利以及美国国家实力在战后明显的优势地位都强化了美国在全球范围内扩大美国利益的意识。冷战在客观上也进一步促使美国在界定国家利益上比以往任何历史时期更强调保持美国价值观优势的重要性。在长达半个多世纪的冷战时期,美国历届政府在界定美国国家利益和制定外交政策时都十分强调意识形态及价值观的重要性,并一贯宣称在全世界范围内捍卫自由、民主、人权不仅符合美国人的利益,而且符合全世界的利益。但现实主义者却从美国自身实力等因素出发,认为美国在界定国家利益时不应过多地考虑意识形态及价值观因素。二战结束之后,美国外交界与学术界围绕着"美国的外交政策应着重追求哪些国家利益?"曾产生过两次激烈的争论。一次发生在冷战初期,另一次发生在冷战结束后。在 20 世纪 50 年代的那场争论中,现实主义的代表人物摩根索(Hans J. Morgenthau)和乔治·凯南(George Kennan)的观点影

① 王希:《美国历史上的"国家利益"问题》,《美国研究》2003 年第 2 期。

② 王希:《美国历史上的"国家利益"问题》,《美国研究》2003 年第 2 期。

响甚大。摩根索认为:"国家的生存是国家利益之根本,国家的实力(尤其是工业和军事实力)是国家生存和发展的基础","而威尔逊的乌托邦式国际主义外交却使美国背上了沉重的道德包袱,导致美国为追求政治道德而牺牲现实的国家利益。"①因此,主张美国的外交应抛弃道德幻想,关注实力建设。凯南持相同的立场,主张美国的外交应重在保护美国现实的国家利益,而不是建立道德楷模。

冷战时期,美国对国家利益的定位是建立在把苏联视为最主要的敌人这一习惯性思维模式基础之上的,苏联的消失使美国突然失去了定位国家利益的"坐标",使美国在冷战后的相当长一段时间内定位国家利益时陷入前所未有的迷失状态。20世纪80年代末期,尤其是冷战结束后,围绕美国在冷战结束后国家利益的定位,美国掀起一场旷日持久的讨论。这场争论中一个最核心的问题仍然是:在世界范围内维护民主、自由、人权是否符合美国的国家利益。美国不少政治精英对此持肯定立场。曾任小布什政府国务卿的赖斯在《对美国国家利益的反思》中说道:"一个反映美国价值观的世界秩序是美国持久国家利益的最好保障。"②因此主张把推进其他国家的民主化进程作为冷战后美国国家利益的重要组成部分。克林顿政府副国务卿塔尔博特在《民主与国家利益》一文中指出:"美国的支持和帮助是那些刚刚走上民主化进程的国家民主化程序发展下去的不可或缺的外部条件。为保持美国在世界范围内的领导地位,美国的外交政策必须以美国社会的性质、美国民族的特点、美国的国家利益为基础,在世界范围内推进民主符合这一要求。""只有一个民主力量不断增长的世界才会使美国人民感到他们是真正安全的。"③一些对美国外交政策具有影响力的学者也对此持支持意见。如在美国政治学界享有盛誉的哈佛大学教授约瑟夫·奈尔认为美国的人权观是美国的软实力,人权外交始终是美国外交政策重要的一部分,强调在信息时代美国重新定位国家利益时应充分考虑价值观等国家软实力在国家利益中的价值。④ 亨廷顿在其《美国国家利益的销蚀》一文中指出:"美国的国家利益既包括对安全、物质问题的关注,也包括对

①　王希:《美国历史上的"国家利益"问题》,《美国研究》2003年第2期。

②　Rice, Condoleezza, *Rethinking the National Interest. Foreign Affairs*, Jul/Aug, 2008, Vol. 87, Issue 4:26.

③　Strobe. Talbott, *Democracy and the National Interest. Foreign Affairs*, November/December, 1996, Volume75, No. 6:57.

④　Nye Jr., oseph S, *Redefining the National Interest. Foreign Affairs*, Jul/Aug1999, Vol. 78, Issue 4.

道德问题包括民主、人权等问题的关注。这不仅适用于冷战期间,也适用于冷战之后。"①

3.隐藏在美国涉藏政策背后的国家利益

综上所述,美国的涉藏政策及国家利益观均经过了一个复杂的演变过程。那么二者之间具有什么样的内在联系? 不同历史时期关于美国涉藏政策的历史资料皆证明,国家利益是决定100多年来美国涉藏政策演变轨迹的根本性因素。

如前文所述,从19世纪末20世纪初至20世纪40年代前半期,美国在"西藏问题"上奉行的政策是不挑战中国政府关于对西藏拥有主权的立场,不支持西藏脱离中国的统辖,但也不公开反对英国提出的"中国对西藏拥有'宗主权'而没有主权"的提法,尽量避免卷入"中国对西藏拥有'宗主权'还是'主权'"的争论。从表面上看,美国的这一立场似乎比竭力想把西藏从中国分裂出去的英国更友好一些。但实际上美国全然是出于维护其自身在华利益的需要。19世纪末正值英、法、德等列强掀起瓜分中国狂潮之时,而美国正通过美西战争忙于和西班牙争夺菲律宾。战争结束后,在其他列强在中国已形成各自势力范围的情况下,美国提出了门户开放政策,以实现在华利益均沾。在这种情况下,维护中国领土完整有利于美国通过门户开放政策实现在华利益均沾。这是美国此阶段不支持西藏脱离中国统辖的根本原因。同时,美国这一时期并不认为西藏在美国国家利益中占有重要地位,为避免与英国产生冲突,美国并没有明确反对英国提出的"中国对西藏拥有'宗主权'而没有主权"的提法。二战期间,美国开始关注西藏的战略价值,秘密加强了同西藏地方当局的接触,向西藏人表明美国对西藏的"友好"态度。但美国此时依然认为"美国在西藏的实质利益不多"。② 况且中国和英国都是反法西斯的重要盟国,为了避免得罪英国和中国,美国在西藏地位问题上仍然保持了"模糊态度"。在涉及西藏地位问题时美国多使用这样的辞令:美国"尊重中国对西藏宣称拥有主权的

---

① Samuel P. Huntington, *The Erosion of American National Interests*, *Foreign Affairs*, Septemper/October, 1997, Vol. 76, No. 5:35.

② 李晔:《美国在中国西藏的"游戏"——20世纪美国对中国西藏政策研究》,长春:东北师范大学出版社,2010年,第96页。

立场"。

　　二战结束之后,从 20 世纪 40 年代末期起,美国面对共产党即将掌控中国大陆政权的现实,美国西藏政策的决策者们围绕是否应改变其西藏政策发生了一场争论。有人主张鉴于中国共产党有可能控制中国,美国应重新考虑对西藏的政策,应考虑支持"西藏独立"。反对这一观点的人则认为"西藏在意识形态与战略上的重要性都非常有限,""承认西藏独立不一定能使之倒向西方,反而有可能在实际上影响美国的长远利益"。① 实际上,直至新中国成立、西藏和平解放,乃至中美正式建交,美国既没有完全沿用二战期间的西藏政策,也没有公开支持"西藏独立"。而是采取了不公开承认"西藏独立",但暗中支持西藏分裂势力的政策。具体行动包括:企图阻止西藏地方政府与中央人民政府签订"十七条协议",秘密策动达赖喇嘛逃亡,秘密训练"流亡藏人"在西藏进行破坏活动,授意达赖喇嘛向联合国提出"申诉",谎称中国"侵略"了西藏并在西藏践踏人权,还唆使其他国家在联合国大会提出反华西藏人权议案,等等。这种政策转变仍然是由美国涉藏政策决策者的国家利益观决定的。1949 年,美国驻印度大使亨德森在致国务卿的电文中说:"美国在西藏的经济利益极其有限",而且"目前还没有有关西藏矿藏资源的信息,即使在西藏发现了重要的矿产资源,也很难开发利用"。但是"共产党势力范围扩展至西藏将对美国在全球反对世界共产主义的形势极为不利。"②"如果在西藏建立共产党政府,那么西藏就为共产党代理人向印度渗入提供了一个极具价值的基地。"因此建议美国应该在共产党控制西藏之前向西藏当局表达美国的"友好"③。

---

① 《美国外交关系文件》,1949 年,第 4 卷,西藏部分(*Foreign Relations of the United States*, Hereafter cited as FRUS, 1949, Vol. IX, Status of Tibet):"Status of Tibet: Consideration of Policy of The United States in View of Tibetan Claim of Independence and Danger to Tibet From Communist-Dominated China",第 1066、1072、1073 页。

② 《美国外交关系文件》,1949 年,第 4 卷,西藏部分(*Foreign Relations of the United States*, Hereafter cited as FRUS, 1949, Vol. IX, Status of Tibet):"Status of Tibet: Consideration of Policy of The United States in View of Tibetan Claim of Independence and Danger to Tibet From Communist-Dominated China",第 1066、1072、1073 页。

③ 《美国外交关系文件》,1949 年,第 4 卷,西藏部分(*Foreign Relations of the United States*, Hereafter cited as FRUS, 1949, Vol. IX, Status of Tibet):"Status of Tibet: Consideration of Policy of The United States in View of Tibetan Claim of Independence and Danger to Tibet From Communist-Dominated China",第 1066、1072、1073 页。

同时,考虑到"承认西藏独立可能会导致苏联进一步采取行动将西藏纳入共产主义阵营",建议美国政府不要公开支持"西藏独立"。1959年美国总统艾森豪威尔批注的一份题为"美国远东政策"的文件中写道,当前美国在远东地区面临的主要问题是"亚洲共产主义的增长对自由世界国家安全的威胁"。① 美国在亚洲的目标是"在可能的范围内阻止亚洲共产党实力的增长","削弱共产党中国的地位"。美国20世纪50年代至70年代关于中国西藏政策的历史档案中类似的表述还有很多。这清楚地表明美国这一阶段涉藏政策的利益目标是反华、反共。这与美国在冷战时期的国家利益观也是完全一致的,即把共产主义作为美国乃至整个西方世界最严重的威胁。

从20世纪70年代末期起,尤其是冷战结束之后,美国的涉藏政策同以往相比发生明显变化:一方面明确承认中国对西藏拥有主权,另一方面却以"关心西藏人权"等为名,干涉中国内政,大力推动"西藏问题"国际化。在20世纪70年代末期以前美国虽然从未公开承认过西藏是个独立国家,但对中国是否对西藏拥有主权一直采取模糊态度。加之从20世纪50年代起美国报刊、甚至一些学术性刊物中经常出现中国"入侵"或"占领"了西藏这样的词句,让人感到"美国在事实上是把西藏当成一个独立国家来对待的"②。但1987年10月8日,美国国务院公共事务办公室在回答"美国是在哪一年正式承认西藏是中国的一部分"时,发表了如下声明:"美国从未将西藏视为独立于中国的主权国家。我们是在1978年首次做出这样的公开表述:美国认为西藏是中国的一部分",同时又补充说:"但这一表述与美国此前的立场是一致的,我们从来没有挑战过中国宣称对西藏拥有主权的立场。"③此后美国多次重申过这一立场。但与这一公开表态极不协调的是中美建交后美国对西藏分裂势力的支持不仅没有收敛,反而有加强的趋势。美国国会与总

① Statement of U. S. Policy in the Far East, FRUS,1958 – 1960, Vol. XIX, China, Tibet, pp. 133 – 144. 转引自李晔:《美国在中国西藏的"游戏"——20世纪美国对中国西藏政策研究》,长春:东北师范大学出版社,2010年,第16页。

② Michael C. van Walt van Praag, *The Status of Tibet: History, Rights, and Prospects in International Law*. Boulder Colorado:Westview Press,1987,p.139.

③ Kerry Dumbaugh, "Tibet:Problems, Prospects, and U. S. Policy", CRS Report for Congress, July30,2008, p. 15. 下载网址:http://www.fas.org/sgp/crs/row/RL34445.pdf

统、国务院在涉藏问题上虽偶有分歧,但在批评西藏人权状况、利用所谓"西藏人权问题"向中国政府施加压力这一点上却是一致的。中美建交的第一年,达赖实现首次访美。此后达赖访美越来越频繁。1991 年时任美国总统乔治·布什在白宫会见了达赖,成为美国历史上首位在白宫会见达赖的总统。从乔治·布什到奥巴马总统期间的历届总统均在白宫会见过达赖。从 1987 年至 2006 年,美国国会共提出 200 余项涉藏反华议案①。其中部分已被签署成为法律。其中《2002 年西藏政策法》已成为美国干涉中国西藏事务最具有指导性和约束力的国内立法。1997年,美国国务院设立了"西藏事务特别协调员"一职,至 2009 年已任命四任"西藏事务特别协调员"。这是对中国内政的粗暴干涉。此外,美国还不断加大对"流亡藏人"及其各种"藏独"组织的资金支持力度。据美国国务院公开披露的数据,2010 年,美国为居住在南亚的"流亡藏人"提供的资金已达 350 万美元,主要用于教育、医疗等方面②。

从深层次看,冷战末期以来美国一方面承认西藏是中国的一部分,另一方面利用人权等问题加大对西藏事务的干涉力度,这种看似矛盾的政策依然是由美国外交决策者们的国家利益观决定的。一方面,美国清醒地认识到,承认西藏是中国的一部分是中美关系不至于破裂、从而实现其在华经济利益的前提。据美国商务部统计:2013 年,美国对中国出口 1 220.2 亿美元,占美国出口总额的 7.7%,美国自中国进口 4 404.3 亿美元,占美国进口总额的 19.4%。截止到 2013 年 12 月,中国已成为美国第二大贸易伙伴、第三大出口市场和第一大进口来源地。③ 根据中国商务部的统计,2013 年 1 月至 12 月,美国在华投资额为 33.53 亿美元,在所有在华投资国家和地区中居第五位。④ 美国在华的经济利益是不言而喻的。也许正因为

① 郭永虎:《美国国会"涉藏立法"的历史考察》,《当代中国史研究》2008 年第 1 期。

② Daniel Baer, Religious Freedom, Democracy and Human Rights in Asia: Status of Implementation of the Tibetan Policy Act of 2002. 美国国务院网站,网址:http://www. state. gov/j/drl/rls/rm/2011/164945. htm 登录时间:2013 年 6 月 3 日。

③ 中国商务部网站公布的"对外贸易国别报告:美国"。
网址:http://countryreport. mofcom. gov. cn/new/view110209. asp? news_id = 37964。登录时间:2014 年 3 月 3 日。

④ 中国商务部外资司公布的"2013 年 1 - 12 月全国吸收外商直接投资快讯"。
网址:http://www. fdi. gov. cn/1800000121_33_3917_0_7. html。

考虑到美国在华的经济利益,80 年代末 90 年代初,当美国国会要求将"西藏人权状况"与对华最惠国待遇挂钩时,美国总统却否决了这一提案,并于 1994 年宣布将"西藏人权问题"与对华贸易最惠国待遇问题脱钩。另一方面,承认西藏是中国的一部分、并以"西藏人权"问题为由向中国施加压力也是美国实现其更长远的对华外交战略的需要。这个长远的外交战略就是以"交往促演变",遏制中国。所谓"促演变"就是推动中国向符合西方标准的自由民主体制转变。这一战略自 20 世纪 40 年代末期国民党失去在大陆的政权、共产党控制中国起就已形成。当年美国国务卿杜勒斯在阐述美国为什么会"失去中国"的白皮书中曾透露了美国的这一战略。但由于新中国成立后的 30 年里美国对中国长期采取敌视和封锁政策,在两国未建立正式外交关系的情况下,美国的这一战略很难得到实施。中美正式外交关系的建立在客观上为美国实施以"交往促演变"战略提供了可能。承认西藏是中国的一部分、不从根本上危及美中关系是美国实施以"交往促演变"战略的前提。这说明美国 20 世纪 70 年代末期以来的涉藏政策隐藏着意识形态上强烈的反共利益需求。实际上利用西藏分裂势力遏制共产主义,这是美国在 20 世纪 40 年代末期开始就已形成的政策,只不过在冷战后更加公开化了。冷战后利用所谓"西藏人权问题"遏制中国的例证也很明显。例如,1987 年 5 月 19 日,美国众议院提出第 2476 号法案,规定:将西藏人权作为美国对华政策的重要因素;依据武器出口管制法,将对华军事物资出口与"西藏人权问题"挂钩①,等等。

综上所述,100 多年来,美国涉藏政策几经变化,打下了不同时代美国国家利益观的深刻烙印,既有对现实利益的追求,也有浓厚的理想主义色彩。诚然,任何一个国家的外交政策都需要维护本国利益,但维护本国利益的同时不能损害他国利益。捍卫领土完整、维护民族团结事关中国核心利益。美国冷战结束以来的涉藏政策严重言行不一,不仅严重损害中国的国家利益,也伤害中美关系。美国只有改变在涉藏问题上说一套、做一套,一面承认中国对西藏拥有主权、不支持"藏独"活动,一面又通过各种方式给"藏独"活动提供支持的做法,才更有利于中美关系的健康发展。

(哈尔滨工程大学马克思主义学院:王林平)

十四

美国涉藏政策背后的国家利益

---

① 郭永虎,李晔:《美国国会拨款法案中的涉华条款》,《外国问题研究》2011 年第 4 期,第 51 页。